现代中职生丛书

XIANDAI ZHONGZHISHENG
ZHIYE XINLI DAOXIANG

现代中职生职业心理导向

任勇 陈平 主编

李迎娣 副主编

厦门大学出版社 国家一级出版社
XIAMEN UNIVERSITY PRESS 全国百佳图书出版单位

图书在版编目(CIP)数据

现代中职生职业心理导向/任勇,陈平主编. —厦门:厦门大学出版社,2014.5
ISBN 978-7-5615-4877-6

Ⅰ.①现… Ⅱ.①任…②陈… Ⅲ.①心理健康-健康教育-中等专业学校 Ⅳ.①G479

中国版本图书馆 CIP 数据核字(2014)第 081301 号

厦门大学出版社出版发行

(地址:厦门市软件园二期望海路 39 号 邮编:361008)

http://www.xmupress.com

xmup @ xmupress.com

厦门市金凯龙印刷有限公司印刷

2014 年 5 月第 1 版 2014 年 5 月第 1 次印刷
开本:787×1092 1/16 印张:12.75
字数:264 千字 印数:1～3 000 册
定价:22.00 元

本书如有印装质量问题请直接寄承印厂调换

良好职业心理能给你带来什么？

任 勇[*]

现代中职生是未来建设的生力军，是实现中国梦的一支重要群体。要成为高素质的职业技术人才，除了良好的专业素质、文化素质和身体素质外，心理素质也是至关重要的。

中职生职业心理是指中职生在职业选择、职业适应、职业角色扮演、职业形象塑造等活动过程中的心理过程、心理状态和心理特征。

职业选择，就是中职生依据、运用掌握的职业信息，从自己的职业需要、职业兴趣、职业价值观出发，结合自己的素质特点，寻求合适职业的决策过程。

每个中职生，都存在找到适合自己的理想职业的问题，你看职业心理重要不重要！

中职生在进入职业岗位后，心理上必然会发生变化。实际的工作岗位与原来想象中的岗位总是有一定差距的。中职生需要对职业及自己所做出的选择作进一步了解、评定，探测自己的职业发展方向、途径，以争取自己在职业中的成功。在职业道路中，中职生还会碰到职业中的种种变动，职业与家庭生活的协调等许多问题。

原来入职后，也有个职业的适应问题，你看职业心理重要不重要！

职业角色，是中职生在一生中所扮演的几个最关键的角色之一。首先，中职生要培养良好的职业角色意识，解决"我是谁"的问题。其次，中职生要加强对职业角色的学习，例如，一个企业的技术员，不但要知道技术员的职责、各种规章制度，而且对工作要积极热情，要培养形成"爱岗敬业"的良好意识，从而使自己真正成为一名合格的技术员这一职业角色。

干一行，要像一行，你看职业心理重要不重要！

职业形象塑造，是中职生在从事职业过程中，以具备良好职业道德为前提，逐步培养良好的职业技能，做好本职工作的基本要求。你看职业心理重要不重要！

也有人这样说，职业心理，指的是中职生在选择职业、就业、失业及重新选择过程中，对周围环境的一种认知、情感、态度。职业心理主要包括三个方面内容：（1）择业心理。选择职业的心理感受，情绪变化。（2）就业心理。从事某一职业可以形成较固定的心理定势，情感倾向。（3）失业心理。失业后经历了酸、甜、苦、辣各种不同滋味、不同反

---

[*] 任勇：厦门市教育局副局长，特级教师。

应及变化。

说得真好!

择业、就业、失业三个不同阶段或方面的心理特点,时刻影响着中职生的生活态度、生活方式、价值取向等。

健康完善的职业心理,对于培养健全的中职生,构造健全的社会,犹如水之于鱼。良好的心理素质有利于中职生的成长,有利于社会的发展进步。良好的职业心理并非一朝一夕形成的,必须要靠生活的积累、意志的锻炼、品质的塑造、文化的熏陶……

翻开同学们手头上的这本书——《现代中职生职业心理导向》,你便进入了"心理世界"。

职前准备——谈职业、谈职业选择、谈专业特点、谈职业倾向性、谈职业心理;

职业生涯规划——谈全面了解自己、谈人职匹配、谈职业生涯发展线路的确定、谈职业生涯发展目标的确定、谈职业生涯规划方案的实施与管理;

职业意识——谈责任意识、谈诚信意识、谈质量意识、谈服务意识、谈团队合作意识;

职场序曲——谈实习单位选择、谈实习期角色转换、谈实习期常见问题、谈实习单位的调整、谈实习工作总结;

求职准备——谈求职心理准备、谈瞄准自己的岗位目标、谈求职择业中的常见的心理问题、谈择业心理问题的对策及调适、谈求职礼仪;

初入职场——谈从基层做起、谈学习能力、谈学会创新、谈人际关系;

职业压力与职业倦怠——谈职业压力、谈职业压力的应对与管理、谈职业倦怠、谈职业倦怠的干预、谈职业自我效能感;

职业心理咨询与指导——谈职业心理咨询、谈常见的职业心理问题、谈职业心理问题的解决、谈职业心理承受能力、谈职场心理学的经典效应;

放歌心灵 快乐工作——谈积极向上的心态、谈健康的工作态度、谈做最好的自己、谈常存感恩的心态。

同学们,还等什么?继续翻看下去,一道道开启心灵的大门,为你而开!

目 录

第一章 职前准备 ……………………………………………………………（1）
第一节 三百六十行，行行出状元
——谈职业 ……………………………………………………………（1）
第二节 不以职业论英雄
——谈职业选择 ………………………………………………………（5）
第三节 术业有专攻
——谈专业特点 ………………………………………………………（9）
第四节 握一份执着在手中
——谈职业倾向性 ……………………………………………………（14）
第五节 职业与现实携手同行
——谈职业心理 ………………………………………………………（18）

第二章 职业生涯规划 ………………………………………………………（24）
第一节 世界上没有完全相同的两片叶子
——谈全面了解自己 …………………………………………………（24）
第二节 物尽其用，人尽其才
——谈人职匹配 ………………………………………………………（31）
第三节 曲径通幽
——谈职业生涯发展路线的确定 ……………………………………（35）
第四节 大海中的灯塔
——谈职业生涯发展目标的确定 ……………………………………（39）
第五节 行胜于言，知行合一
——谈职业生涯规划方案的实施与管理 ……………………………（43）

第三章 职业意识 ……………………………………………………………（48）
第一节 赢得信赖踏职场
——谈责任意识 ………………………………………………………（48）
第二节 人品大于天
——谈诚信意识 ………………………………………………………（53）

第三节　获取信誉得保障
　　——谈质量意识 …………………………………………………（57）
第四节　学会服务，立足奉献
　　——谈服务意识 …………………………………………………（61）
第五节　合作，成功之本
　　——谈团队合作意识 ……………………………………………（64）

第四章　职场序曲 ……………………………………………………（69）
　第一节　着眼就业，踏实务实
　　——谈实习单位选择 ……………………………………………（69）
　第二节　心随境变
　　——谈实习期角色转换 …………………………………………（72）
　第三节　不如意事十有八九
　　——谈实习期常见问题 …………………………………………（74）
　第四节　良禽择木而栖
　　——谈实习单位的调整 …………………………………………（76）
　第五节　日省吾身，不断进步
　　——谈实习工作总结 ……………………………………………（80）

第五章　求职准备 ……………………………………………………（84）
　第一节　调整心态，主动择业
　　——谈求职心理准备 ……………………………………………（84）
　第二节　仰望星空，脚踏实地
　　——谈瞄准自己的岗位目标 ……………………………………（88）
　第三节　坦然面对，把握自我
　　——谈求职择业中常见的心理问题 ……………………………（92）
　第四节　扬长避短，合理定位
　　——谈择业心理问题的对策及调适 ……………………………（97）
　第五节　亮出你的职业名片
　　——谈求职礼仪 …………………………………………………（103）

第六章　初入职场 ……………………………………………………（109）
　第一节　但行好事，莫问前程
　　——谈从基层做起 ………………………………………………（109）
　第二节　打造职场力，青春不言败
　　——谈学习能力 …………………………………………………（113）

第三节　开启职业世界的金钥匙
　　　　——谈职业综合素质能力 ……………………………………………（118）
　　第四节　挑战自我,超越自我
　　　　——谈学会创新 …………………………………………………（122）
　　第五节　职场活动的润滑剂
　　　　——谈人际关系 …………………………………………………（125）

第七章　职业压力与职业倦怠 ………………………………………………（131）
　　第一节　传递正能量
　　　　——谈职业压力 …………………………………………………（131）
　　第二节　敢问心路在何方
　　　　——谈职业压力的应对与管理 …………………………………（135）
　　第三节　寻找往日的激情
　　　　——谈职业倦怠 …………………………………………………（139）
　　第四节　给咖啡加点儿糖
　　　　——谈职业倦怠的干预 …………………………………………（143）
　　第五节　满怀信心,迎接挑战
　　　　——谈职业自我效能感 …………………………………………（148）

第八章　职业心理咨询与指导 ………………………………………………（152）
　　第一节　敞开心扉,面向职场
　　　　——谈职业心理咨询 ……………………………………………（152）
　　第二节　勇敢面对自己的问题
　　　　——谈常见的职业心理问题 ……………………………………（156）
　　第三节　方法总比困难多
　　　　——谈职业心理问题的解决 ……………………………………（158）
　　第四节　云帆破浪济沧海
　　　　——谈职业心理承受能力 ………………………………………（162）
　　第五节　他山之石,可以攻玉
　　　　——谈职场心理学的经典效应 …………………………………（166）

第九章　放歌心灵　快乐工作 ………………………………………………（170）
　　第一节　态度决定命运
　　　　——谈积极向上的心态 …………………………………………（170）
　　第二节　今天工作不努力,明天努力找工作
　　　　——谈健康的工作态度 …………………………………………（175）

第三节 空杯情怀,归零心态
　　——谈归零的职业心态 …………………………………………（178）

第四节 满怀激情,永随我心
　　——谈做最好的自己 ……………………………………………（182）

第五节 快乐工作,成就事业
　　——谈常存感恩的心态 …………………………………………（186）

参考文献 ……………………………………………………………………（191）

后　　记 ……………………………………………………………………（193）

第一章 职前准备

第一节 三百六十行，行行出状元

——谈职业

  不论从事哪种职业，走向成功的第一步，就是必须对这种职业感兴趣。

——欧斯拉

"职业"一词，对我们的中职生来说并不陌生，我们在谈到理想时，曾经有这样的愿望，长大当一名医生、教师、工人等，这里所说的"医生、教师、工人等"，就是指人们在社会中所从事某种职业岗位上的工作。《中华人民共和国职业分类大典》对职业的定义是"从业人员为获取主要生活来源而从事的社会工作类别"。所谓职业，就是指人们为了谋生和发展而从事的相对稳定的、获得经济收入及报酬的、专门类别的社会劳动。

职业是劳动者参与社会分工，利用专门的知识和技能，为社会创造物质财富和精神财富，获取合理报酬作为物质生活来源并满足精神需求的活动。从国家管理角度看，每一种职业都是一种社会分工；从社会生活的角度看，职业是劳动者获得的社会角色；从个人的角度看，职业是劳动者谋生的途径，承担一定的社会义务和责任，同时获得相应的收入。

在日常生活中，我们经常会使用"工种"、"岗位"等概念。所谓"工种"是根据劳动管理的需要，按照生产劳动的性质、工艺技术的特征，或者服务的特点而划分的工作种类。而岗位是企业根据生产的实际需要而设置的工作位置。职业、工种和岗位之间有着密切的内在联系。一般说，一种职业包括一个或几个工种，一个工种又包括一个或几个岗位。因此，职业与工种、岗位之间是一个包含和被包含的关系（如图1-1所示）。

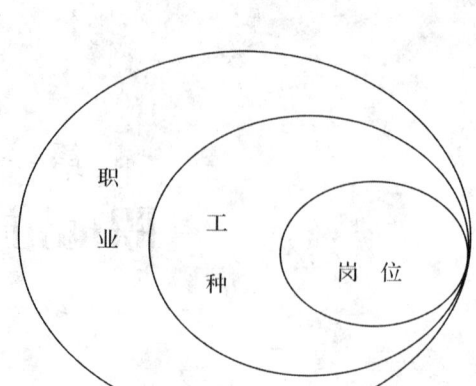

图 1-1 职业与工种、岗位之间的关系图

一、职业的特点

职业是社会分工体系中劳动者所获得的一种劳动角色,是劳动者进行的为社会所需要的社会生产劳动。职业的基本内涵就是劳动。因此,职业作为一种社会现象,具有以下特征:

1. 技术性

每一种职业都有一定的技术含量或技术规范要求。如电工,需要经过理论与实践的培训,经过国家职业技能鉴定通过之后,拥有操作证才能从事相关的工作。自职业诞生之初,社会上就不存在没有技术的职业,不同的职业有不同的技术技能要求。有的职业技术要求复杂一些,需要经过专门的学习与培训才能满足职业的要求。而有的技术要求简单一些,不需要经过专门的培训或者仅仅经过简单的培训与学习就可以掌握。职业的技术性是一切职业共有的特征。

2. 专业性

专业性指不同的职业在工作内容、方式、手段等方面所具有的专门的特点。不同的职业有不同的技术技能要求,俗话说"隔行如隔山"说的就是这个意思。随着时代的发展,新诞生职业的知识含量、技术含量越来越高,对从业者的要求也越来越高,要求从业者具有良好的专业知识与操作技能。如数字视频策划制作师除了需要掌握数码、策划等方面的专业知识之外,还需要掌握视频节目策划、视频拍摄、视音频编辑合成、剪辑、DV影片输出与刻录等方面的技能。

3. 多样性

伴随着社会经济的发展和社会的进步,社会分工细化,职业结构调整的频率越来越快,一些新职业不断涌现。这些新职业的产生,是随着市场的需求而产生的,使得职业呈现了多姿多彩的特征,可谓是职业的多样性。古人说世上有"三百六十行",而现代社

会则有着多达几千乃至上万种职业。形象设计师、信用管理师、公共营养师、礼仪主持人、咖啡师、品酒师、色彩搭配师、电子音乐制作师、动车组司机等国家人力资源和社会保障部先后发布了十二批的新职业,这些新职业,给我们呈现出五彩缤纷的职业图谱,反映出社会发展对新职业的新需求。

4. 时代性

职业随着人类社会的发展而产生,随着科学技术的发展而变化,这种发展和变化必然淘汰掉许多旧的职业,同时许多新兴职业应运而生,因此,职业具有鲜明的时代特征。科技创新推动职业的变革,比如,电子学的发现和应用,创造出几百种现代职业,很多人转向这些行业中的职业。同时科技创新也淘汰了一些旧职业,比如,汉字激光照排技术的广泛应用,创造了录入员、排版工等新职业,同时也结束了铅字印刷的历史,淘汰了大量的拣字工。

二、职业分类

职业是人类文明进步和社会劳动分工的发展标志。自1999年颁布《中华人民共和国职业分类大典》以来,我国的职业结构就在不断地发展和变迁,新职业接连涌现。随着经济的发展和社会的进步,越来越多的新职业等待我们中职生去选择,去施展。新职业不断出现,是经济发展、就业市场变迁的一个缩影。据有关资料统计,在发达国家,每个人一生平均要有4~6次的职业转换。在我国就业人员一生平均也要转换3~4次,同学们要做好多次职业选择的准备,树立终身学习的理念,不断拓展自己的专业适应面,为今后可能的职业转换筹备能量。

所谓职业分类即采用一定的标准和方法,依据一定的分类原则,对从业人员所从事的各种专门化的社会职业所进行的全面、系统的划分与归类。

按照行业划分,通常可分为一、二、三类产业。此外,美国还有白领、蓝领的分类法。

我国的职业分类:1999年颁布的《中华人民共和国职业分类大典》,参照国际职业分类标准,对我国的社会职业进行了科学的划分,一共分为8个大类,66个中类,413个小类,1838个细类(职业)。其中8个大类:

第一大类:国家机关、党群组织、企业、事业单位负责人;

第二大类:各类专业技术人员;

第三大类:办事人员及其有关人员;

第四大类:商业及服务业人员;

第五大类:农、林、牧、渔、水利生产人员;

第六大类:生产、运输人员及有关人员;

第七大类:军人;

第八大类:不便分类的其他人员。

1985年实施的《国民经济行业分类和代码》,主要按企业单位、事业单位、机关团体和个体从业人员所从事的生产或其他社会经济活动的性质的同一性进行分类,将国民经济划分为门类、大类、中类、小类4级。共有13个门类:

1. 国家党政机关、社会团体;
2. 教育、文化和广播电视事业;
3. 科学研究和综合技术服务事业;
4. 农、林、牧、渔、水利业;
5. 工业;
6. 地质普查和勘探业;
7. 建筑业;
8. 交通运输、邮电通信业;
9. 商业、公共饮食业、物资供应和仓储业;
10. 房地产管理、公共事业、居民服务和咨询服务业;
11. 卫生、体育和社会福利事业;
12. 金融、保险业;
13. 其他行业。

三、未来职业的发展趋势

新职业打破了"三百六十行"的固有格局,尤其是从1978年改革开放以后,随着经济发展和人民生活水平提高,新的职业不断地涌现,特别是与第三产业相关的职业正迅猛发展,如旅游业、证券、信息咨询业、教育培训及文化艺术等,尤其是信息产业,潜力更为巨大,国外有人把它称为第四产业。未来职业的发展趋势有以下两个方面的特点:一是新的职业种类层出不穷,新的职业纷至沓来;二是传统的职业种类渐行渐远。

社会经济的快速发展,人们的需求层面得到不断的提升,这些提升的需求使更为细化的专业服务应运而生,从而催生了一个又一个新的职业。如色彩搭配师,主要是在个人形象设计、服装服饰设计、居室美化设计、广告艺术设计等领域从事色彩的诊断、咨询、包装设计与规划工作,是一种全新的职业。又如色彩心理咨询师,它通过色彩的选取,来诊断一个人的身体状况和心理状况。根据诊断,再用相应的色彩和精油来进行治疗。因为人的性格、心理状态和生理状况等,与喜好或有特殊感觉的颜色之间,存在着一定的规律。而色彩心理咨询师是20世纪90年代才在英国出现的一个新职业,风靡了欧美和日本,这个职业进入我国还是最近几年的事情。

日新月异的科学技术不断复合催生新职业,这成为新职业最明显的特征。例如,智能楼宇管理师、数字视频合成师、网络课件设计师、计算机乐谱制作师等无不呈现新技术的复合趋势。有专家对我国科学技术的发展进行了分析和预测,随着我国经济、社会文化和科学技术的发展,我国的产业结构将发生根本变化。未来10年有较大的发展潜力的行业和急需的人才主要有:(1)电子技术;(2)生物工程;(3)航天技术;(4)海洋开发和利用;(5)新能源;(6)新材料;(7)信息技术;(8)机电一体化;(9)农业科技;(10)环境保护技术等。

在新的职业不断涌现的同时,一些传统的职业也在消失、萎缩,逐渐退出历史的舞台,例如排字工和拣字工等。但也有一些老职业重新崛起,例如拍卖师、典当师等。

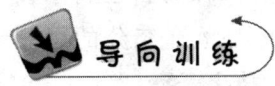

1. 美国著名的职业指导专家霍兰德创立的人格—职业类型匹配理论,将人格类型划分为哪几种?
2. 根据劳动管理的需要按照生产劳动的性质、工艺技术的特征或者服务活动的特点而划分的工作种类称为(　　)
   A. 职业　　　　B. 职位　　　　C. 岗位　　　　D. 工种
3. 下列关于我国未来职业变迁的发展态势,表述不正确的是(　　)
   A. 由单一基础向跨专业、复合型转化
   B. 由封闭型向开放型转化
   C. 由传统工艺型向信息化、智能型转化
   D. 由知识创新型向继承型转化
4. 请简述职业未来的变化趋势。
5. 有些中职毕业生看到社会上职业繁多,众说纷纭,无所适从,产生了听天由命、随遇而安的思想。请对这种思想观点做出分析,并提出建议。

第二节　不以职业论英雄

——谈职业选择

> 人生的最大快乐是自己的劳动得到了成果。
> ——谢觉哉
> 当工作是一种乐趣时,生活就是一种享受;当工作只是一种义务时,生活则是一种苦役。
> ——高尔基

在人生的旅途中,职业是幸福生活的源泉。职业选择是人们从事职业活动,实现职业理想的起点。尽管社会上有不同的社会分工,但职业无高低贵贱之分。选择职业,就是选择一种进入社会的方式。人们通过职业与社会发生联系，你的工作对周围的人乃至整个社会产生影响，你就为他人所接受，为社会所接受，人格尊严被充分尊重，也就可能有所成就，实现自己的人生价值。苏联作家高尔基说："当工作是一种乐趣时，人生就是一种享受；当工作只是一种义务时，生活则是一种苦役。"中职生毕业之后，除了少数同学继续就读高职院校外，绝大部分同学将直接走上工作岗位，承担一份工作，也就是选择一种符合自己愿望的职业或者自己去创业。

当同学们踏入中职学校之后，我们从专业选择开始，每一位同学都在为自己将来设计着，并憧憬着。因此，在中职阶段的学习生涯中，同学们就要为此而做好充分的思想和心理准备，为自己今后的职业选择而孜孜以求，勤学苦练，拥有一技之长。

随着社会的发展，社会越是工业化、城市化、现代化，社会分工越细致，过去很多家务劳动都走向产业化、社会化。如家政服务公司、搬家公司、家教辅导（午托）班等之类的服务性产业以及"月嫂"之类的工作岗位，应运而生，在越是发达地区，上述的服务性产业或工作岗位越是供不应求。作为一个即将从业者，应该树立一种理念，无论做什么工作，都是一项社会服务。只要是靠诚实劳动，在顾客需要的时候，以顾客喜欢的方式为其提供服务或产品，让顾客心甘情愿地花钱购买所提供的服务或产品，就都是光荣的、体面的工作。对中职生而言，绝大多数的学生将走向技能型、服务性的工作岗位。正如媒体报道的："北大卖肉才子变身'猪肉大王'"，"卖红薯照样卖出美好未来"。

作为现代中职生的我们，不以职业论英雄。那么，我们该如何选择职业呢？

一、树立正确的择业观

中职生要把自己的职业生涯发展融于家乡、国家的发展之中，把个人发展与经济社会发展联系起来，把个人的自信、自强、积极向上的精神与国家的繁荣富强联系起来。工作不论是普通的，还是伟大的，都没有大小轻重之分，只是职责不同，每个岗位同样重要，缺一不可。只有树立正确的择业观，立足岗位，"干一行、爱一行，钻一行、精一行"，才能做好本职工作，才能真正实现自己的人生价值。

选择，是人生的第一推动力。20世纪伟大的哲学家萨特说过一句富有哲理的话："人有选择的自由，但是人没有不选择的自由。"面对五彩缤纷的职业，中职生要从自己的实际情况出发，既要克服保守的择业思维定势，又要克服好高骛远追求"理想"的职业；既要克服急功近利追求有"钱途"的职业，又要克服怕苦怕累不愿意干"劳动强度高"的职业。从基层做起，从小事做起，做"小人物"同样也能成为劳动模范或明星。

刘丽出生于贫困农村家庭，提前结束学业外出务工供弟妹上学。1999年，她来厦门当起了"洗脚妹"，在弟妹完成学业后，她自己过着艰苦清贫的生活，把攒下的大部分打工收入用于资助困难儿童，用满手老茧实现了上百个贫困孩子的上学梦。她热心公益事业，给玉树孩子捐建板房，为孩子买羽绒服等。被网民誉为"中国最美洗脚妹"。刘丽身为来厦务工人员,工作平凡,收入微薄,她以大爱的情怀、崇高的境界,为厦门文明城市建设增添了一份精神财富。她先后获得了"感动中国十大人物"、"全国助人为乐模范"、"全国青年五四奖章"等荣誉。2010年感动中国组委会授予刘丽的颁奖词:为什么是她?一个瘦弱的姑娘,一副疲惫的肩膀。是内心的善良,让她身上有圣洁的光芒。她剪去长发,在风雨里长成南国高大的木棉,红硕的花朵,不是叹息,是不灭的火炬。

丁翠翠,2003年中专毕业后到厦门打工,成为厦门蒙发利电子有限公司一名普通员工,从最基层的物控员开始做起,在工作岗位上,心细的她发现物控管理体系存在严重管理漏洞,一不小心就可能造成几十万元甚至上百万元的损失。之后,丁翠翠就联合其他同事很快研究出一套可行方案,将原来需要花几个小时来处理申购材料的录入系统缩短到几分钟,且出错率为零。丁翠翠认为:"工作不单是我们的饭碗,重要的是我们要有一个好心态,真正喜欢并热爱这份工作,给自己的岗位创造价值。踏实做事,勤奋劳动,美好生活就会实现。"从中专毕业来厦门打拼到获得福建省劳动模范,丁翠翠只花了10年时间。丁翠翠的故事,其实就是300万外来工的励志故事。

二、树立科学的职业定位

北京新东方教育科技(集团)有限公司CEO俞敏洪曾说:"生命是一个过程,事业是一种结果。如果你为了一个事业目标已经竭尽全力,最后即使没有结果,生命本身的丰富也是最好的结果。如果你努力了,但最后失败了,那不是你的错;如果你没有努力,最后失败了,那才是你的错……"不同的职业定位,意味着不同的职业选择,同时也意味着将进入不同的行业。随着社会的发展,新的职业不断涌现,面对五彩缤纷的职业,中职生对自己未来职业进行定位时,需要把握以下三条原则,依靠这些原则可以快速正确地缩小自己的定位选择空间,从而使职业定位变得清晰起来。

第一,择己所爱。爱因斯坦说:对一切来说,只有兴趣才是最好的老师,它远远超过责任感。兴趣是事业成功的基石。职业定位首先要考虑的是自己喜欢哪种职业,或者自己对哪种职业比较感兴趣。心理学研究表明,一个对所从事职业感兴趣的人,能够发挥其才能的80%~90%,且能保持长时间高效率、不疲劳,而对所从事职业不感兴趣的人,则只能发挥其才能的20%~30%,且容易筋疲力尽。

第二,择己所长。俗话说,人贵有一技之长。技术是永远不下岗的职业。现代职场首先要求求职者具备专业素质,没有专业知识和技能,职场生涯犹如无源之水。从择业的角度来说,中职生的专业素质主要包括三个方面的内容:一是扎实的专业知识,二是熟练的专业实践能力,三是辅助专业的技能。在选择职业时必须结合自己的专业素质,考虑自己的技能专长等,择己所长,这样才能在竞争中获胜,也有利于今后在职场上的提升;如果离开自己的技能和专长,就没有核心竞争力,在竞争中就会失去优势,也不利于今后的职业拓展。故中职生必须善于从与竞争者的比较中来认清自己的所长和所

短,亦即竞争的优势和劣势。在择业时按照"择己所长、扬长避短"的原则,进行具体的职业定位。尽量注意尽可能学以致用,发挥自己的专业特长,把未来的职业定位在与自己所学有密切联系的行业领域。在择业目标的确定中,必须考虑自身的综合素质,尤其是自己的特长与自己的择业目标的契合程度。

第三,择市所需。21世纪是知识经济时代,新的职业不断产生,旧的职业也不断被淘汰,这为我们就业、择业和创业提供了更对的机会和发展空间。新职业五彩缤纷,折射社会新需求,中职生的"职业梦"能否最终实现?要选择什么样的职业,选择什么样的企业,是就业还是创业,都要跟自己的具体职业发展目标挂钩,每位中职生要给自己做好一个合理的职业定位,选择市场的需求,知道自己今后的发展计划、发展目标是什么,只要自己心中有了一盏明亮的灯,那么在职场的十字路口就不会走迷路了。

未来学家、商业心理学家卡伦·莫洛尼说:"世界上将分为两种人,一种懂技术,而另一种不懂。"英国就业和市场战略咨询企业"新鲜头脑"主管詹姆斯·卡兰德说,未来人们换工作的频率越来越高。中职生在进行职业选择时,不仅要了解当前的社会职业需求状况,还要善于预测职业随社会需要而变化的未来走向,以便能使自己的职业选择富有一定的远见。

三、适合自己才是最佳的选择

三百六十行,行行出状元。随着社会经济快速发展,当今人们的职业转换越来越快。根据联合国教科文组织统计,当今世界发达国家,每个人一生平均有4~5次的职业转换。美国的产业工人一生中岗位流动平均达17次之多,日本人一生中职业转换也有6次以上,我国目前就业人员的职业转换平均也有3~4次。面对职业呈现的流动性、变化性,中职生该如何进行选择呢?明智之举就是选择适合自己的,按照自己的禀赋、爱好、能力,结合社会需要做出果断抉择。

郑龙枝,毕业于厦门高级技校维修电工专业的中专生,在厦门总装车间调试工段从事产品电气维修工作,20年来,他干一行、爱一行,学一行、专一行。从维修工到技术员、高级技师,一路走来,虽然遇到了各种各样的困难与痛苦,但是,郑龙枝勇敢地坚持了下来,像爱护眼睛一样爱护自己的职业,像经营家庭一样经营事业,并最终获得了成功。被授予厦门市五一劳动奖章。

"问渠那得清如许?为有源头活水来。"同学们,让我们树立正确的职业观,不以职业论英雄,去追逐职业理想,高挂云帆,直济沧海吧!

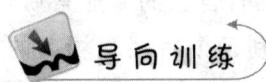

人的兴趣可以从不同的视角进行多种分类,而不同类别的兴趣关联着不同的适应

性职业。下面按照常用的 10 种分类对职业定位的选择进行说明。请您仔细阅读,看一看自己倾向于哪种,可供自己在职业选择时参考。

1. 喜欢与人打交道:医生、记者、销售人员、服务员、教师、行政管理人员等。
2. 喜欢与具体事物打交道:医学影像、工程技术、制图、勘测、出纳、会计等。
3. 喜欢干有规律的工作:邮件分类、图书管理、档案管理、办公室、打字、统计等。
4. 喜欢掌管权力:行政管理人员、企业管理人员、学校管理者、班主任、辅导员等。
5. 喜欢从事社会福利和助人工作:律师、咨询员、科技推广员、医生、护士等。
6. 喜欢研究人的行为:心理学、政治学、人类学、教育学、行政管理等研究工作。
7. 喜欢从事科技事业:生物、化学、天文学、宇宙学、物理学、工程学、地质学等研究工作。
8. 喜欢抽象的创造性工作:社会调查、经济分析、分类科学研究、新产品开发等。
9. 喜欢操作机械、机器等:驾驶员、机器制造、建筑、石油、煤炭开采等。
10. 喜欢从具体产品的完成中得到满足:室内装饰、园林、美容、手工制造、机械维修等。

第三节　术业有专攻

——谈专业特点

 闻道有先后,术业有专攻,如是而已。　　　　　　　　——韩愈

同学们,你见过七色花吗?大家可能会说在电视里见过。事实上,在现实生活中,你连一朵双色花也很难找到。因为很多花只绽放属于它自己的那一种颜色。花只要把属于自己的那种颜色专心绽放好了,便可在百花中脱颖而出,引人注目。人何尝不是如此,看古今中外成功人士,谁不是在自己专攻的术业中功成名就?一个人要想成功就必须专一,专攻自己所从事所喜爱的术业,熟能生巧,精益求精。

一、术业水平有高低,职业无贵贱

不论你身居高官还是位居平民,不论你是男性还是女性,也不论你工作的性质与内容是什么,你与你的工作都是社会所不可缺少的。所以,你没有理由把自己的工作看成是卑贱的工作,把自己看成是一个卑贱的人。如果你这样看待自己,这样看待你的工作,不仅是对自己的极大不负责任,也是一个巨大的错误。

罗马的一位演说家说:"所有的手工劳动都是卑贱的职业。"从此,罗马辉煌的手工业就此渐渐消亡了。亚里士多德说:"如果想管好一个城市,就不该让那些工匠成为自由人。那些人天生就是奴隶,是不可能有美好的品德为这个城市增辉的。"这句话让古希腊人蒙受了巨大的羞辱。今天,同样有许多人认为自己所从事的职业是低人一等的职业,他们只是迫于生活的压力而劳动,无法认识他们的工作所蕴含的价值。于是,他们无法全身心投入到工作中去,而是将大部分精力投放到如何来摆脱这个工作上来。有了这种想法以后,他们在工作中就会敷衍了事,得过且过,被动地工作,因而也无法发挥更出色的才能。他们只是一味地追求高薪,却不清楚自己所应承担或者能够承担的责任,他们同样无法认识到,所有的正当合法的工作都是重要的,都是值得付出努力的,也是值得尊敬的职业。

只要你踏踏实实地劳动与创造,没有人能够贬低你的价值。也许某些行业或者某些工作看起来并不高雅,工作环境也很差,社会崇敬度也很低,但这不能否定这项工作的重要性。请不要无视这样的社会事实:需要,才是衡量重要与否的真正尺度。工作本身并没有优劣之分,只是人们对待工作的态度有优劣之别。所以,如果你想考查一个人能否胜任某项工作,只要看一看他对待这项工作的态度即可。工作态度决定一个人的专业技能的高低,决定工作效率,决定人生价值目标的实现,这也是用人单位把工作态度作为考察用人最重要的指标的原因。企业界人事部门主管普遍认为,工作态度好,技能水平高可以重用,工作态度好,水平一般可以试用,工作态度差,水平再高一概不能用。同学们,你打算成为哪一类人呢?

二、术业有专攻,行行出状元

有这样两位技术工人,他们靠自己出色的表现成长为某行业的状元,他们成才的实例或许会给我们同学带来一点启迪。

杜立民系青岛交运第一汽车运输有限公司温馨巴士分公司修理班班长。他拥有一身过硬的汽车修理技术,是交运集团"汽车修理底盘状元"。从事汽车修理20年来,他潜心钻研修理技术,工作技能和业务素质不断提高,他比较熟练地掌握了汽车发动机、电工、底盘、轮胎、钣金等多项汽车修理技术,成为了一名高水平的汽车修理能手。杜立民处处以身作则,爱岗敬业。近6年来,他没有请过一天假,有时连续几天几夜不回家。无论寒冬酷暑,他总是第一时间赶到事故现场进行抢修,有时一干就是几小时。在他带领下,修理班不断建立健全和完善机务基础工作管理,圆满完成150辆公交车的日常维修、保养任务,保证了车辆技术状况完好和车辆的正常运营。经过他维修的公交车辆达6万多车次,为企业节约修理费用30余万元。

陆峰是一位1983年3月出生的高压合格焊工。2001年6月,初中毕业应聘到电建二公司,成为汽机工程处焊接班的一名焊工。几年来,他先后独立完成了凝结水管道、循环水管道等多项施工任务,无论训练还是日常施工,他都一丝不苟,始终以精品标准严格要求自己,多次被公司评为先进。2005年5月,他在团中央首届"振兴杯"全国青年职业技能大赛焊工决赛中一举夺得金牌,被劳动和社会保障部授予"全国技术能手"称号,被团中央、劳动和社会保障部联合授予"全国青年岗位能手"称号。干好电焊,没点韧劲,不下点苦工夫可不行。每天早晨天不亮,就来到工地上,找个角落,捡些废铁板、铁管头,操起焊枪就练起来。等别人来上班的时候,他往往都练了一两个小时了。每天他都是练到天黑,才拖着疲惫的身子回到宿舍。靠着这股坚韧不拔的劲儿,22岁已经怀揣一身的焊接绝活:电焊、氩弧焊、二氧化碳气体保护焊……他无一不精,并一举成为公司最年轻的全国技术能手。陆峰朴实的一句话道出了真谛:"我爱这一行,就想把这一行干好!"

不论什么样的职业,只要你热爱它,沉下身苦练,静下心专攻,就一定有所发明、有所建树,就有可能成为令人尊敬的行业状元。

三、术业要专攻,技能成就未来

同学们,我来向大家介绍这样一组数据,有关资料表明,我国技术工人队伍构成中,初级工约占60%,中级工约占30%,高级工以上技术工人约占10%,与发达国家高级工以上技术工人占35%的比例还存在较大距离,这在一定程度上制约了国民经济持续快速发展。据专家预测,今后几年,我国企业对技术工人的需求将增加25%,其中技师、高级技师的需求量将翻一番。随着我国制造业的快速发展,具有专业知识和实践技能的职教毕业生必将成为用人单位追捧的对象。

同学们,这对于我们来说预示着什么?它预示着我们职业教育的学生都有一个好的就业机会,我们的未来将是非常美好的。但机会只垂青有准备的人,在知识与技能的时代里,中职生要想有一个好发展,就应该时刻准备着,努力学习知识与技能。众所周知,时代发展到今天,人才的竞争已经演变成一场没有硝烟的战争。就业靠竞争,上岗靠技能。也就是说,任何一家企业都只会给我们提高技能的机会,而不是给我们一个永远的工作岗位。对于时刻处在优胜劣汰竞争大环境中的我们而言,为了明天能够有所成就,我们唯有好好把握今天,努力踏实地学习,夯实知识基础,掌握过硬技能,才能不被社会淘汰。

我们要努力增强现代意识、培养良好心理素质、提高文化知识水平、成为拥有精湛操作技能和创新能力的高素质劳动者。每年的技能大赛,各个学校都鼓励学生积极参加,通过大赛锤炼信心、展示才华、实现就业,也通过大赛培养学生的团队精神和竞争意识。学生在历届大赛中取得的优异成绩,也吸引了众多企业的眼光。技能大赛是选拔技能型人才并使之脱颖而出的重要途径,为技能型人才提供了展示风采与才艺的舞台,这样的舞台,相信会有很多人喜欢。我们期待着,在职业院校技能大赛这个宽阔的舞台上有更多的新秀亮相,有更多的能人脱颖而出!"知识改变命运,技能成就未来。"同学们,现在我们正处于学习技能知识、为将来建设祖国打下坚实基础的关键阶段,在求学的日子里,我们应该刻苦努力,坚持不懈,向我们身边的好榜样学习。只有这样,我们才能实现自己的人生目标,才能为将来报效祖国贡献一份力量。

人人都渴望改变自己的命运,拥有美好的未来,但唯一有效的途径就是学习知识、掌握技能,这样才能成就人生理想,才能成就美好未来!青少年时期正是人生中绚丽多彩的春天,正是刻苦学习、积累自己、厚重自己的时候。大家要清醒地意识到:知识的积累是长期的,是枯燥的,是需要意志力和耐力的。同学们,我们要用知识和技能征服世界,我们要拒绝懒惰,拒绝平庸,拒绝自卑,拒绝等待!事虽难,做则必成!只要你迈步,路就在你的脚下!职业教育是一种更加注重动手能力和实际操作能力的技能教育,门类齐全的专业和岗位,完全可以让你一展所长,有更多的选择机会,有更精彩的人生未来。

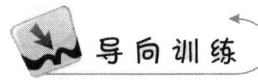
导向训练

下列问题请你实事求是地作答,否则测试结果会不准确,因为测试结果分析用的是组合分析法,时间3分钟。

1. 你何时感觉最好?(　　)
   A. 早晨　　　　B. 下午及傍晚　　　　C. 夜里

2. 你走路时(　　)
   A. 大步快走　B. 小步快走　C. 不快,仰着头面对着世界　D. 不快,低着头
   E. 很慢

3. 和人说话时,你(　　)
   A. 手臂交叠地站着　B. 双手紧握着　C. 一只手或双手放在臀部
   D. 碰着或推着与你说话的人　E. 玩着你的耳朵、摸着你的下巴或用手整理头发

4. 坐着休息时,你的(　　)
   A. 两膝并拢　　B. 两腿交叉　　C. 两腿伸直　　D. 一腿蜷在身下

5. 碰到你感到发笑的事时,你的反应是(　　)
   A. 一个欣赏的大笑　B. 笑着,但不大声　C. 轻声地笑　D. 羞怯的微笑

6. 当你去一个派对或社交场合时,你(　　)
   A. 很大声地入场以引起注意
   B. 安静地入场,找你认识的人
   C. 非常安静地入场,尽量保持不被注意

7. 当你非常专心地工作时,有人打断你,你会(　　)
   A. 欢迎他　　　　B. 感到非常恼怒　　　　C. 在两者之间

8. 下列颜色中,你最喜欢哪一种颜色?(　　)

A. 红或橘色　B. 黑色　C. 黄或浅蓝色　D. 绿色　E. 深蓝或紫色　F. 白色

G. 棕或灰色

9. 临入睡的前几分钟,你在床上的姿势是(　　)

A. 仰躺,伸直　B. 俯躺,伸直　C. 侧躺,微蜷　D. 头睡在一手臂上

E. 被子盖过头

10. 你经常梦到你在(　　)

A. 下落　B. 打架或挣扎　C. 找东西或人　D. 飞或漂浮　E. 平常不做梦

F. 梦都是愉快的

职业心理测试的分数值:

1. A. 2　B. 4　C. 6

2. A. 6　B. 4　C. 7　D. 2　E. 1

3. A. 4　B. 2　C. 5　D. 7　E. 6

4. A. 4　B. 6　C. 2　D. 1

5. A. 6　B. 4　C. 3　D. 5

6. A. 6　B. 4　C. 2

7. A. 6　B. 2　C. 4

8. A. 6　B. 7　C. 5　D. 4　E. 3　F. 2　G. 1

9. A. 7　B. 6　C. 4　D. 2　E. 1

10. A. 4　B. 2　C. 3　D. 5　E. 6　F. 1

职业心理测试的分析结果:

0～21分:内向的悲观者

人们认为你是一个害羞的、神经质的、优柔寡断的、需人照顾的,永远要别人为你做决定,不想与任何事或任何人有关的人。只有那些深知你的人知道你不是这样的人。

21～30分:缺乏信心的挑剔者

你的朋友认为你是一个谨慎的、十分小心的人,一个缓慢而稳定辛勤工作的人。如果你做任何冲动或无准备的事,你会令他们大吃一惊。

31～40分:以牙还牙的自我保护者

别人认为你是一个明智、谨慎、注重实效的人。也认为你是一个伶俐、有天赋、有才干且谦虚的人。你不会很快、很容易和人成为朋友,但如果你是一个对朋友非常忠诚的人,同时要求朋友对你也有忠诚的回报。那些真正有机会了解你的人会知道要动摇你对朋友的信任是很难的,但一旦这信任被破坏,会使你很难过。

41～50分:富有活力的完善者

别人认为你是一个有活力的、有魅力的、好玩的、讲究实际的且永远有趣的人。一个经常是群众注意力的焦点,但是你是一个足够平衡的人,不至于因此而昏了头。他们

也认为你亲切、和蔼、体贴、能谅解人,一个永远使人高兴起来并会帮助别人的人。

51～60分:吸引人的冒险家

别人认为你有一个令人兴奋的、高度活泼的、相当易冲动的个性;你是一个天生的领袖、一个做决定会很快的人,虽然你的决定不总是对的。别人认为你是大胆的和冒险的,会愿意让你尝试做任何事情,是一个愿意尝试机会而欣赏冒险的人。

60分以上:傲慢的孤独者

在别人的眼中,你是自负的、自我的,是个极端有支配欲、统治欲的人。别人可能钦佩你,但不会永远相信你,会对与你更深入的来往有所犹豫。

第四节　握一份执着在手中

——谈职业倾向性

 弱水三千,只取一瓢饮。　　　　　　　　　　　　——曹雪芹

俗话说,三百六十行,行行出状元。世界上职业有几万种,每种职业都有杰出的人才,都能实现个人的抱负和理想。作为即将进入职场的中职生,我们该如何选择自己的职业呢?所谓"知己知彼,百战不殆",在面临就业方向的选择时,用心盘点一下自己的个性和职业倾向性,事先了解社会上各种职业群的要求和特征,对我们选择自己的职业,是十分必要的。

职业倾向性,是指一个人在选择职业的时候,因着他的职业性格、职业兴趣和职业能力,在自己所了解的社会各职业印象的基础上,所表现出来的一种职业选择倾向。

一、职业性格

职业性格是指人们在长期特定的职业生活中所形成的与职业相联系的、稳定的心理特征。例如,有的人对待工作总是一丝不苟,踏实认真,在待人处世方面总是表现出高度的原则性,总是谦虚、自信,严于律己等,这些特征的总和就是他的职业性格。心理专家总结归纳了十种典型的职业性格:

1. 变化型:能够在新的或意外的工作情境中感到愉快,喜欢工作内容经常发生变化,在有压力的情况下工作得很出色,能够适应多样化的工作环境。

2. 重复型:适合并喜欢连续不断地从事同一种工作,按照一个固定的模式或别人安排好的计划工作,愿意从事重复的、有规则的、有标准的职业。

3. 服从型:喜欢配合别人或按照别人的指示去办事,希望让别人对自己的工作负责,不愿意自己承担责任,不愿意独立做出决策。

4. 独立型:喜欢计划自己的活动并指导别人的活动,会从独立完成的、负有责任的工作中获得快感,喜欢对将要发生的事情做出决定。

5. 协作型:会对与人协同工作感到愉快,善于引导别人按客观规律办事,希望自己能得到同事的喜欢。

6. 劝服型:乐于设法使别人同意自己的观点,并能够通过交谈或书面文字达到自己的目的。对别人的反应具有较强的判断能力,并善于影响他人的态度、观点和判断。

7. 机智型:在紧张、危险的情况下能很好地执行任务,在意外的情况下,能够自我控制、镇定自若,工作出色。即使出差错也不会惊慌,应变能力强。

8. 自我表现型:喜欢表现自己,通过自己的工作和情感来表达自己的思想。

9. 严谨型:注重细节的精确,愿意在工作过程的各个环节中,按照一套规则、步骤将工作过程做得尽善尽美。工作严格、努力、自觉、认真,保质保量,喜欢欣赏自己出色完成工作后的效果。

10. 公关型:对周围的人和事物观察得相当透彻,能够洞察现在和将来。随时可以发现事物的深层含义,并能看到他人看不到的事物内在的抽象联系。

人的性格千差万别,或热情外向,或羞怯内向,或沉着冷静,或火爆急躁。职业心理学的研究表明,不同的职业有不同的性格要求。虽然每个人的性格都不能百分之百地适合某项职业,但却可以根据自己的职业倾向来培养、发展相应的职业性格。不同性格特征,对企业而言,决定了每个员工的工作岗位和工作业绩,对个人而言,决定着自己的事业能否成功。

二、职业兴趣

职业兴趣是一个人对待工作的态度,对工作的适应能力,表现为有从事相关工作的愿望和兴趣,拥有职业兴趣将增加个人的工作满意度、职业稳定性和职业成就感。霍兰德将职业兴趣分为六种类型:常规型、艺术型、实践型、研究型、社会型、管理型。

1. 常规型:尊重权威和规章制度,喜欢有秩序的、安稳的生活。惯于按照计划和指导做事,按部就班,细心有条理。不习惯自己对事情作判断和决策,较少发挥想象力。没有强烈的野心,不喜欢冒险。

2. 艺术型:热爱艺术,富有想象力,拥有很强的艺术创造力。乐于创造新颖、与众不同的成果,渴望表现个性,展现自己。做事理想化,追求完美。善于用艺术形式来表现自己,进行艺术创作或创新时,不喜欢受约束和限制。

3. 实践型:喜欢使用工具或机械从事操作等动手性质的工作,动手能力强,通常喜欢亲自体验或实践理论和方法甚于与其他人讨论,一般不具有出众的交际能力,喜欢从事户外工作。

4. 社会型:乐于助人和与人打交道,乐于处理人际关系。喜欢从事对他人进行传授、培训、帮助等方面的服务工作。愿意发挥自己的感染力和说服力引导别人。通常具有社会责任心、热情、善于合作、善良、耐心,重视社会义务和社会道德。

5. 研究型:喜欢理论研究,潜心于专业领域的创新和应用;喜欢探索未知领域,擅长使用逻辑分析和推理解决难题。不喜欢官僚式的管理行为过多地影响研究工作。

6. 管理型:对其所能支配的各种资源能够进行有效的计划、组织、领导和控制。喜欢影响别人、敢于挑战,自信,有胆略,有抱负,沟通能力出色,擅长说服他人,追求声望、经济成就和社会地位。

良好而稳定的兴趣使人从事各种实践活动时,具有高度的自觉性和积极性。个人根据稳定的兴趣选择某种职业,兴趣就会变成巨大的个人积极性,促使一个人在职业生活中做出成就。反之,如果你对所从事的职业不感兴趣,就会影响积极性的发挥,难以从职业生活中得到心理上的满足,不利于在工作上取得成就。

三、职业能力

职业能力是人们从事某种职业的多种能力的综合。我们可以把职业能力分为一般职业能力、专业能力和综合能力。

1. 一般职业能力:一般职业能力主要是指一般的学习能力、文字和语言运用能力、数学运用能力、空间判断能力、形体知觉能力、颜色分辨能力、手的灵巧度、手眼协调能力等。此外,任何职业岗位的工作都需要与人打交道,因此,人际交往能力、团队协作能力、对环境的适应能力,以及遇到挫折时良好的心理承受能力都是同学们在职业活动中不可缺少的能力。

2. 专业能力:专业能力主要是指从事某一职业的专业能力。在求职过程中,招聘方最关注的就是求职者是否具备胜任岗位工作的专业能力。例如,你去应聘导游工作岗位,对方最看重你是否具备最良好的表达与沟通能力。

3. 职业综合能力,主要包括四个方面:

(1)跨职业的专业能力:一是运用数学和测量方法的能力,二是计算机应用能力,三是运用外语解决技术问题和进行交流的能力。

(2)方法能力:一是信息收集和筛选能力;二是掌握制订工作计划、独立决策和实施的能力;三是具备准确的自我评价能力和接受他人评价的承受力,并能够从成败经历中有效地吸取经验教训。

(3)社会能力:社会能力主要是指一个人的团队协作能力、人际交往和善于沟通的能力。在工作中能够协同他人共同完成工作,对他人公正宽容,具有准确的裁定事物的判断力和自律能力等,这是岗位胜任和在工作中开拓进取的重要条件。

(4)个人能力:随着中国经济体制改革深入、法制不断健全完善,人的社会责任心和诚信将越来越被重视,一个人的职业道德会越来越受到全社会的尊重和赞赏,爱岗敬业、工作负责、注重细节的职业人格会得到全社会的肯定和推崇。

一定的职业能力是胜任某种职业岗位的必要条件。任何一个职业岗位都有相应的岗位职责要求,一定的职业能力则是胜任某种职业岗位的必要条件。因此,同学们在进行择业时,首先要明确自己的能力优势以及胜任某种工作的可能性。条件允许的情况下,可以由专业职业指导人员帮助分析,根据求职者的学历状况、职业资格、职业实践等来确定求职者的职业能力,必要时可以通过心理测试作为参考,在基本确定求职者的职业能力和发展的可能性的基础上帮助求职者进行职业选择。

职业能力的发展可以通过职业实践和教育培训来提高。职业实践促进职业能力的发展,职业能力是在实践的基础上得到发展和提高的,一个人长期从事某一专业劳动,能促使人的能力向高度专业化发展。例如,计算机文字录用人员,随着工作的熟练和经验的积累,录入的速度会越来越快,准确性也会越来越高。个体的职业能力只有在实际工作中才能不断得到发展、提高和强化。个体职业能力的提高除了在实践中磨炼和提高之外,最有效的途径就是接受教育和培训。像我们所熟悉的职业教育、专科教育、大学本科教育、研究生教育等,学生掌握有关知识和技能,对以后更好地胜任本职工作会有极大的帮助。

职业性格、职业兴趣和职业能力三种因素的综合影响决定了一个人的职业倾向性,我们中职生在选择自己的职业时,可以先通过对以上三个因素的澄清和自我检查,来确定自己的职业倾向性。

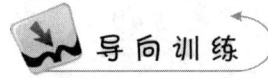

导向训练

1. 上网完成"霍兰德职业倾向测试量表",了解自己的职业倾向。

2. 向父母或者身边的成功人士请教,当时他们在选择自己的职业的时候,主要考虑的因素是什么?

3. 根据上面的职业倾向测试和他人的建议,确立自己的职业倾向,用文字把它描述出来。

第五节　职业与现实携手同行
——谈职业心理

 爱好是你的方向，兴趣是你的资本，性情是你的命运。

同学们，你们刚刚十五六岁，也许经历过许多成功和失败。这些成功、失败已成为过去，一切都要从今天开始。当你即将踏上职业生涯，向往美好未来，努力取得成功时，如何客观地理解一生中所从事的各种工作，如何认识一生中价值观、态度和动机的变化，如何更好地了解自己，如何切合实际地进入职场生活，如何平衡自己个人生活幸福与毕生职业发展，都需要学习职业心理学知识。

职业心理学的研究主要集中在人们选择、从事和改变职业上有关的个体差异和特点。它包括职业选择、职业指导和职业教育等方面的内容，还包括现代社会中大量出现的职业咨询问题。职业心理学的研究以人的能力概念为基础，以各种心理测验工具为方法和手段，帮助人们选择并确定适合其个性和能力的职业。

一、平衡工作和个人生活

有实证研究显示，工作满意度跟生活满意度之间存在着显著且密切的关联，生活满意度会显著地影响工作满意度，并且工作满意度也显著影响着生活满意度。二者在个人生活的特定时间里尤其关系密切，如职场早期、倦怠期等。

工作与个人生活的相互影响主要体现在以下三个方面：

第一，在工作中取得的满意度有助于一般性的生活满意度，如果一个人长期饱受工作失意的折磨，生活满意度就会下降。已经有研究证实职业失意会导致婚姻生活的痛苦，在工作上遇到挫折，会出现与其他家庭成员不和的现象。

第二，不如意的工作也会影响生理健康，主要是通过压力施加影响的。高强度的工作、失意甚至会导致冠心病、溃疡、肠道疾病和皮肤病。有证据表明，高工作满意度的个体比那些忍受长期工作不如意的个体活得长一些，找到合适类型的工作可以增加人的寿命。

第三，工作和个人生活情境中的人际关系质量会产生互相影响。如果你经历了激烈的家庭冲突，你也许会烦乱到不能够与同事和谐相处。相反，如果你拥有健康有益的个人生活，那么在工作中建立良好的关系也变得更加容易。与同事和谐相处，会让个体在工作之后,与家庭和朋友打交道时保持更佳心情。

那些知道在工作中有效与他人相处并让工作顺利开展的人,可以使用相同的技能提升他们的生活品质。与家人和朋友能够有效地建立亲密关系的个体,更有可能会成为一位有效的组织者。

同学们,关于工作与个人生活的关系,你能否还可以想出其他理由?

二、保持健康与压力管理

压力是对威胁和扰乱个人平衡的力量的内在反应。压力源是导致压力的外在和内在力量。你对一件事情的想法和知觉,会影响该事件对你是否存在压力的判断,如果你相信自己有能力克服可能的压力事件,你就会体验到较少的压力。

造成职场压力的因素主要有以下三种:

(1)职场因素。对工作的不满意以及工作量大与工作要求高是造成工作压力的主要因素,尤其当得到的报酬与个人的付出不成比例时,个人更容易觉得不公平,压力感也相对增加。人际关系不良也是导致工作压力的要素。所以同学们首先需要解决的是选择自己感兴趣的工作。

(2)生活因素。生活中偶尔会发生一些重大的事故(变动),例如健康不佳、家庭变故,有时会面临一些小小的困扰,例如车子抛锚、赶时间却一路塞车、被老板批评了一顿,单一事件对个体并不会造成压力威胁,但如果这些困扰都在同一天发生,对个体而言可能就是个小的压力。

(3)个人性格。外在的环境及事件确实会给个体带来压力,但相同事件发生在不同人身上,却未必会构成同样的威胁;因此,同学们如何看待压力事件,以及同学们如何应对和调节压力对压力的形成起着关键作用。

同学们,压力不可避免,当压力到来时不要过分焦虑,认识它并通过运动、改变认知、转移注意力等方法处理它,适当的压力可以使我们变得加成熟和优秀。

三、培养良好的工作习惯、克服拖延

导致生产率低下和职业生涯自我破坏的首要原因就是拖延,拖延是指因为无关或很小原因而导致的任务延迟。对于同学们来说,拖延是主要的不良工作习惯。当下社会,电脑和手机的使用增加了拖延发生的危险,因为在开始工作之前,小游戏和浏览自己喜欢的网站,往往导致了工作任务的迟滞,进而影响到一个人职业生涯发展。

拖延有着不同的原因,一是我们把完成工作的过程知觉为不愉快的。二是发现我们面对的问题是难以应付的,超乎自己能力之外的,或工作的结果是消极惩罚性的。为避免难以应付的工作任务,人们代之以一些微小的、容易完成的事务,如低成本的网页浏览或小游戏。三是人们对行为结果的恐惧，它可能导致对你工作的消极评价，故通过拖延可以延迟另一个消极结果就是坏消息。四是源于对成功的恐惧，人们有时会担心，如果他们在一项重要的任务上取得成功，他们将来会被要求承担更多的责任，有同学故意延迟毕业时间，为了避免承担全职工作的责任。

为克服和减少拖延，这里推荐一些具体策略：第一，计算拖延成本，例如因为拖延没有及时准备好个人简历，结果导致你没有成功应聘到一个高薪的职位。这样你的拖延成本就是你所期望的薪水与你实际获得职位的薪水之差。第二，反击，迫使自己完成那些难以应付、感觉恐惧和不舒服的事情，做过之后就会发现这些事情其实并不像开始想象的那样困难。第三，推动自己，通过给自己下达小的任务开始工作，并且由此获取持续工作的动力。开始一件令人痛苦的任务的方式是，安排一段特定的时间来专门从事该项工作。第四，用奖励和惩罚来激励自己，在你们有拖延地完成一项工作之后，紧接着给自己一个奖励的刺激，例如，你在艰难地完成一次考试之后，可以用跟朋友外出游玩来激励自己。

四、控制自己的行为

想要获得个人目标或价值的实现，你必须试图控制自己的行为，通过控制内部的力量，你可以促进你的职业生涯。这一点很重要，因为个人对管理自己的职业生涯负有主要责任，在职业心理中，你会学习使用一些小方法来对外部环境进行控制，协助你负担管理自身职业生涯的责任。

你需要培养出众的人际交往技能，这在任何领域中获得成功都是至关重要的。员工在晋升中被忽视、创业者在创业途中反复受挫，很大一部分原因是他们不能够有效的负担管理他人的工作责任。有效的人际交往和人际关系技能需要很多特别练习，在本书之后的内容中将有详尽阐述。

你需要培养专业技能、激情和自豪感。专业技能是获得成功的一个出发点，而激情和专业技能是密不可分的，激情有助于创造性的解决问题，同时也是成为一名有效领导者的主要要求，如果你对你的专业领域没有激情的话，在该领域保持领先就会非常困难。发展专业技能以及对工作感到自豪的人可能会达到更高的职业生涯质量。

你需要树立职业道德规范，规范是依据价值观，规定了行为的对与错、好与坏。它会帮助员工处理诸多难题，当面临道德两难情景时，合乎道德决策的简要指导方针是询问自己以下三个问题：是否合法、是否公平、是否正确。如果你对以上三个问题的答案让你感觉满意，那么你就通过了道德测试。

同学们，想求得职业生涯的心灵舒适和自我实现，需要认真了解职业心理的内容，平衡职业、工作与个人志趣的关系，有效应对处理工作中的各种突发挑战。

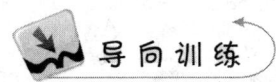 导向训练

人际交往自我评定量表

请你仔细阅读下列16个问题,每一个问题后面,各有三个答案,请你按照自己的真实情况任选其一。

1. 在人际中,我的信条(　　)

　A. 大多数人是友善的,可与之为友的

　B. 人群中有一半是狡诈的,一半是友善的,我将选择友善的交友

　C. 大多数人是狡诈虚伪的,不能之为友

2. 最近我交了一批朋友,这是(　　)

　A. 因为我需要他们

　B. 因为他们喜欢我

　C. 因为我发现他们很有意思,令人感兴趣

3. 旅行时,我总是(　　)

　A. 很容易交上新朋友　B. 喜欢一个人独处　C. 想交朋友,但又感到很困难

4. 我已经约定要去看望一位朋友,但因为太累而失约了。在这种情况下,我感到(　　)

　A. 这是无所谓的,对方肯定会谅解我

　B. 有些不安,但又总是在自我安慰

　C. 很想了解对方是否对自己有不满意的情绪

5. 我结交朋友的时间,一般是(　　)

　A. 数年之久

　B. 不一定,合得来的朋友能长久相处

　C. 时间不长,经常更换

6. 一位朋友告诉我一件极有趣的个人私事,我是(　　)

　A. 尽量为其保密,不对任何人讲

　B. 根本没考虑过要扩大宣传此事

　C. 当朋友刚一离去,随即与他人议论此事

7. 当我遇到困难时,我(　　)

　A. 通常是靠朋友解决的

　B. 要找自己可信赖的朋友商量办

　C. 不到万不得已,决不求人

8. 当朋友遇到困难时,我觉得(　　)

　A. 他们大都喜欢来找我帮忙

B. 只有那些与我关系密切的朋友才来找我商量

C. 一般人都不愿意来麻烦我

9. 我交朋友的一般途径是（　　）

A. 班级

B. 通过各种社团活动

C. 必须经过相当长的时间,并且还相当困难

10. 我认为选择朋友最重要的品质是（　　）

A. 具有吸引我的才华

B. 可以信赖

C. 对方对我感兴趣

11. 我给人们的印象是（　　）

A. 经常会引人发笑

B. 经常启发人们去思考问题

C. 和我相处时别人会感到舒服

12. 在晚会上,如果有人提议让我表演或唱歌时,我会（　　）

A. 婉言拒绝

B. 欣然接受

C. 直截了当地拒绝

13. 对于朋友的优缺点,我喜欢（　　）

A. 诚心诚意地当面赞扬他的优点

B. 会诚实地对他提出批评意见

C. 既不奉承,也不批评

14. 我所结交的朋友（　　）

A. 只能是那些与我利益密切相关的人

B. 通常能和任何人相处

C. 有时愿与同自己志趣相投的人和睦相处

15. 如果朋友和我开玩笑（恶作剧）,我总是（　　）

A. 和大家一起笑

B. 很生气并有所表示

C. 有时高兴,有时生气,依自己当时的情绪而定

16. 当别人依赖我的时候,我是这样想的（　　）

A. 我不在乎,但我自己却喜欢独立于朋友之中

B. 这很好,我喜欢别人依赖我

C. 要小心点！我愿意对一些事物的稳妥可靠持冷静、清醒的态度

各题评分标准

1. A.3,B.2,C.1
2. A.1,B.2,C.3
3. A.3,B.2,C.1
4. A.1,B.3,C.2
5. A.3,B.2,C.1
6. A.2,B.3,C.1
7. A.1,B.2,C.3
8. A.3,B.2,C.1
9. A.2,B.3,C.1
10. A.3,B.2,C.1
11. A.2,B.1,C.3
12. A.2,B.3,C.1
13. A.3,B.1,C.2
14. A.1,B.3,C.2
15. A.3,B.1,C.2
16. A.2,B.3,C.1

38～48分,说明你的人际关系很融洽,在广泛的交往中你很受众人喜欢;

28～37分,说明你的人际关系并不稳定,有一定数量的人不喜欢你,如果你想受人爱戴,还要做很大努力;

16～27分,说明你的人际关系不融洽,你的交往圈子太小了,很有必要扩大你的交往范围。

现代中职生职业心理导向

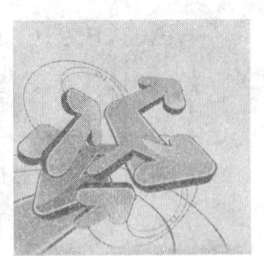

第二章 职业生涯规划

第一节 世界上没有完全相同的两片叶子

—— 谈全面了解自己

 知人者智，自知者明。　　　　　　　　　　　　　　　　——老子

与初中生和普高生相比较，我们中职生比较特殊，算是一个特殊的群体。为什么这样讲呢？因为，我们就读的是职业中专。"职业中专"四字中，与我们关系最为密切的就是"职业"二字。在中职学校三年的学习、生活、顶岗实习中，我们要完成这样的转变："未成年人"到"成年人"的转变，"学校人"到"职业人"的转变，"获取者"到"付出者"的转变。因而非常有必要认真地审视自己、了解自己，为就业做好充分的心理准备。那么，该如何较为全面地了解自己呢？

一、了解自己的生理及心理特征

从心理健康教育的角度来讲，中职同学大多处在15至18周岁，是生理和心理逐渐接近成人的一个重要发展阶段。属于青春期后期发展阶段。生理发育最明显的特点是形体的剧变、身体机能的增强和各器官发育趋于成熟。在认知发展方面，中职同学的观察力、注意力、记忆力、思维能力等方面已趋于成人水平，智力水平已接近成人高峰状态，情绪体验丰富。道德感、理智感和美感等高级情感发展也趋于成熟。从以自我意识和品德发展为主的社会性发展来看，我们中职同学要比初中生更善于从旁观者的角度来观察自己，更善于内省，思考自己和与自己有关的问题。我们对自我的认识逐渐增强，自我评价日益深刻。在对道德知识的理解方面更加概括、抽象和深刻。研究发现，中职生对道德知识的理解逐渐达到了"理解行为规范与道德准则的实质"水平。

二、认识并改变自己的学习状况和行为习惯

在认识改变自己的学习状况和行为习惯方面,我想借用一句我们都熟知的话:行动培养习惯、习惯形成性格、性格决定命运。我们能否认识自己的习惯,能否切实改变自己的学习、行为习惯,将影响我们的人生命运。机会对每个人都是相对公平的,可为什么有人能屡屡抓住?有人则频繁地错过呢?我们常说的那句话"机会是为有准备的人准备的!"就是答案。因此,我们必须在就业前做好充分的准备。

首先,我们要做到敢于面对现实,正视自己。我们都知道中职学生的学习习惯和行为习惯各异,有人认真听讲、专心做笔记、跟着老师的思路走,因而学习轻松,成绩优良。有人上课人在心不在,玩手机、看小说、私下聊天,因而学习吃力,成绩不理想。有人遵守社会公德、讲文明礼貌、纪律观念浓厚,因而受师生欢迎。有人道德意识缺乏、出口成"脏"、自由散漫无视纪律的存在,因而不太受师生欢迎。

其次,要善于发现自己的长处,发掘自己的潜能。心理学家曾提出过多元智能理论,它包含交流交往、身体运动、视觉空间、音乐节奏、言语和语言、逻辑和数理、自我意识、自然观察等智能。每个人至少会占有一种,我们要善于发掘和发挥,从而善加利用,树立信心。我们都知道普教是升学教育,而中职教育是以就业为导向的职业教育,注重的是职业素质和职业能力的训练和培养,是为我们能更好地就业做准备的。

最后,切实在日常的学习和生活中坚持养成良好的习惯。在学习方面,中职的学习分为文化课和专业课两大类。文化课是基础课,它能为我们将来的继续学习和终身学习打下基础,因而学习的重点是提高学习的能力、掌握学习的方法、养成良好的学习习惯。专业课是掌握一技之长的必修课,要求的是手脑并用,更强调的是动手操作的能力,很好地掌握一门专业技能是我们首次就业的"敲门砖"。因而必须珍惜每一次实训、实习的机会,真正掌握好专业技术。另外,对于想获得成功职业生涯的中职生来说,仅有良好的学习习惯还远远不够,因为用人单位在录用从业者时还十分看重良好的职业道德和行为习惯。进入职场后会发现,遵守职业纪律、注意生产安全,是用人单位对从业者的最低要求,尊重顾客、尊重师傅,则是用人单位对从业者的最基本要求。这是因为,违反纪律不仅直接影响工作效率,有时还会引发安全事故。注重安全不仅关系到用人单位,还关系到从业者自身和家庭的幸福,构建和谐社会安全。同时很难想象,单位的领导会允许员工扰乱正常工作秩序,能工巧匠会把真本领教给一个不尊重自己的年轻人。

三、认识培养自己的职业兴趣

从心理学的角度来说,兴趣是一个人积极探究某种事物的心理倾向。职业兴趣是

职业活动中特殊的个性倾向。兴趣与其成就大小相关。如果一个人对他所从事的工作不感兴趣,在工作中他只能发挥其才能的20%~30%,如果感兴趣就能发挥其才能的80%~90%。因此,在考虑自己未来发展方向时,要尽可能选择自己感兴趣的职业。但是,前途光明,道路曲折。一个人一生的发展一般不会一帆风顺,遂人心愿。由于诸多原因,可能出现将来从事的工作不是自己感兴趣的,那怎么办?所以,同学们还必须知道:兴趣是可以培养的。人们对某一职业的兴趣往往需要一个了解、喜欢、热爱、沉醉、奉献的过程。不了解就谈不上热爱,更谈不上兴趣。因此必须深入了解我们即将从事的职业。尤其要加强社会实践活动,了解本职业的成功人士,从而激发自己的兴趣。同时也要练好专业本领。另外,著名哲学家黑格尔也说:"一个深广的心灵总是把兴趣的领域推广到无数事物上去。"所以还必须尽可能地拓展自己的兴趣爱好。以适应将来我们可能从事的"不感兴趣的职业"。

四、认识并调适自己的职业性格

从心理学的角度讲,性格是人们对现实的态度和行为方式中表现出的较稳定的个性心理特征。分为内向型、外向型、中间型,大多数人属于中间型。职业性格是指人们在长期特定的职业生活中所形成的与职业相联系的、稳定的心理特征。职业性格大概有九种类型:变化型、重复型、服从型、独立型、协作型、劝服型、机智型、自我表现型、严谨型。据研究发现,大多数人兼有多种类型的职业性格,只是谁主谁次而已。

职业心理学的研究表明:性格影响着一个人对职业的适应性,一定的性格适于从事一定的职业。这在我们学习过的"职业生涯规划"中已有详述。一般来说,如果自己的性格和职业需要的性格相反的时候,那么工作的时候就会遇到很大的心理冲突,工作上成功的概率也会较小。但事情并非绝对,性格还存在很大的可塑性,现实中不少的例子都可以证明,环境可以改变人,工作环境和职业环境可以改变一个人的性格和职业性格。10年前,有一名中职生,在校的两年当中,所有的同学和老师都认为该生非常内向,不爱讲话。可去年再见面的时候,他的言谈简直让我插不上嘴。后来才得知,内向的性格使他吃了近3年的亏,后来,他下决心改变自己,如今他已做了近6年的某著名饮料的三市代理。足见性格是可以改变的。特别是在环境改变后,是能够改变的。再举个简单的例子,多愁善感的林黛玉如果不是在贾府生活,而是让她天天经历血雨腥风,那么,她可能变成一名女侠。

所以,不能让我们自己目前的性格蒙蔽了自己,认为我只能从事什么职业,万一将来我们从事的职业不符合自己的专业、自己的性格的时候,要适当改变自己的性格来做好自己的工作。台湾一学校的宣传标语讲:"不是聪明人能取得成功,而是能适应环境的人能取得成功。"就是这个道理。

五、了解并调高自己的职业能力

职业能力是人们从事某种职业的多种能力的综合。多种能力综合里面,国际上提出了一个概念,叫做"关键能力"。关键能力是职业人要重点培养的,它主要包括跨职业的专业能力、方法能力、社会能力、个人能力。跨职业的能力我们理解为可以从事与自己专业不对口的工作的能力,方法能力可理解为遇到问题能用最有效的方法解决的能力,社会能力主要是指一个人的团队协作能力、人际交往和善于沟通的能力。个人能力可理解为一个人的职业道德即爱岗敬业、工作负责、注重细节的能力。作为中职生我们要明确能力不是与生俱来的,是后天的教育培养造就的,因此我们的结论:能力是可以培养和提高的。我们可以通过以下途径培养和提高能力:(1)积极参加社会实践活动,珍惜学校组织的每一次实习实训,从中提高能力。(2)真正掌握好自己本专业的专业知识。通过对有关知识和技能的掌握,对以后更好地胜任本职工作会有极大的帮助。

六、了解并调整自己的职业价值取向

所谓职业价值取向,就是我们对什么职业有价值或无价值的固定态度与看法。职业价值取向是指人们对职业的倾向性意识和行为,实际上是人们谋取一份职业的社会行为目的。不同的人有着不同的职业价值取向,科学家将人们的不同职业价值取向归纳为三大类十二种。一是维持并提高物质生活的需要,包括收入与财富、安全感、健康;二是满足精神生活的需要,包括成就感、美感、挑战感、独立性、欢乐、自我成长、权利;三是承担社会义务的需要,包括道德和使命感、家庭和人际关系、协助他人。不同思想境界的人对这三大类的排序不一样,但多数人的追求都是多重的,既要满足个人的物质、精神需求,又希望为社会承担义务。了解了自己的职业价值取向后,就应该积极地加以调整,不能偏颇于单纯的一面。同时,要杜绝两种不良的职业价值倾向:第一是个人本位的功利倾向。这种倾向的直接后果是轻易导致中职生社会责任感的淡化,不能正确处理个人事业与国家事业的有机联系、个人需要与社会需要的有机联系。因而,导致了中职生职业理想和职业目标的盲目化和短视化。第二种是非理性化倾向。他们考虑的因素太多,既要考虑自我发展,又要考虑经济利益,还要考虑职业的地位、名声、稳定性等诸多方面,导致目标不清楚,带有明显的理想化成分。也正是这两种不良的职业价值倾向,导致了我们不少的中职毕业生频繁而不理性地跳槽、更换工作,毕业后多年都还没有稳定的工作,有的就干脆做了"坐家"、"啃老族"。

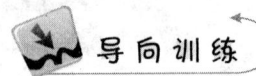 导向训练

1. 心理测试:认识自我

本心理测试是由中国现代心理研究所以著名的美国兰德公司(战略研究所)拟制的一套经典心理测试题为蓝本,根据中国人心理特点加以适当改造后形成的心理测试题,目前已被一些著名大公司,如联想、长虹、海尔公司作为对员工心理测试的重要辅助试卷,据说效果很好。现在已经有人建议将来作为对公务员的必选辅助心理测试推广使用。快来测试一下,很准的!

注意:每题只能选择一个答案,应为你第一印象的答案,把相应答案的分值加在一起即为你的得分。

(1)你更喜欢吃哪种水果?(　　)

　A. 草莓 2 分

　B. 苹果 3 分

　C. 西瓜 5 分

　D. 菠萝 10 分

　E. 橘 15 分

(2)你平时休闲经常去的地方是?(　　)

　A. 郊外 2 分

　B. 电影院 3 分

　C. 公园 5 分

　D. 商场 10 分

　E. 酒吧 15 分

　F. 练歌房 20 分

(3)你认为容易吸引你的人是?(　　)

　A. 有才气的人 2 分

　B. 依赖你的人 3 分

　C. 优雅的人 5 分

　D. 善良的人 10 分

　E. 性情豪放的人 15 分

(4)如果你可以成为一种动物,你希望自己是哪种?(　　)

　A. 猫 2 分

　B. 马 3 分

　C. 大象 5 分

　D. 猴子 10 分

E. 狗 15 分

F. 狮 20 分

(5)天气很热,你更愿意选择什么方式解暑?(　　)

A. 游泳 5 分

B. 喝冷饮 10 分

C. 开空调 15 分

(6)如果必须与一个你讨厌的动物或昆虫在一起生活,你能容忍哪一个?(　　)

A. 蛇 2 分

B. 猪 5 分

C. 老鼠 10 分

D. 苍蝇 15 分

(7)你喜欢看哪类电影、电视剧?(　　)

A. 悬疑推理类 2 分

B. 童话神话类 3 分

C. 自然科学类 5 分

D. 伦理道德类 10 分

E. 战争枪战类 15 分

(8)以下哪个是你身边必带的物品?(　　)

A. 打火机 2 分

B. 口红 2 分

C. 记事本 3 分

D. 纸巾 5 分

E. 手机 10 分

(9)你出行时喜欢坐什么交通工具?(　　)

A. 火车 2 分

B. 自行车 3 分

C. 汽车 5 分

D. 飞机 10 分

E. 步行 15 分

(10)以下颜色你更喜欢哪种?(　　)

A. 紫 2 分

B. 黑 3 分

C. 蓝 5 分

D. 白 8 分

E. 黄 12 分

F. 红 15 分

(11)下列运动中挑选一个你最喜欢的(不一定擅长)?(　　)

A. 瑜伽 2 分

B. 自行车 3 分

C. 乒乓球 5 分

D. 拳击 8 分

E. 足球 10 分

F. 蹦极 15 分

(12)如果你拥有一座别墅,你认为它应当建立在哪里?(　　)

A. 湖边 2 分

B. 草原 3 分

C. 海边 5 分

D. 森林 10 分

E. 城中区 15 分

(13)你更喜欢以下哪种天气现象?(　　)

A. 雪 2 分

B. 风 3 分

C. 雨 5 分

D. 雾 10 分

E. 雷电 15 分

(14)你希望自己的窗口在一座 30 层大楼的第几层?(　　)

A. 7 层 2 分

B. 1 层 3 分

C. 23 层 5 分

D. 18 层 10 分

E. 30 层 15 分

(15)你认为自己更喜欢在以下哪一个城市中生活?(　　)

A. 丽江 1 分

B. 拉萨 3 分

C. 昆明 5 分

D. 西安 8 分

E. 杭州 10 分

F. 北京 15 分

180 分以上:意志力强,头脑冷静,有较强的领导欲,事业心强,不达目的不罢休。外表和善,内心自傲,对有利于自己的人际关系比较看重,有时显得性格急躁,咄咄逼人,得理不饶人,不利于自己时顽强抗争,不轻易认输。思维理性,对爱情和婚姻的看法很现实,对金钱的欲望一般。

140~179分:聪明,性格活泼,人缘好,善于交朋友,心机较深。事业心强,渴望成功。思维较理性,崇尚爱情,但当爱情与婚姻发生冲突时会选择有利于自己的婚姻。金钱欲望强烈。

100~139分:爱幻想,思维较感性,以是否与自己投缘为标准来选择朋友。性格显得较孤傲,有时较急躁,有时优柔寡断。事业心较强,喜欢有创造性的工作,不喜欢按常规办事。性格倔强,言语犀利,不善于妥协。崇尚浪漫的爱情,但想法往往不合实际。金钱欲望一般。

70~99分:好奇心强,喜欢冒险,人缘较好。事业心一般,对待工作随遇而安,善于妥协。善于发现有趣的事情,但耐心较差,敢于冒险,但有时较胆小。渴望浪漫的爱情,但对婚姻的要求比较现实。不善理财。

40~69分:性情温良,重友谊,性格踏实稳重,但有时也比较狡黠。事业心一般,对本职工作能认真对待,但对自己专业以外事物没有太大兴趣,喜欢有规律的工作和生活,不喜欢冒险,家庭观念强,比较善于理财。

40分以下:散漫,爱玩,富于幻想。聪明机灵,待人热情,爱交朋友,但对朋友没有严格的选择标准。事业心较差,更善于享受生活,意志力和耐心都较差,我行我素。有较强的异性缘,但对爱情不够坚持认真,容易妥协。没有财产观念。

2. 认识自己的方法

大家可能听过"斯芬克斯之谜"的故事,该故事说明了人认识自我是多么的困难。因而很有必要了解如何正确地认识自我。在此,给大家介绍三种方法:(1)比较法:一是与别人比较。吸收别人的长处,弥补自己的短处。二是自己的现在与过去比较,找出能激发自己信心的积极因素,弥补自己的不足。(2)他评法:以他人为镜子,看看自己在他人心中的位置。千万不要胡乱地坚守"走自己的路让别人去说!"(3)心理测验法:可在心理老师的指导下进行。但千万注意,任何心理测验都不能绝对地迷信,把测验结果作为参考就可以了。

第二节　物尽其用,人尽其才

——谈人职匹配

要么努力获得你所喜欢的,要么努力去喜欢你所做的。

——乔治·伯纳德·肖

达到"人职匹配"是职场的理想境界,是职业人和企业最想达到的境界和要求,它会让人充满激情地快乐地工作,做出业绩,从而幸福地生活。中职学生,要想在今后的职场中有所作为,找到合适的职业,做到"人职匹配"是非常必要的。那什么是人职匹配呢?

一、人职匹配理论简介

1. 帕森斯"人职匹配"理论

美国职业指导专家帕森斯于1909年出版的《选择职业》一书,第一次系统阐述了科学的职业指导理论,即特质—因素理论。该理论产生百年来经久不衰。其理论核心是人与职业的匹配。其理论前提:每个人都有一系列独特的特质,并且可以客观而有效地进行测量;为了取得成功,不同职业需要配备不同特质的人员;个人特质与工作要求之间配合得越紧密,职业成功的可能性就越大。

根据特质—因素理论,在职业选择过程中,第一步,分析个人的特质,即评价个人的生理和心理特征;第二步,分析各种职业对人的要求;第三步,人职匹配,个人在了解自己的特点和职业要求的基础上,选择一项既适合自己特点,又有可能获得发展的职业。这三要素模式被认为是职业设计的至理名言。

帕森斯认为职业与人的匹配,分为两种类型:一是条件匹配。即所需专门技术和专业知识的职业与掌握该种特殊技能和专业知识的择业者相匹配。二是特长匹配。即某些职业需要具有一定的特长。

该理论对中职生的求职择业具有很大的指导意义,它使我们知道在择业时要充分分析自己的特质情况,充分了解相关职业的各种要求,在全面了解自我、了解职业的情况下努力做到人—职匹配,以便更好地工作。

2. 霍兰德"人职匹配"理论

美国著名职业生涯指导专家霍兰德认为:同一类型的人与同一类型的职业互相结合才能达到适应状态。而人在一生中,面临着许多职业选择、工作选择、职位选择,甚至具体项目的选择,这些选择是否能与其自身的类型相匹配,当然是影响其成功的重要因素。霍兰德职业匹配理论的核心是假设可以把人的性格分为六大类:现实型(又称技能型)、研究型(又称调查型)、艺术型、社会型、传统型(又称事务型或常规型)和企业型(又称经营型)。他较为详细地分析了这六种类型的特点和适合的职业,同时阐述了六大类之间还有关联。还提出人们通常选择与自我兴趣类型匹配的职业环境,如有现实型兴趣的人希望在现实的职业环境中工作,以更好地发挥个人的潜能。但在职业选择中,员工并非一定要选择与自己兴趣完全对应的职业。一则是因为员工本身是多种兴趣类型的综合体,单一类型的不多。二则是因为影响职业选择的因素是多方面的,不完全依据兴趣类型,还要参照社会的职业需求及获得职业的现实可能性。

霍兰德的人职匹配理论,可以作为我们中职同学择业时的参考,它让我们知道,如何进一步了解自己、了解自己想要的职业。找到一个与自己人格类型相符的职业环境。从而得到乐趣和内在满足,更充分地发挥自己的才能。

为了确定自己的人格类型,就需要运用人才测评的手段与方法,霍兰德也编制了一套职业适应性测验来配合其理论的应用。

二、合理规划求职之路

要想真正做到人职匹配,我们还必须事先做好合理地规划。中国人民大学新闻学院阎芳老师曾指出:"在求职前要首先做好调研,一方面要了解整个就业市场的情况,另一方面要花时间和精力好好'研究'自己感兴趣的单位,然后再对自己的专业、兴趣、优势、劣势做好分析,力求在求职过程中做到'人职匹配'。"在我们学过的"职业生涯规划"中,早就讲到了职业生涯规划的目的是什么,如何进行有效的规划等。但是,现实当中很多同学将职业规划简单地理解成就是找一份工作,完全没有与自己未来的长期发展目标相结合。

大多数同学在求职时,顺从外界的建议,受父母、师兄师姐、社会舆论的影响很大,采取的是随大流,看大家的评价的做法。还有的同学很冲动,以直觉为导向,跟着感觉走。不少同学甚至只看工作单位的薪酬、环境。缺少或者根本就没有自己的想法,更谈不上自己的有效规划,这样的结果就是很难找到让自己满意的工作岗位。只能频繁地跳槽、换岗。智联招聘的调查显示,应届毕业生在求职时看重的因素:看重职业发展前景的以41%的比例居于首位,看重薪酬福利占16%位居第二,看重办公地点、工作环境、专业对口等位列其后。因此,在求职、择业的过程中首先要摒弃感情因素,不要太顺从他人的安排,不要盲目地随大流。要有自己的想法,自己合理的事先规划。

三、多渠道了解企业

"有人没事干,有事没人干。""人选职业,职业也选人。"这就是目前中国的求职和用人情况。因此,我们中职同学在认真分析研究自己的基础上,还应该多渠道地了解企业(用人单位)的情况,以便达到"人职匹配"。如何了解企业呢?有如下几个方法:

一是发挥网络优势,既登录该企业的网站了解该企业,也从其他网站了解别人对该企业的评价,但必须抱着批判的态度,不能全信。二是通过亲友来了解企业,特别是熟悉企业的亲友,他们的信息也有利于我们的抉择。三是通过师兄、师姐来了解,这方面建议同学们先了解师兄、师姐的情况,再来判断他们的经验的可信度。为什么这样说呢?相信同学们都听过"小马过河的故事",各自的条件不一样,对同一事物的看法也不一样,得出的结论也不一样。所以,还得亲身实践。四是亲身实践,这主要是指尽可能多地参加社会实践,从相同的企业、相同的岗位、相同的要求中去辨别真伪。同时还要考虑企业的发展前景,因为与薪资福利、工作环境、地理位置相比,一个企业的工作氛围、领导风格、企业文化、自己的发展等方面更应该是同学们考虑的重点。同学们还年轻,金钱和享受不应该是考虑的首要。有的企业就是我们常说的"过把瘾就死""有钱赚就好""人有的是,中国人多,没工作的人更多,走了我再招"的企业,也有的企业也能清楚地认识到"人难招"的现实情况。明智的企业也会有不错的发展思路。有一个企业的副总说:"来我这边工作是来去自由的。但是,在你走之前,你要告诉我,你在我这里学到了什么?你有没有成长?到了新的工作岗位你能不能适应?"如果在这样的企业工作,你是幸福的!

四、提升自己的综合素质

想有好的发展前景的优秀企事业单位都希望"汇集一流人才,创造一流业绩"。他们眼中的优秀人才是什么样的呢?大多数用人单位在招聘新员工时,对应聘者综合素质的考察都相当重视,有的甚至不大重视文凭和毕业学校的名声,他们更为关注的是应聘者的下列能力和素质。

1. 良好的职业道德素质

社会上流行着这样的一句话:"有才无德是危险品"。可见用人单位对道德素质的重视,谁敢用一个随时会出问题的"危险品"?而在职业道德素质的多方面中,核心是敬业和诚信。因此,为了更好地做到"人职匹配",必须加强自己良好职业道德的养成。

2. 过硬的专业素质

这是求职者必须具备的最基本的素质,是中职生做好工作的前提条件,具备扎实的"专业技能"是每个中职生的职责。所以,在校期间对专业技术的学习切不可懈怠,勤学苦练,掌握过硬的专业技能,真正做到"一技在手"。

3. 良好的团队合作精神

它包括协调工作能力、人际交往能力、融入企业文化的能力等等,这些都是用人单位十分看重的素质,因为公司不欢迎"刺猬式的人物"(谁碰到谁受伤),喜欢的是"蚂蚁一样的团结协作",只有这样,公司才能得到好的发展。

4. 创新能力

和团队合作精神一样,创新能力近来也备受关注。用人单位鼓励学习,更鼓励创新,非常重视员工对新技术、新技能的掌握,并且要能将新技能应用到实际的工作中去。

5. 适当的"包装"能力

求职时,应聘者投递的简历、自我风采的展示、求职的方式等都能先体现出来。"包装自我"时既要实事求是,又要能够吸引用人单位的眼球。求职时首先要做到的是"诚实"。切记不要讲大话空话,而要说明白自己能给公司带来什么,突出自己的亮点。

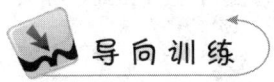 导向训练

1. 你打算选择何种职业?
2. 你心目中职业成功的标志是什么?

第三节 曲径通幽

——谈职业生涯发展路线的确定

 选择好脚下的路,以后就好走了。　　　　　　　　　　　　——列宁

一、什么是职业生涯发展路线

俗话说:"三百六十行,行行出状元。"成功的关键不是看你选择了什么职业,而是有没有设立清晰明确的目标,而目标的选择首先是职业生涯发展路线的选择。所谓的职业生涯发展路线是指一个人选定职业后选择从什么途径去实现自己的职业目标,是向专业技术方向发展,向行政管理方向发展,还是走自我创业之路,或者是前面各方向同时发展。想发展的方向不同,要求也不同。我们常说"条条大路通罗马",可有的路是捷径,有的路却要绕很大的弯子,我们完全可以想好以后,打探清楚以后尽量走些捷径。因此,在我们的职业确定之后,就必须对自己职业生涯路线进行选择,以便今后的学习和工作沿着职业生涯路线的方向发展。

典型的职业生涯路线图是一个"V"形图。以一个18岁的中职生毕业参加工作为例,其V形图的起点是18岁。以起点向上发展,V形图的左侧是行政管理路线,右侧是专业技术路线。将路线分成若干等分,每等分表示一个年龄段,并将专业技术的等级(如初级、中级、高级等)、行政职务(经理、总经理、董事长等)的等级分别标在路线图上,作为自己的职业生涯目标。

可以看得出,职业生涯发展路线包括一个个职业阶梯,我们可以由低向高逐步上升。如我们中职学校的教师在专业技术方面的发展路线:助理讲师—讲师—高级讲师。在行政方面的发展路线:普通教师—年段长—行政副主任—主任—校长助理—副校长—校长。而在企业中,以财务人员为例,其专业技术的发展路线是会计员—主管会计师—高级会计师—注册会计师—公司财务总监。

但是,选择自己的职业生涯发展路线,一定要结合本人和环境的实际。下面我们来谈谈确定职业生涯发展路线前的准备。

二、路线确定前的心理准备

1. 用5W分析法审视自己

"5W"即五句英文句子的缩写,它具体是指:第一,Who am I? (我是谁?)面对自己,真实地写出每一个想到的答案,并按重要性排序,比如自己的专业、家庭情况、年龄、性别、性格、动手能力、思考能力等等。第二,What will I do? (我想做什么?)可以从小时候回忆,将自己喜欢做的事情写下来。第三,What can I do? (我会做什么?)可以把自己有能力做的,还有通过潜能开发能够做的事写下来。第四,What does the situation allow me to do? (环境支持或允许我做什么?)将自己所处的家庭、单位、学校、社会关系等各种环境因素考虑进去。第五,What is the plan of my career and life? (我的职业与生活规划是什么?)将自己规划详细想清楚。把这五个问题想清楚、想明白,对我们选择职业发展路线大有好处。

2. 用SWOT分析法再次了解自己

SWOT分析法又称态势分析法。早在20世纪80年代初,由旧金山大学的管理学教授提出来的,这是一种能够较客观而准确地分析和研究一个单位现实情况的方法。但现在,不少人也将该方法用于了解、研究自己。SWOT是四个英文单词首字母,它是指优势(Strengths),学了什么、掌握了什么、熟练什么、做过什么、最成功的是什么、忍耐力如何等。劣势(Weaknesses),自己有什么性格弱点、经验或经历中欠缺什么、最失败是什么等。机遇(Opportunities),现在的就业形势如何、各种职业发展空间怎么样、社会最急需的职业是什么、什么职业比较有前途等。威胁(风险)(Threats),专业知识技能跟不跟的上、有没有过时、同学同事之间的竞争如何、薪酬待遇过低怎么办、工作条件环境恶劣怎么应对等。用这种方法再剖析自己。

除了上面两种方法再次剖析、了解自己之外,同学们还可以再次参考本章的第一节,以达到进一步了解自己的目的。为自己正确地选择职业生涯发展路线做好充分的心理准备。

三、发展路线简析

一般来讲,有四种职业生涯发展路线可供我们选择,即专业技术型、行政管理型、专业技术行政管理同时进行型、自我创业型路线。

1. 专业技术型发展路线

专业技术型发展道路是指工程、财会、生产、销售、法律、教师、医生等职业的专业方向。它们的共同特点：都要求有一定的专门技术性知识和能力，并需要有较强的分析、研究能力。当然这些技能必须经过长期的学习、培训、锻炼和实践的积累才能具备。如果你对专业技术内容及其活动本身感兴趣，并追求这方面的提高和成就，喜欢独立思考，而不喜欢从事管理活动，专业技术型的发展道路就是最好的选择。相应的发展阶梯是技术职称的晋升及技术成就的认可，奖励等级的提高及物质待遇的改善。如果确定往这方面发展，一定要在专业技术的掌握和创新上付出汗水和心血。发挥立足岗位学技术、运用知识去攻关的职业精神。

2. 行政管理型发展路线

如果你善于并喜欢与人打交道，能灵活有效地处理各种人际关系，善于从宏观、大局角度考虑问题，比较理智、有魄力、有感召力，善于表现、追求权利，影响、控制他人，行政管理型的发展道路就是恰当的选择。把管理这个职业本身视为自己的目标，相应的发展阶梯一般是从基层职能部门开始，然后向高级职能部门逐步提升发展，具体的职位可查阅资料参照"中国企业职位名称"。随着职位的一步步提升，管理权限和承担的责任越来越大，对自身的要求也越来越高。前提条件是你的才能和业绩不断地积累提高，达到了相应层次的要求。行政管理型发展道路对个人综合素质、人际关系技巧要求很高。如果确定往这方面发展，一定要随时注意训练和提升自己的综合素质，以适应行政管理型发展路线。

3. 专业技术、行政管理同时进行型路线

现实的职业发展活动中，同时往这两个方向发展的情况很多。比如当老师的既可以在职称方面由初级发展到高级，也可以同时由普通教师发展到行政岗位再到校领导甚至更高的行政职位。当医生的也可以在职称提升的同时获得行政职务的提升。所以，同学们虽然开始时选择了专业技术方向，如果仍对管理有兴趣，并且希望在管理领域做出一番成就，也完全可以跨越发展。即在开始阶段从事某种技术性专业，不断积累充实自己的专业知识，打下坚实的技术基础，然后在适当的时候，转向专业技术部门的管理职位。将技术骨干提拔到领导管理岗位的事例在某些领域屡见不鲜。事实上，现实的职场中，由于专业技术得到提升，做出贡献之后被领导或上级提升到行政岗位的案例也是十分多的，这也是时代发展的客观需求和必然趋势。

4. 自我创业型发展路线

现在，有不少人开始选择自我创业或走自由职业者的道路。创业是由个人或若干人创办企业并掌握所有权。创办自己的企业，失败与成功都由自己负责，把别人支配自己变成自我支配，甚至支配别人，这种支配权不是来自"上级"任免，而是靠自己财富的积累，是职业生涯发展过程中一次质的飞跃。创业者有快乐，但创业的艰难也是常人难以想象的。客观上，要有良好的机会和适宜的土壤。主观上，创业者不仅要有强烈的创造与成就愿望，而且心理素质要强，要有承受巨大的心理压力和承担风险的能力，还要有新思维，善于开拓新领域，开发新产品。要想创业成功，首先要做好创业的准备，包括心理素质能力的提升,尤其是抗挫折能力的训练与提升;学习经营的方法,懂得合法的融资渠道;构思和寻找自己熟悉又能创新的创业项目,编织有用的人际网络;同时还很有必要先到社会组织中锤炼,学习如何创业。

需要强调指出的是,无论你选择哪种职业生涯发展路线,最重要的是一定要结合实际,综合考虑自己的个性、价值观、兴趣、能力等自身条件和社会与组织环境,反复权衡再予决定。

同时,还需要反复询问自己三个问题:我想干什么?即我想往哪一条路线发展?我能干什么?即我可以往哪一条路线发展?我能干好什么?即我适合往哪一条路线发展?

因为,每个人的自身条件,基础素质不同,适合的职业生涯发展路线也就不同。有的人适合搞研究,能够在专业领域求得突破;有的人适合做管理,能够成为优秀的管理人才;有的人适合从事技术工作,成为优秀技能型人才。也有的人专业技术和行政管理都做得不错。

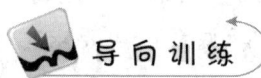
导向训练

中职生晓强在校时,参加全市技能竞赛荣获数控车工第一名,破格得到了高级工证书。毕业时,表哥要晓强到电脑公司做管理人员,一家大型企业也点名要他。

到表哥的公司不但报酬高,还可以沿着管理方向发展。可晓强知道自己不善于处理复杂的人际关系,不适合从事管理工作,而且自己学的是数控技术,缺乏 IT 行业的知识背景,不能确定在 IT 行业能走多远。最终晓强选择了去那家企业开数控车床,并下决心成为高级技师。

加工是他喜欢的工作,他加工的工件精度高,从没出现过次品。一次外商急需加工一批零件,找了几家单位,都达不到技术要求。最后外商找到晓强所在的工厂,晓强主动请缨,通过反复试验找到规律,很快加工出符合要求的产品。既帮外商解了燃眉之急,又为工厂赢得了声誉。通过几年实践,晓强成了厂里屈指可数的技师之一。

因为工作出色,晓强几乎年年被评为先进工作者,并获得市"五一"劳动奖章和省"劳动模范"光荣称号。参加省职工技能比武,又以第一名的优异成绩获得"技术能手"称号,获得高级技师资格证书,成为全省最年轻的高级技师之一。

回顾自己走过的路,晓强庆幸自己当初的选择没有错。他现在正在思考:科学技术发展这么快,数控设备不断更新换代,自己怎么才能走得更高、更远。

请你从职业生涯发展路线选择的角度来分析晓强的成功,谈谈你自己能从中受到什么启发。

第四节 大海中的灯塔
——谈职业生涯发展目标的确定

 所有成功人士都有目标。如果一个人不知道他想去哪里，不知道他想成为什么样的人、想做什么样的事，他就不会成功。 ——诺曼·文森特·皮尔

目标是个人、部门或整个组织所期望的成果。就是期望达到的成就和结果，也是行为的导向。人们的行为总是为了实现某种目标的。目标的实现使人的需要得到满足，心理的紧张不安得到消除，从而结束一个行为过程。职业生涯目标是指个人在选定的职业领域内未来时点上所要达到的具体目标。尽早确立职业生涯发展目标对个人发展十分重要。

一、确定职业生涯发展目标的重要性

要想取得职业生涯的成功，并由此取得事业和人生的成功，一个明确的目标是必不可少的。没有目标就不可能知道自己所处的位置，所有的成功都是以目标的实现为标志的。

我们来看一个体现目标重要性的例子。1952年7月4日清晨，加利福尼亚海岸笼罩在浓雾中。在海岸以西21英里的卡塔林纳岛上，一个34岁的女人涉水进入太平洋中，开始向加州海岸游去。要是成功了，她就是第一个游过这个海峡的妇女。她叫费罗伦丝·查德威克。在此之前，她是横渡英吉利海峡的第一个妇女。

那天早晨，海水冻得她全身发麻。雾很大，她连护送她的船都几乎看不到。时间一个小时一个小时地过去，千千万万人在电视上看着。有几次，鲨鱼靠近了她，被人开枪吓跑了。她仍然在游着。15个小时之后，她又累又冷，她知道自己不能再游了，就叫人拉她上船。她的母亲和教练在另一条船上。他们都告诉她离海岸很近了，叫她不要放弃。但她朝加州海岸望去，除了浓雾什么也看不到。几十分钟后——从她出发算起是15个小时55分钟之后——人们把她拉上船。又过了几个小时，她渐渐觉得暖和多了，这时却开始感到失败的打击。她不假思索地对记者说："说实在的，我不是为自己找借口。如果当时我能看见陆地，也许我能坚持下来。"人们拉她上船的地点，离加州海岸只有半英里！查德威克一生中就只有这么一次没有坚持到底。两个月之后，她成功地游过这条海峡。

这个故事告诉我们有清晰目标的重要性,因此,我们中职生必须尽快尽早确立自己的职业生涯发展目标。

二、职业生涯发展目标的划分及其要求

我们来看一个故事,1984年,在东京国际马拉松邀请赛中,名不见经传的日本选手山田本一,出人意料地夺得了世界冠军。两年后,山田本一代表日本参加比赛又获得冠军,人们都觉得很奇怪。为什么呢?10年后,这个谜终于被解开了。山田本一在他的自传中这么说:"每次比赛前,我都要乘车把比赛的路线仔细地看一遍,并把沿途比较醒目的标志画下来,比如第一个标志是银行,第二个是一棵大树,第三个是一座红房子,这样一直画到赛程的终点。开始后,我就奋力向第一个目标冲去,等到达后又以同样的速度冲向第二个目标。整个赛程,就被我分解成这么几个小目标轻松地跑完了。起初我并不懂这样做的道理,我把我的目标锁定在赛程的终点线上,结果我跑了十几公里时就疲惫不堪了,我被前面那段遥远的路给吓倒了。"

这个故事给我们的启示:目标需要分解,需要由小而大、由少而多地逐个完成,才能最终实现既定目标。

职业生涯目标的确定本身就包括人生目标、长期目标、中期目标与短期目标的确定,它们分别与人生规划、长期规划、中期规划和短期规划相对应。

1. 人生规划

整个职业生涯的规划,以60岁退休为限,大致40年,设定整个人生的发展目标。如同学们可将自己规划成为拥有一家大型的知名的公司的老板。

2. 长期职业生涯发展目标

一般是5~10年的规划,主要设定较长远的目标。如规划30岁时成为一家中型公司的部门经理,规划40岁时成为一家大型公司副总经理等等。确定长远目标是职业生涯规划的关键环节,其他环节全围绕长期目标展开。

长期职业生涯发展目标的制定必须符合以下一些要求:(1)目标是自己认真选择的,和组织、社会的发展需求相结合,符合自己的兴趣、价值观,能为自己的选择感到骄傲。这也就是我们说的必须符合实际,这个实际主要是指外部条件的实际和本人的实际。(2)目标必须用明确的语言定性说明,切记空话、套话、假话,因为那是给自己制定的,是自己对自己的认知、赞同和承诺。(3)目标还必须有实现的可能,与自己的志向相吻合,同时具有一定的挑战性,能够通过努力实现。

3. 中期职业发展目标

一般为2~5年内的目标与任务。如规划从普通员工到部门主管、部门经理,再到不同业务部门做经理,或者规划从大型公司部门经理到小公司做总经理等等。

中期职业生涯发展目标的制定必须符合以下一些要求:(1)目标是结合自己的意

愿、工作单位的环境及要求确立的,与长期目标相一致。(2)目标比较符合自己的兴趣、价值观,使自己充满信心,且愿意向家人、亲友公开,并接受他们的监督。(3)目标有一定的挑战性,必须通过努力才能达到。(4)目标能用明确的语言定量与定性说明,有比较明确的执行时间,同时要有弹性空间,可根据外部环境变化做适当的调整。

4. 短期职业生涯发展目标

2年以内的规划,主要是确定近期目标,规划近期完成的任务。如对专业技能知识的学习掌握,2年内掌握哪些业务知识,工作要达到的熟练度以及要取得的业绩如何等。

短期职业生涯发展目标又可以称作近期目标,它是职业生涯发展中第一个指向明确,并以此调整个性、提升素质的目标,具有特殊而重要的意义,其制定必须符合以下一些要求:(1)文字表述清晰、明确,有明确的具体完成时间,明确的努力方向。(2)目标切合实际,对于本人具有实际意义,并非幻想,切忌好高骛远,脱离中职生实际。(3)与自我价值观和中长期目标一致,能通过"跳一跳"实现,即通过努力能达到,实现起来完全有把握。

三、检测职业生涯发展目标设定的"黄金准则"

定出良好、明确的目标是我们职业生涯发展很重要的一步。多少人辛苦忙碌,在所谓的成功之后才发现该目标不是自己真正想要的。而有的人更因为目标定得不正确而忙碌、辛劳终其一生,十分可惜、可叹。因此,还必须对目标进行有效的检测。一个良好而有效的目标必须符合"PE-SMART原则":

1. 使用正面词语(P—Positively Phrase):心理学研究表明,人的潜意识在处理信息时,对否定和反面信息的处理要经过两步,而且处理时容易出错。如你把目标表述成"我每天不赖床,不迟到",就没有表述成"我每天6点准时早起,8点之前到公司"好,因为前面的表述很容易被记成:赖床、迟到。所以,你制定的目标中的语言表述必须是正面的、肯定的,而不是用"不是""不要"等。

2. 符合整体平衡(E—Ecologically Sound):后现代心理学研究认为,一个平衡的系统才是稳定的,强调身体、心理的平衡,强调金钱、地位、荣誉、奉献、价值平衡,强调时间的平衡等。所以在制定自己的目标时要综合考虑多因素,符合多因素的实际,找出你要达到目标,必须要具备的资源是哪些。还要清楚地知道你手中目前可以运用的资源,使之符合整体平衡的要求。

3. 目标具体明确(S—Specific):目标的范围是明确的,而不是宽泛的。清楚的目标需要限定时间、任务、完成的数量和质量。

4. 可度量(M—Measurable):目标,不能只是停留在语言上的口号。制定目标是为了取得进步,需把抽象的、无法实施的、不可衡量的大目标简化成为实际的、可衡量的小目标。一个可衡量的目标可以容易地回答如下问题:如何确认该目标已完成?如何知道取得了进步?进步的程度是多少?

5. 可完成或实现(A—Achievable/Attainable):目标应当是可实现的,而不是理想化的。虽然我们都倾向于选择有挑战的、能鼓舞自己士气的目标,但是,如果目标无法实现,那么它不但没有指导意义,还会起到反作用。考察一个目标是否可实现的方法是:问问自己能否实现该目标?是否有足够的资源、技能和知识?是否需要他人的帮助?

6. 成功时有足够的满足感(结果导向)(R—Rewarding/Result-based):目标应该基于结果而非基于行动或过程。例如为了达到减肥的目标,"行动"是"开始减肥",而"结果"是"三个月内减五斤"——真正的目标是后者。这个减肥五斤是不是真正想要达到的目标!达到这个目标你是否有满足感!这个很关键。

7. 有时间限制(T—Time—frame Set):目标应当有时间限制。时效性的要求可以使自己明确这个目标是短期、中期还是长期的目标。并且写出你目标达成的明确日期,这一点非常重要,没有明确的日期就不叫做目标,它们还仅仅只是梦想而已。所以要非常具体地写出达成的年月日。

总之,在设定好目标之后,用这七个原则来衡量一下,看看是否都满足,满足这七个原则的目标才是一个良好有效的目标,也才能用来指引你的行动。

四、说到做到,马上行动

确定了职业生涯发展目标,并不等于职业生涯发展目标就能实现,人的职业生涯目标从确定到实现有一个相当漫长、曲折,需要付出艰苦努力的过程。因此,推进职业生涯目标的实施就显得至关重要。推进职业生涯目标实施的方法,一是要坚定目标信念,在目标实施过程中,不要轻易更改目标和降低目标,要表现出"咬定青山不放松"的精神。二是强化行动能力,在实施职业生涯目标领域要表现出较强的行动能力,少说、多做,在行动上下工夫,并长期坚持不懈。三是要定期检查和修正。实施职业生涯目标,其时间周期较长,定期检查修正职业生涯目标是非常有必要的。

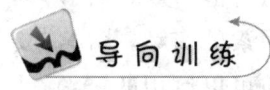
导向训练

曾有研究机构做过一个实验:组织了三组人,让他们分别向10公里以外的3个村子步行。

第一组的人不知道村子的名字也不知道道路有多远,只告诉他们跟着导游走就是。刚走了两三公里就有人叫苦,走了一半时有人几乎愤怒了,越往后走他们的情绪越低落。

第二组的人知道村庄的名字和路程,但路边没有里程碑,他们只能凭经验估计行程时间和距离。走到一半的时候,大多数人就想知道他们已经走了多远,比较有经验的人说:"大概走了一半的路程。"于是大家又簇拥着向前走,当走到四分之三时,大家的情绪低落,觉得疲惫不堪,而路程似乎还很长,当有人说:"快到了!"大家又振作起来加快了步伐。

第三组的人不仅知道村子的名字、路程,而且公路上每一公里就有一块里程碑。人们边走边看里程碑,每缩短一公里大家便有小小的快乐。行程中他们情绪一直很高涨,很快就到达了目的地。

请你分析一下该案例对你有什么启发。

启示:当人的行动有明确的目标,并且把自己的行动与目标不断加以对照,清楚知道自己的行进速度与目标的距离时,行动的动机就会得到维持和加强,人就会自觉克服一切困难,努力到目标。所以在规划初期,只有制定了明确的目标,才能沿着已经设定的目标不断前进。

第五节 行胜于言,知行合一

——谈职业生涯规划方案的实施与管理

  单是说不行,要紧的是做。　　　　　　　　　　　——鲁迅

再动听的豪言壮语,再华丽的规划辞藻,如果不落到实际的行动当中并得出相应的结果的话,那就只能是空话、大话、假话,那就是欺骗自己和别人的一纸空文!因此,在确定了职业生涯的终极目标并选定职业发展的路线后,立即行动便成了关键。这里所说的行动,是指落实目标的具体措施,主要是落实规划方案中的各目标的措施。职业生涯中的措施主要指为达成既定目标,在提高工作效率、学习知识、掌握技能、开发潜能等方面选用的方法。我们本节就来学习职业生涯规划方案的实施与管理。

一、职业生涯规划管理简述

职业生涯规划管理就是对规划的实行、组织、指挥、协调和控制,从而有效地完成自己的既定目标。"实行、组织、指挥、协调和控制"对我们中职生来说似乎有些深奥。但只要跟我们的实际结合,也就容易理解了。具体来讲,这五个管理方面对我们中职生来

讲就是这样：

"实行"就是在学生时代就要按部就班地落实自己的发展规划，因为我们的规划不单单是工作以后的事，更重要的是学生时代的准备。

"组织"就是指以各种切实有效的具体行动来推进自己规划的落实。

"指挥"是指按规划部署的执行和落实进度，实现了的、落实了的自然会有成就感、成功感，从而激励自己。对实行中的困难和挫折也能用获得的成就感来强化自己必胜的信心。

"协调"是指在校期间处理好与同学的关系，工作之后处理好与同事、领导的关系，同时处理好个人与班集体、企业和社会的关系，从而为自己创造好的发展环境。

"控制"是指掌控好自己的时间，监督自己的活动，制约和矫正自己的行为。

对自己职业生涯规划的管理就要从这五个方面来落实。其实，管理本身就是一种能力。学会管理自己，是能够管理他人的基础。管理能力是一种与职业生涯发展密切相关的能力。要想更加有效地实现自己的规划，这种能力必须在日常的学习、生活、工作中切实地加以养成和提高。

二、切实执行规划方案

人都会有惰性。所以，方案的执行并非说执行就执行的，还得讲究一定的方法，借助外在力量的监督。

1. 依靠集体的力量

人是社会性的，总得生活在一定的集体之中。集体是许多人组成的有组织的整体。比如班级、工作单位的全体成员。集体中各成员之间有着共同的目标、共同的利益和共同的活动，彼此之间联系紧密，组织任务明确。在集体中，成员之间不仅存在竞争的关系，更存在稳定的合作和相互友爱、关爱的关系。同时，我们的一言一行都可以被视作代表集体。因而，我们的一言一行都应该与集体保持一致，符合集体的利益和要求，同时也满足了自己的利益和要求。因此，我们要很好地依靠集体的力量，在同学、同事的帮助之下，有效地规范自己的行为，扬长补短，争取在多方面都得到提高，从而更好地执行和实施自己的职业生涯规划。

2. 善于回顾总结

古希腊毕达哥拉斯曾说过："早晨醒来时，问一问自己：'我应当做什么？'晚上睡觉前，问一问自己：'我做了些什么？'"用我们习惯说的话，就是每天晚上要问自己三个问题：今天我做了什么？哪些做得好，那些没做好？明天我该怎么做？这样做的目的是什么呢？其实这就是保证自己的规划得以顺利实施的自我约束措施之一。因为，生涯规划的成功实施有赖于规划者经常性地回顾总结和规划下一步的行动。不少同学有自己的计划，但总是不将计划放在心上，落到实际行动中，而是停留在口头或书面上。只要有其他事情做,有其他事情的干扰,就不知道自己该努力的方向在哪里了。正如一句话所说的:"因为迷恋路边的花草,而迷失了方向!"缺乏反思、回顾和总结的意识和行动,结果贻误自己的生涯发展机会,浪费了大好的光阴。最后获得成功的人,往往都是那些全力致力于目标的实现、有锲而不舍的劲头、排除不必要的犹豫和干扰、不为一时的风吹草动所左右的人。

3. 请人监督

前面讲到了人都是有惰性的,再自觉的人,也会有失误,从而导致没能按计划实施行动。当自我激励和督促不能起到预期的效果时,我们不妨借助身边的亲友,与亲友讨论自己的职业生涯构想和行动方案,并可以咨询实现该构想的途径、方法。向我们信得过的亲友公开自己的职业生涯规划,往往能督促自己的行为,尤其是在自己出现惰性表现的时候。如果计划只有自己知道,往往会在困难的时候容易放弃和退步,而且心理上没有压力。所以,如果事先将自己的规划告诉家人和亲友,征求他们的建议和意见,在实施的过程中,可以集中他们的智慧,有助于设计最优的方案和策略。同时也可以对自己进行有效的约束,增加责任心及激励的力量。

当然还可以请老师来督促自己,这不仅可以增进师生情感,还可以提高自己的人际交往能力。因此,在校时尊敬师长,工作后尊敬领导,善于和做出成绩的年长者进行有效的交流沟通,并获得他们的有效帮助,得到他们的指导,也有利于我们职业生涯规划的实施和发展。因为他们的很多经验、教训是长期工作实践得来的,很值得借鉴。能借鉴到这些宝贵的东西,也可以使我们少走很多弯路。

所以,肯于、善于请人帮助、督促自己,就能更快地让你学会控制自己,也有助于更快地取得进步。

4. 强化时间观念

高尔基曾讲道:"世界上最快而又最慢,最长而又最短,最平凡而又最珍贵,最容易被忽视而又最令人后悔的就是时间。"同学们也会有这样的感觉,现在连刚上幼儿园第一天的情形都还记得很清楚,怎么一下子就要工作了!时间真是过得太快了!我们做一个简单的计算,一个人活 90 岁,只有 32850 天,职业生涯 40 年,也只有 14600 天,我们中职生为职业生涯准备的时间更短,3 年只有 1095 天,如果除去"顶岗实习"的一年,再除去周末和节假日,在校真正接受知识学习和技能掌握的时间大概 400 天。

因此,在执行自己的规划时,必须要有一个落实规划措施的计划,防止自己浪费时间。我们要珍惜时间、善用时间做好自己该做的事,成为自己生命的主人。

三、职业生涯规划的调整

1. 职业生涯规划调整的原因

我们常说"世事无常,变化万千","计划跟不上变化"等。这对于现在较为稳定的社会大环境来讲,有些夸张和不实。但是,社会的发展,特别是科技的进步,导致行业发展状况、职业需求的发展变化,新的机遇和新的需求的出现,自我素质的提升、自我认识的改变等因素确实真实地存在。所以,面对这种变化了的内外条件、环境,我们也必须对之前确定好的职业生涯规划进行有效的调整。

2. 调整的时机

(1)毕业前夕。因为在进行职业生涯规划时,对就业市场了解不够,多半听从家长和学长的看法;环境和本人都有了较大的变化;自己还没有真正实现从"学校人"到"职业人"的变化等因素的影响。可以考虑适时地对自己的规划进行合理的调整。

(2)从业初期的调整。据科学的调查研究分析,调整职业生涯规划的另外一个最佳时期是工作3~5年后。调查研究表明,踏上工作岗位的五年应该是这样的:第一年,初入职场,适应社会;第三年,明确定位或转换职业;第五年,发展顺利或调整方向。专家也提出,初入职场的第一年,除非有特殊的机遇,否则不要轻易调换工作。但在现实的就业中,相当多的中职生在不了解这些的情况下,频繁地更换工作岗位,导致毕业几年后,还是没有一个稳定的工作,这样就谈不上实现自己的职业生涯规划了。原因在于凭意气用事,在还没有深入了解企业之前,在还没有适应企业之前,就凭自己的好恶、其他人的不正确评价,就轻率地提出辞职。

(3)其他的一些好时机。当你默默地工作在一个岗位上好几年了,然而有一天你发现自己做的工作不是自己真正喜欢的,你把工作当成了例行公事,这就是时机;当你不能在工作中发挥专长,慢慢在工作中充满遗憾情绪,而想当初自己是为了养活自己,这就是时机;当你觉得自己的知识和能力不够,需要"充电",但是现在的工作量很大,自己压根儿没时间学习,你希望换份工作在职进修以利于个人的长远发展,这就是时机;当你觉得自己的才能"无用武之地",凭自己的能力应该拿更高的薪水,这就是时机;当你觉得如果继续留在这个单位,提升空间不大,没有大的发展机会,又不想埋没了自己,这就是时机;长期以来,你已经做好准备,开始期望有自己的公司,自己做老板,这也是时机。

3. 调整的方法

有不少专家提出,职业生涯规划的调整要做到"七要",即量己力、衡外情、定目标、选策略、重实践、善反省、再出发。同时,职业生涯规划的调整还要坚持做到"七问",即自己喜欢的工作到底是什么?自己的专长是什么?现在工作对自己的重要性有多大?有哪些工作机会可以选择?我将要做什么?我的下一个工作将要做什么?当我做现在的工作时,将为我的下一个工作做什么准备?当把这些问题逐一地认真想清楚之后,再反复询问自己三个问题:我为什么干?干得怎么样?应该怎么干?之后,再来重新制定新的发展策略和措施。

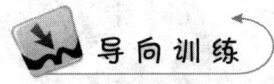 导向训练

1. 别人的成功经验值得学习,因为他们的成功是多年奋斗的结果,能借鉴他们的经验,有时会让你少走很多的弯路。所以,请你收集不同类型成功的职业生涯,并且试着找出典型的人物代表,并从他们身上学习你想学习的东西。

2. 收集关于自我管理和珍惜时间的名言,选择一两句作为你的座右铭,鞭策自己,作为促进自己成功实施自己规划的一个动力。

第三章 职业意识

第一节　赢得信赖踏职场

——谈责任意识

> 责任就是对自己要求去做的事情有一种爱。
> ——歌德
> 责任具有至高无上的价值，它是一种伟大的品格，在所有价值中它处于最高的位置。
> ——爱默生

目前中等职业学校的学生毕业后，绝大部分将直接走向社会、走向工作岗位，他们职业责任感的强弱将直接影响到职业的选择、职业的稳定性，实现个人的职业生涯规划等。当前许多企事业的人力资源人士呼吁："希望学校对学生加强社会生存观、价值观的教育，加强对学生职业素质、情商、适应能力和心理素质的培养。有了责任感，其他素质就相对容易培养了。"因此，责任感已成为中职学生就业、择业、创业的一个重要因素。

在厦门市职业教育校企合作座谈会上，企业人士一致认为：中职毕业生是否拥有责任感，比拥有多少技能更重要。而对于中职学校的毕业生，甚至大多数的教师来说，大多数人更关注学生在校里是否掌握了企业所需要的技能，却忽视了学生责任感的培养。导致有不少学生毕业后不知道自己适合什么工作，也不清楚所学专业的前景如何，参加工作后连连跳槽仍然不清楚自己适合干哪一行。在工作岗位上没有责任感，工作上没有激情，几年下来一事无成。

有调查显示，用人单位最看重的是责任感，可谓是责任感至上，如表2-1所示。

表 2-1　用人单位对毕业生各方面素质的看重程度

素质	看重程度(满分为 5 分)
责任感	4.56
团队精神	4.42
事业心	4.37
自信心	4.29

所谓责任感就是一个人对自己、自然界和人类社会,包括国家、社会、集体、家庭和他人,主动施以积极有益作用的精神。而作为职业责任感则是一个人对待工作、对待企业的态度。责任是对自己所负使命的忠诚,是对工作的出色完成,是困难中的忘我坚守。

一、责任成就优秀的企业

一个优秀的企业,需要的每位员工具有高度的责任感,唤起企业员工的工作热情和团队精神,以达到企业的既定目标。一家企业有了社会责任感,就能为社会提供优质的服务、创造文化、提供就业机会、把高质量的产品和服务提供给消费者。

企业社会责任感是指企业对待社会的一种态度,是指企业所面临的社会责任,体现的方式包括对社会所做出的有偿与无偿贡献。企业的社会责任感离不开企业每位成员的社会责任感。"天下兴亡,匹夫有责",这句名言说的就是每个人都应该对国家和社会有一种责任感。优秀的企业是由具有社会责任感的员工构成的。

海尔集团总裁张瑞敏曾说过:"企业要靠无形资产来盘活有形资产,只有先盘活人,才能盘活资产,而盘活人的关键是提高职工的职业道德。"在海尔集团刚刚生产出滚筒洗衣机的时候,广东潮州有一位用户给张瑞敏写了一封信,说在广州看到这种洗衣机,但是在潮州没有,希望张瑞敏能够帮助他弄一台。于是张瑞敏派驻广州的一位员工把洗衣机通过出租车送到潮州去。当出租车行驶到离潮州还有两公里的地方,出租车因手续和证件不全,被检查站扣住了,最后洗衣机从车上拿下来了。这位员工在路上拦了很多车都没有成功,不得已,这位员工在 38 摄氏度高温下,自己背着这台 75 千克重的洗衣机上路,结果走了近 3 个小时才送到用户家里,用户还一直埋怨他来得太晚。这位员工没有吭声,立即给这位用户安装调试好洗衣机。后来,这个用户得知了事情的真相,非常感动,就给《潮州日报》写了一封感谢信。《潮州日报》围绕这件事展开了很长时间的讨论。海尔集团由此获得了巨大的社会声誉。

润物细无声。优秀企业的成长,往往是从那些看似十分细小之处而慢慢长大的,细节决定成败。一些看似无大碍的小节之处,并不一定马上涉及企业的生存,而这些小节的积累到一定程度,就会从量变产生质变,从而影响到企业的发展,决定着企业的命运。海尔掌门人张瑞敏曾经说过:"把每一件简单的事做好就是不简单,把每一件平凡的事做好就是不平凡。"细节虽小,做得尽善尽美却不简单。

二、责任造就美丽人生

《国家中长期教育改革和发展规划纲要(2010—2020年)》提出:"着力提高学生服务国家服务人民的社会责任感。"责任是一种境界、一种精神、一种情怀,是个人与集体、自我价值与社会价值的统一。责任也是做人做事之内核,勇于承担责任乃为人之风范。社会责任感是现代社会对公民的一种基本要求,是和谐社会中每一个社会个体必备的基本素质,是一个人健康社会化和科学融入社会的重要内容及必备条件,也是一个人造就美丽人生的前提条件。

责任是一个人人生观、价值观和世界观的体现,是一个人对待人生和生命环境的态度。自古以来,责任就是中华民族倡导的传统美德。孔子的"当仁不让"、孟子的"舍我其谁"、顾炎武的"天下兴亡,匹夫有责"、李大钊的"铁肩担道义"、周恩来的"为中华之崛起而读书"等,无不显示着对国事民瘼的崇高责任感。在当下,有了责任感,作为工人,就能够精益求精,制品一流;作为农民,就能够辛勤耕耘,收获颇丰;作为士兵,就能够驰骋疆场,屡建战功;作为学生,就能够好好学习,天天向上。一个人是否有责任心,不仅影响到个人的成人和成功,而且还会影响到企业的命运,许多巨型企业的轰然崩塌与员工的责任心缺失有关,正如"千里长堤,溃于蚁穴"。

责任是一个沉重的字眼,一个人真正成为社会一分子的时候,责任就沉重地落在了他的肩上。冯鸿昌是厦门港务集团海天集装箱有限公司维修班长。18岁那年,他从厦门技工学校毕业成为海天码头的学徒工。十几年来,经过自身不懈努力和追求,他成为了"技术状元"高级技师,公司还专门成立了"冯鸿昌工作室",2012年11月,冯鸿昌光荣地当选为党的十八大代表。他先后获得了厦门市"十佳外来青年"、厦门经济特区建设30周年"杰出建设者"、福建省"敬业奉献道德模范"、全国"五一劳动奖章"获得者、全国"杰出青年岗位能手"、"全国劳动模范"等荣誉称号。

冯鸿昌在平凡的工作岗位上勤勤恳恳,任劳任怨。在常年不间断的码头生产中,在急、难、险、重任务面前,他总是及时赶到现场解决问题。他多次主持、参与大型进口机械设备的监造、技术改造、维修等上百个技术革新节能降耗项目,为同行的技术攻关提供了宝贵经验。2012年8月,冯鸿昌工作室创立,不到半年时间,工作室完成了46个技改项目,累计为公司节省维修费用130多万元。冯鸿昌在平凡的工作岗位上之所以做出了不平凡的业绩,在于他具有高度的责任感,发挥企业主人翁的精神,他在成绩面前是这样说的:"我只是一个普通的劳动者,在本职岗位上完成了自己应尽的责任。"

三、培养工作责任感

职场最需要的是什么?纵观职场,招聘方将责任感列为最看重的一点。大五人格对职业成就预测性最强的维度就是责任心,责任心被认为是情绪智力基本维度之一。但目前90后的中职生存在着一些责任意识淡薄的现象:如学生以自我为中心,他人责任、家庭责任、集体责任、社会责任意识淡薄等。有媒体做过调查,90后职场新人1/3受访者对首份工作持续不超过一年。更有令人跌破眼镜的是,有位90后男子称因为工作岗位上女生太少而辞职,90后辞职随意化引人关注。有学者将之归纳为:没有摆正心态,对工作要求迫切感不强,其实真正的原因在于没有责任感。

人生因责任而充实,工作因责任而快乐。"才见霓虹君已去,英雄谢幕海天间!"中航工业沈飞集团董事长、总经理罗阳,在歼击机研制生产过程中认真负责,他全身心投入到科研工作中,当身体出现不适时,他仍然坚守岗位,不让每一个细小的问题出现,确保各个环节万无一失。参加工作30年来人,他以高度的责任感,敬业诚信,创新超越的理念,长年超负荷工作,为我国的航空事业做出突出的贡献。他是"中国歼击机的摇篮"的掌舵人,获得"航空报国英模"称号。

培养工作责任感,首先要明确自己的工作目标。革命先驱李大钊曾说:"凡事都要脚踏实地去做,不驰于空想,不骛于虚声,而唯以求真的态度做踏实的工夫。"新时期产业工人的楷模——孔祥瑞,由一名仅有初中文化的普通工人成为勇于创新的"蓝领专家",共取得150多项科技成果。他说:"一个好工人就应该爱岗敬业,对国家要忠,对工友要义,对企业要爱,对工作要专。个人的魄力,首先是责任,然后是精神,能力是很重要,但对企业负责,不断进取更重要。"

培养工作责任感,其次要勇于承担责任,成为企业最终受欢迎的人。勇于承担责任,是对心灵的历练,同时也是对思想价值的提升。厦门市五一劳动奖章获得者、厦工装载机事业部整机厂技术员郑龙枝,用"干一行、爱一行,学一行、专一行。我们要像爱护眼睛一样爱护自己的岗位,像敬重生命一样敬重自己的职业,像经营家庭一样经营我们的事业"这一座右铭勉励自己,20年来使自己从一名中专生成长为高级技师。

培养工作责任感,要从小事做起,从现在做起,"勿以恶小而为之,勿以善小而不为"。培养责任感要从培养良好的行为习惯做起。良好行为习惯的培养,对于世界观、人生观及价值观的形成以及道德品质的培养,都是至关重要的。很难想象,一个对于生活感到淡然,对周围的人与事漠不关心的人,会有社会责任感。诚然,同学们只有培养起自己的责任感,长大才能担负起历史赋予的重大责任。从现在开始,同学们就要善待生活中的点点滴滴的小事,做好每个细节。

努力做一个有社会责任感的人,这既是社会发展对人的基本要求,也是企业对从业人员的最基本要求,也是个人实现自我价值的必由之路。责任感是一个人日后能够立足于社会、获得事业成功与家庭幸福的至关重要的人格品质。

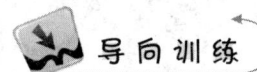

1. 猜一猜:1920年,有个11岁的美国男孩踢足球时,不小心打碎了邻居家的玻璃。邻居向他索赔12.5美元,12.5美元在当时是笔不小的数目。闯了祸的男孩向父亲承认了错误,他父亲让他对自己的过失负责。男孩为难地说:"我哪有那么多钱赔人家?"他父亲拿出12.5美元说:"这钱可以借给你,但一年后要还我。"男孩经过半年的勤工俭学,终于挣够了12.5美元,还给了他的父亲。这个男孩日后成为美国总统,他在回忆这件事时说:"通过自己的劳动来承担过失,我懂得了什么叫责任。"你能说出这位美国总统的名字吗?

2. 连一连:下列的"人"与"事"反映的是一种强烈的社会责任心,请将相关的"人"与"事"连接起来。

A组

大禹　　　　　　　"鞠躬尽瘁,死而后已"

诸葛亮　　　　　　三过家门而不入

岳飞　　　　　　　先天下之忧而忧,后天下之乐而乐

范仲淹　　　　　　精忠报国

B组

顾炎武　　　　　　横眉冷对千夫指,俯首甘为孺子牛

孙中山　　　　　　天下兴亡,匹夫有责

鲁迅　　　　　　　革命尚未成功,同志仍须努力

王进喜　　　　　　"铁人精神"

3. 测一测:你是一个有责任感的人吗?

(1)与人约会,你通常准时赴约吗?　是　否

(2)你认为自己可靠吗?　是　否

(3)你会因未雨绸缪而储蓄吗?　是　否

(4)发现朋友犯法,你会通知警察吗?　是　否

(5)出外旅行,找不到垃圾桶时,你会把垃圾带回家去吗?　是　否

(6)你经常运动以保持健康吗?　是　否

(7)你忌吃垃圾食物、脂肪含量过高和其他有害健康的食物吗?　是　否

(8)你永远将正事列为优先,然后再做其他休闲活动吗?　是　否

(9)你从来没有错过任何选举权吗?　是　否

(10)收到别人的信,你总会在一两天内就回信吗?　是　否

(11)"既然决定做一件事情,那么就要把它做好。"你相信这句话吗?　是　否

(12)与人相约,你从来不会耽误,即使自己生病时也不例外吗? 是 否
(13)在求学时代,你经常拖延交作业吗? 是 否
(14)小时候,你经常帮忙做家务吗? 是 否

计分标准:

选择"是"得1分,选择"否"得0分。

测试分析:

9~14分:你是个非常有责任感的人。你行事谨慎,懂礼貌,为人可靠,并且相当诚实。

3~8分:大多数情况下,你都很有责任感,只是偶尔有些率性而为,没有考虑得很周到。

2分以下:你是个完全不负责任的人,需要培养责任感,唤起责任意识。

第二节 人品大于天

——谈诚信意识

做事先做人,一个人无论成就多大的事业,人品永远是第一位的,而人品的第一要素就是诚信。
——李嘉诚

何谓诚信?"诚"就是真实,不欺骗;"信"就是遵守约定,践行承诺,诚信就是真实无欺,遵守约定和践行承诺的行动。"人无信不立,国无信不强。"诚信是中华民族的传统美德。只有讲诚信的民族,才能跻身于世界民族之林;只有讲诚信的国家,才能赢得国际社会的信赖。诚信是人之为人的必备道德品质,也是企业不可缺少的金字招牌,人无信不立,企业无信则败。

从道德范畴来讲,诚信即待人处事真诚、老实、讲信誉,言必行、行必果,一诺千金。诚信是我们对社会所承担的义务和职责。一个诚信的人,是一个有品德的人,是一个心胸坦荡的人,是一个正直的人。无诚则无德,无信事难成。多一分真诚,多一点信任,脚踏一方诚信的净土,就可以浇灌出人生最美丽的花朵,夯筑起人生坚不可摧的铜墙铁壁。

诚信是中职生走向社会、走向工作单位的基本道德素质。市场经济的本质是信用经济,诚信无价,企业无信,难以生存。诚信是市场经济与生俱来的准则。商品交换是以社会分工为基础的劳动产品交换,其基本原则为等价交换,交换双方都是以信用作为守约条件,构成互相信任的经济关系。市场经济最讲信用,没有信用,市场经济就无法

维系。市场经济越发达就越要求诚实守信,这就是现代文明的重要基础和标志。没有信用,就没有交换;没有信用,就没有秩序;没有信用,就没有市场。

层出不穷的食品安全事件,如红心鸭蛋、高蛋白奶粉、健美猪肉、美容猪蹄、山寨牛肉、尿素豆芽、膨大西瓜、塑化剂饮料、工业明胶等,暴露出一些企业社会责任的缺失,同时也表现出某些人缺乏对诚信的敬畏,以致不顾产品质量,全面追求经济效益,做出伤天害理之事。三鹿集团无视食品安全,把诚信的背囊抛弃,在制造的奶粉中掺杂三聚氰胺,使得这些初生的小天使受到风霜般严酷打击,而企业的声誉也毁于一旦。2009年2月12日,三鹿集团正式破产,把诚信的背囊抛弃,既害人,又害己。

一、诚信是企业成功的保障

西方有句很有哲理的话:"如果契约精神淡薄,缺乏诚信,要建立市场经济和民主政治,无异于在沙滩上造塔。"诚信是企业成功的保障,企业只有用诚信担当起企业应有的责任,以实际行动兑现自己的诺言,才能赢得顾客、赢得效益、赢得市场。

诚信是企业的命根子,是企业和企业家最重要的品质。坚持诚信经营理念的福建圣农集团,从一个几百人的养鸡场,经过25年发展成为拥有了1万多名员工的大企业,并跃入全国民企500强之列。圣农集团董事长傅光明常说:"民以食为天,做食品就是做良心。"圣农集团的产品是食品,因此也可以说"产品即人品",一个不守信用的人或企业生产出的产品是难以让人相信其质量的。品牌直接的体现是产品质量,融化在产品质量中的是人的诚信,可以说"商道即人道"。为了守信诚信的庄严承诺,当您走进圣农集团,第一眼就看到一只鼎,圣农人用它来寓意一言九鼎,铭记"言必信,行必果"。在20多年的经营中,圣农集团始终坚持诚实、守信的方针,以保证广大消费者食品质量和卫生安全为根本宗旨,把优质产品和服务、讲求信誉贯穿于生产经营的每个环节,化为全体员工的自觉行动,没有发生一起产品质量问题和退货事件,从而打造了自己的品牌。

二、诚信是经商有道的根本

一位商业巨子说出了自己成功的秘诀:"商海茫茫,诚信才是最重要的财富。我用它才挣来了金钱、荣誉、地位,才创造了我的商业帝国。"市场经济就是诚信经济,要取信于市场,要取信于消费者,在产品质量上就不能丝毫麻痹,来不得半点虚假,否则就会"搬起石头砸自己的脚"。海尔砸冰箱事件,在改革开放初期传为美谈,当时,他们砸掉了76台有质量问题的冰箱,实现了产品质量的"零缺陷"。今天海尔已经成为国际知名品牌。

古人说:"一诺千金。"的确,无论是在日常生活中,还是在企业经营中,诚信都是最基本的准则。遗憾的是,现在我们经常可以看到一些企业见利忘义,为追求眼前的利益而置诚信于不顾。有学者提出:"恶劣的信用环境会摧毁一个地区或一个民族的经济。"同样"诚信"与否不仅影响一个国家的经济环境,也会影响到人文环境和社会环境。据有关专家测算分析,我国企业每年因为不诚信所造成的损失达到5000多亿元。

企业唯有诚实守信、重视信誉,把诚信当作责任的人,才能赢得别人的尊重,才能获得事业的发展。美国棕色浆果烤炉公司,近几年来生产的全麦面包在市场上畅销不衰,究其原因,是以信誉赢得顾客。一是价格合理。为了防止经销商随意更动价格,该公司在包装纸上标明成本与利润。二是保证质量。公司承诺:超过三天的面包绝不出售,由公司收回。棕色浆果烤炉公司说到做到,以自己的实际行动实践自己的诺言,以信誉赢得了顾客,赢得了效益,赢得了市场。

三、诚信是人生的通行证

古人云:"进学不诚则学杂,处事不诚则事败,自谋不诚则欺心而弃己,与人不诚则丧德而增怨。"意思是说,一个人如果学习不能做到心诚,学业就不精,如果办事不能真心实意、竭尽全力,事情不会办好,对待自己不能实事求是,就会欺心害己,待人虚情假意不诚恳,就会违背交友之德,增加怨恨而没有真正的朋友。诗人海涅有句名言:生命不可能从谎言中开出灿烂的鲜花。可见诚信是为人的基石,是一种积极的人生态度,是人们得以在社会发展的前提,是人生的通行证。

诚信是个人职业生涯的生存力和发展力。尽管中职生毕业之后所从事的职业活动有不同的目的,或看重职业活动回报的金钱、社会地位等工具性价值,或侧重职业本身的经验、快乐、人生价值实现等目的性价值,或二者兼而有之,但无论出于何种职业动机和目的,诚信都是个人职业生活的一种生存力和发展力。

2010年感动中国十大人物之一的信义兄弟——孙水林、孙东林,用信义之举告诉了我们诚信有多么重要:讲诚信,就要把它当作成责任来践行,用心坚守诚信,把诚信融入到自己的生命、品质与灵魂当中。"感动中国"评选委员会给孙水林、孙东林兄弟的颁奖词写道:言忠信,行笃敬,古老相传的信条,演绎出现代奇迹。他们为尊严承诺,为良心奔波,大地上一场悲情接力。雪地里的好兄弟,只剩下孤独一个。雪落无声,但情义打在地上铿锵有力。

故事发生在2010年春节前夕,建筑商人孙水林为兑现节前给民工发放工钱的承诺,携26万元现金和全家人连夜赶回武汉,却在途中遭遇重大车祸,一家五口全部遇难。弟弟孙东林为替哥哥完成遗愿,忍着悲伤,再次上路,终于在除夕前一天,把薪水全部发到60多名农民工手中。这是一次让人心痛的诚信接力。于是"信义兄弟"的美名传扬天下,于是更多的工人愿意与他们携手并肩。

四、用诚信书写责任

　　诚信与责任是一种正能量。作为中等职业学校的青年学生，同学们应当努力培养自己的诚信意识，用诚信书写责任，用诚信书写人生。以诚实守信为荣，以见利忘义为耻。坚守诚信的做人原则。从自己做起，从一点一滴开始，哪怕是一个细微的行动，踏实做好。养成守时、守信、有责任心，承诺的事情一定要做到，言必行，行必果。遇到失误，要勇于承担责任，知错就改。正如英国作家萨克雷所说的："播种行为，收获习惯；播种习惯，收获性格；播种性格，收获命运。"一个人要获得别人的信任，首先自己要诚实守信。别人的信任是对自己诚信守信行为的最好奖励。如果自己不诚实守信，就不能指望别人信任自己。在这个意义上讲，诚信不仅是一种美德，而且是对一个人做人、做事的基本要求，诚信是为人的基石。社会是一个生活舞台，每个成员都在其中扮演特定的职业角色，目前职业学校的毕业生绝大部分将直接走向社会、走向工作岗位，诚信是他们相互维系的重要方式之一，贯穿在权利义务规范和行为模式之中，很难想象一个没有诚信品格的人在现代社会将如何立足。

　　李开复说：诚信是植根于人灵魂深处的价值观的一种。在一个先进的企业里，员工最需要具备的素质不是优越的智力，而是诚信。微软等现代企业在制定选拔人才的标准时，永远将诚信摆在第一位。李开复在微软亚洲研究院工作时，曾面试一位求职者。这位求职者在技术、管理方面的素质都相当出色，但在面谈之余，他试探性地表示，如果被录用，他可以把他在原来公司工作时的一项发明带过来，并且声明，那些工作是他在下班之后研究开发完成的，老板并不知道……结果是，他没有被录用。未被录用的原因不是他的工作能力不够胜任，而是他的诚信职业道德不够格，因为再严格的防范制度也无法保证他将来不会把公司的核心机密或其他信息作为"礼物"献给其他公司。

　　诚信为人立身之本，天道酬诚信。现代中职生应当传承这一美好品质，将诚信贯穿在身心中，用诚信指导我们的为人处世，在人生的职业生涯中，言行合一，争做诚实守信的道德模范，恪守诚信理念，加强自身修养，讲信用、重信誉、守诺言，那么我们的人生就会绚烂，事业就会成功。

　　亲爱的中职生们，让诚信与你我同行。

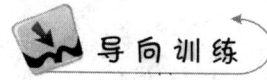

　　1. 逃票的代价。

　　有一名留德学生，毕业时成绩优异，是位高材生。可是在找工作的时候，很不顺利，大公司拒绝他，小公司也拒绝他。有一次，这位高材生忍无可忍，终于拍案而起，责问道："你们这是种族歧视！我要控告……"对方礼貌地从他的档案袋里抽出一张纸，放在他面前,留学生看了看,是一份记录:记录着他乘坐公共汽车曾经被抓过3次逃票,被记录在信用手册上。他很惊讶,也很气愤:原来就是因为这点儿鸡毛蒜皮的事,小题大做。

请问:(1)这位成绩优异的留学生为什么找不到工作?

(2)对这位学生所说的"小题大做",您的看法如何?

(3)诚信对我们自身发展有什么影响?

2. 被媒体称为"诚信男孩"的徐砺寒,是扬州大学附中的一名中学生。他在2012年11月的一天,骑车上学途中不慎剐蹭到一辆路边轿车。他在原地等了半个小时没有等到车主,眼看上课快要迟到了,他就留下一张字条:"尊敬的车主:我是扬大附中的一名学生。今天中午上学途中不小心弄坏了您的车,主要是一处划痕及左后视镜(损坏)。我无法及时赔偿,对不起。"在字条的最后,徐砺寒还留下了自己的联系方式。后来,有人问徐砺寒,反正车主当时并不知道是谁刮了车,为什么不选择逃避,自顾自去上课?对此,请您谈谈看法。

3. 以下几个"词语"是我们人生中拥有的物质财富和精神财富,当"熊掌和鱼"不能兼得时,您首先选择的是什么?并说一说您的理由。

健康　美貌　诚信　机敏　才学　金钱　荣誉

第三节　获取信誉得保障

——谈质量意识

只要东西好,我们就可以把大众的钱吸引过来。

——松下幸之助

质量是企业生存根本,质量就是生命。产品质量让企业赢得市场,服务质量使企业也有了信誉,质量是企业获取信誉的保障。"以质求信,以信求财",这是在市场经济大潮中创业的成功定律。美国著名质量管理专家朱兰博士说:"提高经济效益的巨大潜力隐藏在产品的质量中。"海尔集团总裁张瑞敏说:"在新经济时代,什么是克敌制胜的法宝?第一是质量,第二是质量,第三还是质量。"海尔集团之所以成功,靠的是完善的质量管理。海尔集团为了抓好产品质量管理,制定了一套以"价值券"为中心的量化质量考核体系,行使"质量否决权"。

所谓质量意识,首先要保证产品合格,符合产品的规格要求。并且整个生产流程严格遵照企业生产流程的管理规定。质量意识应该体现在每一位员工的岗位工作中,是一种自觉地去保证企业所生产的交付顾客需求的产品具有硬件、软件和流程性材料质量,工作质量和服务质量的意志力。从心理学角度看,质量信念联系着与质量相关的知、情、意、形四个方面,在质量意识中具有核心作用。

在质量意识当中,人才是质量管理的第一要素,对质量管理的开展起到决定性的作用。在可口可乐公司里仅有能力是不够的,不再是技能至上,可口可乐的用人标准并非典范,但它代表了国际化企业的一种诉求,是跨国公司人才需求的缩影。作为世界上最大的软饮料生产企业,为保证每一道程序的质量,一线操作工人必须经过严格培训,岗位分工明确,互相配合默契。可口可乐一直坚持:只有高素质、高技能的员工才能帮助企业提高产品的质量。所以,对每一个岗位的任职要求可口可乐公司都有严格的规定。

一、质量是产品的生命

海尔集团总裁张瑞敏曾说过:"把每一件简单的事做好就是不简单,把每一件平凡的事做好就是不平凡。"企业在生产中,产品出现某些瑕疵,在有些员工的心目中认为这是小事,不值得一提,可是正因为小事,最后导致企业的"满盘皆输"的局面。如国内某品牌啤酒,曾在市场上十分畅销,不仅在国内响当当,在国外也相当有名气。后来由于在一瓶啤酒中发现了一只死老鼠,引起全国的轰动,差点把这个企业整垮,再也没有以前的风光了。不要因为一时的大意而毁了"一世英名",这就是残酷的"99+1=0"法则。质量是企业的生命,忽视质量,企业会为此付出惨重的代价,不仅会失去市场的份额,甚至企业会走向灭亡。正如西方有一首民谣所描述的:丢了一个钉子,坏了一只蹄铁;坏了一只蹄铁,丢了一匹战马;折了一匹战马,伤了一位骑士;伤了一位骑士,输了一场战斗;输了一场战斗,亡了一个帝国。可见,忽视一个小节,终会酿成无法挽回的灾祸。

注重产品质量,让企业赢得了市场;注重服务质量,使企业赢得了信誉。如今,在海尔集团的科技馆里那把"闻名遐迩"的大铁锤,向人们诉说着质量与品牌的故事。这一砸砸醒了全体员工,所砸出的不仅是质量意识,砸出的还是一种崭新的观念。他们的观念发生了根本变化,形成了一种共识——有缺陷的产品就是废品,生产不合格产品的员工就是不合格的员工。海尔所实行的就是"零缺陷"的质量管理,它意味着质量是每一个人的事,每一个人都必须认清每一项微小行动的重要性,它的目标是成为一个高质量的组织,干出高质量的工作,生产出高质量的产品。海尔砸冰箱事件,成功地用海尔人的眼泪创造了企业今天的辉煌。从此质量意识结结实实地印在海尔人的心中。

小天鹅在全国20多个省市实施"花钱买意见"活动,征求用户意见,找到平时看不到、想不到的"盲点",并在技术、生产、销售各个环节上予以解决,有效地强化了质量管理,从而使小天鹅飞向更广阔的世界。他们悟出一个道理:企业生产的不仅仅是产品,更主要的是生产质量和信誉。

二、人品决定你的产品

产品的质量(包括服务质量)并不是一个简单的指标,它是一种精神,一种哲学,通俗地说,质量是一种态度,因而态度决定命运。产品品质实际上就是人的品格。很难想象,一个没有责任感的人,会生产出100%合格的产品。就像众所周知的瑞士钟表,只有精益求精的态度才能制造出精确的手表。可见,产品质量的形成过程,不仅是一个物质加工生产的过程,更是一个文化、思想、意识凝聚的过程。海尔的"一、二、三、四模式"是个典型的范例。海尔集团对服务质量的要求:一个结果(服务圆满);二个理念(带走用户的烦恼,留下海尔的真诚);三个控制(把服务投诉率、服务遗漏率、服务不满意率控制在十万分之一以内);四个不漏(一个不漏地记下用户反映的问题、一个不漏地处理用户反映的问题、一个不漏地复查处理结果、一个不漏地反映到相关部门)。

人的行为习惯决定着人品,反过来而人品又控制着人所做的产品质量。现在许多美国公司的CEO在雇人或寻找商业合作伙伴时,经常采用"餐厅服务员法则"来观察人的性格,因为通过一个人对待餐厅服务员的态度,可以看出他的人品和风度。"餐厅服务员法则"来源于30多年前,当时美国办公用品仓储公司的CEO史蒂夫·奥德兰在丹佛的一家法国餐厅做服务员,他曾不慎将一杯紫色的冰淇淋洒在一名女士的白色礼服上。他深感愧疚,等待被客人指责。但这位看上去很富有的女士却表现得很仁慈。她用平和的口气对十几岁的奥德兰说:"没事,这不是你的错。"她让这位未来的《财富》500强企业的老总懂得了一条令人难忘的准则:通过观察一个人对待餐厅服务员的态度,你可以看出这个人的人品和风度。

一个员工就是一个市场,就是一个用户。制冷装备的压力容器埋弧自动焊缝需要经过100% X光射线透照检测,整条焊缝不允许存在超标缺陷,质量要求非常严格。大冷股份辅机事业部的汪志宏同志就是从事埋弧自动焊工作的焊工,他的工作决定着产品的效率、质量。"怎样才能降低焊缝返修率"成为一直困扰着他的心病,经过不断的探索、不断的实际操作、不断的修改焊接工艺和完善操作技能,氩弧焊接单面焊双面成形的难关被攻破了,并取得了良好的经济效益。为部门的焊接工艺创新铺平了道路,现在该部门的很多焊接工序都能采用氩弧单面焊双面成形的技术,大大加快了生产进度,同时又提高了产品的质量。

三、树立质量意识无小节的理念

质量意识是每位从业者的价值观、素质、气质的体现。即将走向职业岗位的中职生,必须树立质量意识无小节的理念。明确质量并不是一个简单的指标,它是一种精神,而这种责任感的精神不是用仪器可以检测出来的,也不是用监控可以发现的,而且有责任意识是拥有质量意识的保证。

曾任美国质量管理协会主席的哈林顿说过:"现在世界正在进行一场第三次世界大战,这场大战不是用枪炮的流血战争,而是一场商业战、贸易战,它的关键武器就是质量。"全球各大市场中对顾客购买模式所作的调查表明,每10个顾客中会有9人将质量作为他们挑选商品的主要标准,顾客购物时越来越注重质量。他们评判质量时,不仅依据产品的整体价值的评判,而且也顾及提供产品的公司。如果全球市场中的1名消费者对某产品或服务的质量满意,会告诉另外6个人。如果他(她)不满意,则会告诉22个人。

我们中职生在今后的职业生涯中,要养成良好的职业心理、职业习惯、质量意识。质量意识的形成又依赖于良好的职业习惯。良好的职业习惯能为你插上成功的翅膀,不经意间,助你一臂之力。正如人们常说:细节决定命运,细节决定人生的走向。为此,我们的中职生在职业生涯中,要克服以下两种心理障碍,才能树立真正的质量意识。第一,克服雇佣心理。在长官意识严重、民主意识淡薄的企业里,一名普通的员工容易对管理者出现"错觉定位",形成一种旧式的人身、工作、质量和经济各方面的依附。员工不能真正认识到工作对自己、企业及社会的价值所在,总有一种"为人作嫁"的感觉。第二,克服惰性心理。人都是有惰性的,特别是在同一环境工作一段时间之后,适应了新的环境,人就会变得机械和懒惰。表现为不注重专业技术的学习,质量素质差,质量观念淡薄,对企业和个人发展的前途信心不足。所以在平时工作中,要注意提醒自己"得荣思辱、居安思危"。质量工作永无止境,任何优越性和长处,都会在某一时期变为缺陷和短处,只有不断创新,不断开拓,与时俱进,才能永远领先一步。

导向训练

1. 国际质量标准有自己的管理体系:ISO9001是质量管理体系标准,ISO14001是环境质量管理体系,QS9000是汽车行业质量管理体系,请问:HL9000、HACCP、OH-SAS分别代表哪些国际质量标准。

2. 国外工业中,流行一种所谓"1:10:100"的成本法则。说的是假如在生产前发现一种缺陷而进行改正只要花1元钱的话,那么这种缺陷到了生产线上再发现就需要花10倍的价钱来改正,如果更进一步,在产品销售到市场上被消费者发现而改正,那就不是10倍而是100倍的代价了。请您谈谈对这一"成本法则"的看法。

3. 我国的山野菜蕨菜本来出口销售得很好。它的加工工序是,在最佳的十天内采集最嫩的蕨菜。采集来的蕨菜先在阳光下晾晒一天,然后翻过来再晒一天。经过两天的晾晒,水分蒸发干了,捆起来装箱。食用时用水一泡,就又鲜嫩好吃了,但是有些农户为图快,采摘季节过了仍然采摘,采来后又免去了太阳晒两天的工序,改为在炕上烘两小时,虽然表面看来没什么区别,但在食用时,再怎么泡也不成,总是又老又硬,结果砸了自己的买卖。这告诉了我们什么道理?

第四节 学会服务，立足奉献
——谈服务意识

 你要记得，永远要愉快地多给别人，少从别人那里拿取。
——高尔基
人生最美好的，就是在你停止生存时，也还能以你所创造的一切为人民服务。
——奥斯特洛夫斯基

服务群众和奉献社会是社会主义职业道德中最高层次的要求。在服务和奉献中可以丰富职业经历，实现职业理想，实现人生价值，提高道德境界，在奉献他人的过程中提升自己。社会主义道德建设的核心是为人民服务。在我国，每个社会主义劳动者和建设者都在为社会、为他人同时也是为自己工作，实现自身的社会价值。只有社会分工的不同，没有职业的高低贵贱之分。人和人在工作中形成团结互助、平等友爱、共同进步的人际关系，服务无时不在，服务无时不有。

被誉为"雷锋传人"的郭明义，处处发挥共产党员的先锋模范作用，在每个工作岗位上都取得了突出的业绩。他每天都提前2小时上班，15年中，累计献工15000多小时，相当于多干了4年的工作量。工友们称他是"活雷锋"，矿业公司领导则称郭明义使整个"矿山人"的精神得到了升华。他20年献血6万毫升，是其自身血液的10倍多，2002年郭明义加入中华骨髓库，成为鞍山市第一批捐献造血干细胞的志愿者。2006年，郭明义成为鞍山市第一批遗体和眼角膜自愿捐献者。他先后为希望工程等捐了12万元，资助了180多名特困生……他被评为2010年度感动中国人物。评委会授予的颁奖词为：他总看别人，还需要什么；他总问自己，还能多做些什么。他舍出的每一枚硬币，每一滴血都滚烫火热。他越平凡，越发不凡，越简单，越彰显简单的伟大。

一、服务意识决定服务品质

服务意识是指企业全体员工在一切企业利益相关的人或交往中所体现的为其提供热情、周到、主动的服务的欲望和意识。即自觉主动做好服务工作的一种观念和欲望，它发自服务人员的内心。当今的市场竞争，已由过去的"商品竞争"演变成为"服务竞争"。"服务"已经成为现代企业的核心竞争力之一。服务意识包括两个方面：一是组织内部各个层次之间的，二是该组织与客户之间的。在服务日渐成为指导人们各项活动的理念之一的现代社会，服务意识的内涵早已超出了"微笑服务"、"关怀服务"的范畴。做好本职工作、合乎制度的要求,只能说是合格的员工;而能够真正站在顾客立场为其着想,才是真正优秀的员工。如今服务意识的内涵:它是发自服务人员内心的;它是服务人员的一种本能和习惯;它是可以通过培养、教育训练形成的。

"大礼不辞小让,细节决定成败"的经营诀窍,被许多中外企业所推崇,尤其是在服务行业。服务行业历来有重视细节的传统。一位中国客人入住国外某酒店,第一天吃早餐时,服务生按照当地习俗给客人上的都是生鸡蛋。看到其他客人吃得津津有味,这位中国客人只是皱了皱眉头并没有动那个鸡蛋。第二天早上,当他再次走进餐厅吃早餐时,服务生同样又上了一个鸡蛋,当他顺手一摸惊讶地发现,这次上的是煮熟的鸡蛋。虽然没有语言上的交流,客人的一个皱眉细节逃不过服务生的眼睛,这位中国客人对酒店的服务自然佩服得五体投地。服务行业于细微处见真功夫,缘于他们严格的服务规范,服务意识决定服务品质。

美国著名推销员乔·吉拉德连续12年荣登吉尼斯纪录大全世界销售第一的宝座。连续12年平均每天销售6辆车。在商战中总结出了"250定律",他认为每1位顾客身后大约有250名亲朋好友,如果你赢得了1位顾客的好感,就意味着赢得了250个人的好感;反之,如果你得罪了1名顾客,也就意味着你得罪了250名顾客。这一定律有力地论证了"顾客就是上帝"的真谛。"250定律"给我们带来这样的启示:必须认真对待身边的每一个人,因为每一个人的身后都有一个相对稳定的、数量不小的群体,这些都是一种潜在的客户源,必须好好地珍惜,会带来无限的商机。

在职业活动中,要关注细节,细节隐藏着机会,细节凝结效率,细节会产生效益。日本东京新开张一家金融储蓄所。环境布置优雅,交通便利,可营业额却极不理想。负责人太郎百思不得其解。有一天他请来一位老前辈给予指点。老者在大厅里转了一圈,指着窗口下的椅子说:"把它们放低20厘米吧。"太郎听从了老者的建议,果然,营业所的业务开始增加。到年底,太郎被评为"十佳金融管理人"。把椅子降低20厘米的作用在于:原来营业人员和窗外的顾客对话时,往往要抬高眼皮,给人一种'翻白眼'的错觉,影响了服务态度。放低外面的椅子,从内向外就基本达到平视,这会让顾客感到亲切。不要小看这20厘米,里面可有大学问呢!

二、用心服务是现代企业的灵魂

海尔集团总裁张瑞敏认为:不建立完美的服务体系和服务手段,就无法让消费者满意,占领市场就会成为一个苍白的目标,企业也就无法良性经营和持续发展。海尔品牌驰名世界,产品畅销全球,这一切都得益于海尔以用户为中心的服务意识,紧紧抓住市场这只"无形的手"。海尔确立了"真诚到永远"的服务理念,他们坚信:即使没有尽善尽美的产品,也要有百分之百让人满意的服务;谁能赢得用户的心,谁就能赢得市场。海尔推行"星级服务",采取了很多措施来完善售后服务体系:推出"无搬动服务"——送货上门、免费上门设计安装、现场调试;推出"五个一服务模式",服务人员进门先套上副鞋套,递上一张服务卡,干活时在地上铺一垫布,服务完后用抹布把地板擦干净,这种星级服务让顾客真正感受到当上帝的滋味。美国通用公司前总裁杰克·韦尔奇这样评价:海尔通过真诚的服务,不断满足用户对产品服务方面的一个又一个新的希望,使消费者在得到物质享受的同时,还得到精神上的满足。

组建于1985年的厦门航空乘务队,以"诚心服务、微笑服务、不间断服务"赢得了广大中外旅客的广泛赞誉。在服务中,厦航乘务队形成了"六勤"(眼勤、手勤、腿勤、嘴勤、耳勤、脑勤)、"五心"(热心、诚心、细心、耐心、恒心)、"四美"(心灵美、语言美、行为美、形象美)、"三不怕"(不怕脏、不怕累、不怕烦)的服务作风。优质的服务、创新的精神、认真的态度,使厦航乘务队成为厦门精神文明的实践者和传播者,成为特区的一道活动的风景线。厦航乘务队先后被共青团中央、民航总局授予"全国青年文明号"、"最佳乘务队",被共青团福建省委授予"福建省新长征突击队"等称号。厦航乘务队,从最初的15人发展到今天有2000多名乘务员,他们在平凡的岗位上创造了一流的业绩。

关注细节、精益求精,是厦航人的追求,延伸服务更是厦航乘务队努力的方向。"服务是一本读不完的书",越读越有味道,越能体会到其深刻内涵。"我会带着伙伴们,把微笑带给全世界的旅客,让全世界的旅客都能感受到我们中国的友好和文化。"全国五一劳动奖章获得者厦航乘务队的刘雪如是说。

三、做好服务群众、奉献社会的准备

优质的服务,需要有娴熟的专业技能。顾客购买产品或服务的目的,总是建立在对某种功能的需求上,只有满足了顾客这些基本要求,才有可能进一步做到顾客满意的服务,而娴熟的专业服务技能正是这种功能或效能实现的保证。俗话说:打铁需要自身硬。即将踏上工作岗位的中职生,应树立远达的成才目标,努力学好文化专业知识,不断学习,掌握新技术、新工艺,拥有娴熟的一技之长。与时俱进,努力学习,提高自身本领。建筑业大师罗奇瓦说:"坚持不懈地追求是前进的本钱,丰富的知识是拼搏的资本。只有不停地追求,持续加油、学习新知识,才能攀登到最高点,与时代同步前进。"

决定服务质量的五个要素即专业性、责任心、仪表、人情味、软硬件,其中摆在第一位的是专业性占32%。没有娴熟的专业技术,即使有心为人民服务,也无力做到,也只能是空中楼阁。被群众誉为"晚上19点钟太阳"的徐虎,20多年来他总会在每天19点钟准时背上工具箱,骑上自行车,直奔3个报修箱,然后按照报修单上的地址,挨家挨户上门服务。他凭着"辛苦我一人,方便千万家"的精神,从未间断过。热情的服务、熟练的技术、良好的服务,被群众誉为"晚上19点钟的太阳"。在平凡的工作岗位中,做出了不平凡的成绩。他两次被授予"全国劳动模范"的称号。

被誉为"最美司机"的吴斌,是杭州长途客运的驾驶员。他在生命中的最后一个职

业行为震撼、感动了无数人。他驾驶的客车在途中遭到对向车道突然飞来的铁块的袭击之后,他强忍疼痛让车缓缓减速,稳稳地停车,打起双闪灯,拉好手刹,最后解开安全带挣扎着站起来,打开车门,保全了车上 24 名乘客的安全。吴斌给我们的启示非常简单。他在突发变故面前,做出的更多的是一种本能的反应,但这种本能,源自平日的职业操守、娴熟的职业技能。

1. 服务的过程就是顾客接受企业所提供的服务的全部过程。任何一种类型的服务企业的管理层在需要更好地了解创造和传递服务的过程时,都可以采用画流程图的方法。请以亲身的经历(一次办事为例)试完成以下两个问题:
(1)编写一张办事经历的所有活动的清单
(2)根据正常情况下服务发生的先后顺序排列

2. 服务系统由以下四个主要子系统构成,请您按顺序加以排列:
 A. 服务社会系统
 B. 服务技术系统
 C. 服务规章制度系统
 D. 服务管理系统

3. 我们常见的商品实行售后三包、送货上门、安装等,是一种常见的服务形式。当下有许多商家十分讲究"附加服务"(就是商家为消费者做些自己服务职责以外的事,来赢得消费者的欢心与信赖,从而树立良好的商业形象,达到促销或赚钱的目的),如在餐饮店,顾客一多,就需时间等候,店主在餐桌上摆上一碟瓜子让等候的客人嗑,客人在嗑瓜子的时候就不知不觉消耗了时间,心情就不会焦急了。您在日常生活中还有经历过哪些"附加服务",请加以列举。

第五节 合作,成功之本

——谈团队合作意识

 三个臭皮匠,顶一个诸葛亮。 ——谚语

著名心理学家荣格曾列出一个公式:I+We=Full,意思是说,一个人只有把自己融入集体中,才能最大限度地实现个人价值,绽放出完美绚丽的人生。企业的员工必须学会和别的员工进行合作,因为每个员工都是团队的一员,这样才能发挥出最大功效。对一个工作团队而言,每一个员工都有自己的优势和长处,只有扬长避短,优势互补,才能发挥团队的最大威力,为团队创造不平凡的业绩。

一个成功的企业,必定是一个团结合作、积极向上、有凝聚力的整体。对于企业人员来说,具有合作的意识和能力,就会与他人相互配合、相互协作,这不但是企业生产经营顺利实现的内在要求,而且有助于促成个人价值的实现。合作乃成功之本。

合作是指个人与个人之间、群体与群体之间,就社会生活的某一内容、范围、目的或对象,为达成共识的,通过某些具体方式,彼此相互配合、协调发展的联合行为或过程。职业合作是一种需要的伦理规范,是在企业生活中培育和发扬人的合群、协调、尽责、全局观念的过程。合作在今天已成为各种职业活动中必不可少的手段和交往方式。合作作为企业职业行为方式和从业人员交往方式,合作是企业文化和从业人员职业道德的外在表现。

团队精神就是大局意识、协作精神和服务精神的集中体现。团队精神的基础是尊重个人的兴趣和成就。核心是协同合作,最高境界是全体成员的向心力、凝聚力,反映的是个体利益和整体利益的统一,并进而保证组织的高效率运转。

一、合作是现代企业生产经营顺利实施的保障

在现代社会中,经济一体化的进程不断加速,企业的发展离不开员工的合作,企业的生存与发展同样需要企业间的密切合作乃至全球化现代的经济合作,已经突破了国界、地区界限,呈现出全球范围的合作。

某国际知名公司的一位经理接受记者采访时被问道:"贵公司在招聘员工时,最看重员工的什么素质?""我们有一套非常严格的招聘员工标准,其中最首要的是具备团队协作精神。若一名应聘者缺乏团队协作观念,他即使是天才,我们也不会录用,因为在现代企业中,我们需要促进不同类型、不同性格的人共同努力、团结奋进,把各自的优势发挥到极致,一家企业如果缺乏团队协作精神是难以成功的。"

我国南极考察队有队员519名,来自全国60个单位,各有各的任务,但他们是一个密切协作、井然有序的战斗集体。他们在工作的每一个阶段上,都能从大局出发,处处事事讲友谊、讲风格、讲谅解,建立了一种患难相依、甘苦与共、互勉互励、团结一致的关系。仅用45天时间,他们就顺利建成了中国南极长城站,谱写了一曲"团结协作、互助友爱"的集体主义赞歌。

李嘉诚成功的因素有很多,其中一个主要的原因就是他善于合作。在他的麾下,聚集着霍建宁、周千和、周年茂、洪小莲等商业奇才,成为李嘉诚团队的核心。李嘉诚明白成功离不开团队协作,发挥他们的聪明才智,就能在竞争中取胜。在李嘉诚的管理团队中还有外籍人士。正如一家评论杂志所称道的:"李嘉诚这个内阁,既结合了老、中、青

的优点,又兼备了中西方色彩,是一个行之有效的合作模式。"如今李嘉诚的长江实业集团业务包括房地产、通讯、能源、货柜码头、零售、财务投资及电力等,十分广泛。试想,如果李嘉诚先生不与他人合作,仅靠一个人的力量,纵使他有三头六臂,也不能创造如此宏大的事业。

在阿里巴巴,员工被分成三种类型:有业绩没团队合作精神的是"野狗";和事佬、老好人但没有业绩的,可定义为"小白兔";有业绩也有团队精神的,是"猎犬"。阿里巴巴在对一个人进行评估考核时,个人业绩的打分与价值观打分各占50%。阿里巴巴公司认为,"野狗"型的员工如果不能改变价值观,就会被"杀掉",坚决清除,不予聘用。"小白兔"型的员工将会得到公司的帮助,培养使用,争取让他们早日成长起来。但是,如果"小白兔"没有长进的话,也要逐渐淘汰掉。"猎犬"型员工才是阿里巴巴需要的,他们将接受到公司的重用,有机会接受最好的培训。在阿里巴巴,价值观(团队合作精神)是高于一切的。

二、合作是职业人实现理想的路径

同学们即将步入职场,要想成为一名优秀员工,必须学会合作,拥有团队精神。深圳华为公司在《致新员工书》中这样写道:"华为的企业文化是建立在国家优秀传统文化基础上的企业文化,这个企业文化黏合全体员工团结合作,走群体奋斗的道路。有了这个平台,你的聪明才智才能很好地发挥,并有所成就。没有责任心,不善于合作,不能群体奋斗的人,等于丧失了在华为进步的机会。"华为公司提倡团结合作、并肩作战的精神。在职业活动中,在合作中可以取长补短。每个人、集体、团队都有自己的长处,也都有自己的缺点,只能取人之长、避己之短,相互合作才能成就完美。在合作中获得共赢。合作与共赢仍为一条通向繁荣与富强的主线。无论个人还是团队,想成就一番事业就要讲求合作,谋得共赢。

一个员工必须学会和别的员工进行合作,因为每个员工都是团队的一员,像狼群一样进行团队生活,才能发挥出最大的功效。不论是一个人想在社会上有所作为,还是一个员工想在企业中有所贡献,团队精神都是必不可少的。狼在人们眼里是残忍和冷酷的象征,但我们却忽视了它们许多优良的品质。当人们提到狼群的时候总为它们的凶残和无情不寒而栗,但我们又忽略了他们团结的本质。所以,华为公司的任正非总裁在总结公司的文化特征时说,华为公司是狼性文化。他总结的狼具有的三大特征中,就有群体奋斗。华为所提倡的"胜则举杯相庆,败则拼死相救"的团队协作精神,正是他们成就"多赢、共好"的关键所在。正是因为他们倡导的团队合作意识,才造就了华为的钢铁长城!

作为团队中的一个分子,如果不融入这个群体中,总是独来独往,唯我独尊,必定会陷入自我的圈子里,自然无法得到友情、关爱和同事的尊重。一个具有独立个性的人,必须融入群体中去,才能促进自身发展。同时合作的过程也是从业人员吸取智慧和力量的过程。在职业活动中,与他人的密切合作,一是可以优势互补,"一根筷子轻轻被折断,十根筷子牢牢抱成团",一个人的力量虽然微薄,但是如果把所有微薄的力量全部集中起来,将会远远大于力量的总和。二是有助于取得成绩。每个员工首先要立足自己的岗位,义无反顾地做好本职工作,才能依靠团队的力量,在激烈的竞争中做出成绩。三是有助于成就事业。对从业人员来说,企业就是实现个人价值的平台。现代企业强调统一标准、流程和规范,将个人能力与他人能力结合起来,这对取得事业成功起着不可小觑的作用。同时,能否与同事友好合作,以团队利益为重,这已成为现代企业招募人才的重要标准。

三、感受合作的美丽

合作是一种美丽。雁群之所以排成"人"字形或成"一"字形出现在高空飞行,是因为雁群飞行的时候,当雁群形成独特的"团队操作",因气流学、浮力学的巧妙运用,要比每只雁单飞至少减少29%的飞升阻力。同时,当领队的头雁疲倦时,它会自然退居到侧翼,由另一只雁接替上任,照常飞行。据动物学家的实验表明:大雁长距离结队飞行的速度是单只大雁飞行速度的1.73倍。自然界雁群的飞行,给我们带来了这样深刻的启示:善于分享共同目标和富有集体感的人可以更快、更轻易地到达他们想去的地方,实现人生的职业理想。

我国古典名著《西游记》中,作者栩栩如生地塑造了唐僧师徒四人鲜明的艺术形象:孙悟空的骄傲使他天马行空,我行我素,在前面为大家开路;猪八戒细心关照,为师傅牵马坠镫;沙和尚勇挑重担,踏踏实实紧随其后……正是他们团结一致相互合作,才弥补了他们因不同性格和各自的缺点造成的不足。如果人们不懂相互合作,是永远不会取到"真经"的。现在越来越多的工作需要团队合作来完成,更强调团队中个人的创造性发挥和团队整体的协同工作,合作能力有时甚至比专业知识更为重要。

合作是一种力量。一场表演如果没有台前幕后的通力合作,我们就看不到完美的表演,任何事情都不是一个人就能完成的,台前有台前的夺目,幕后有幕后的淡泊,一同出力,才能呈现出全方位的精彩。有这样一个故事,一位著名的风琴演奏家开音乐会,在众多听众面前用一台巨大的古风琴演奏。风琴的风箱是由一位坐在幕后的小男孩用手工泵送的,宽大的音乐厅里谁也看不到他。演出的第一部分进展很顺利,幕间休息时,演奏家鞠躬致谢,听众全都热情鼓掌。演奏家就在舞台一侧的过道上休息,小男孩走到他的身边。"我们演奏得很好,是吗,先生?"小男孩问道。傲慢的演奏家盯着他:"你是什么意思,我们?"幕间休息结束后,演奏家回到他的位置上,开始演奏下一首曲子。但是,当他的手指按下琴键时,却没有任何声音发出来。这时,演奏家听到了幕后传来的耳语:"嘿,先生,现在你知道我们是什么意思了吗?"

团队精神的培养取决于组成团队的每一个成员。每一位团队成员,都要培养团队精神。一是培养敬业的品格,二是培养主动做事的品格,三是全方位地进行沟通和交流,形成团队的共同价值观。

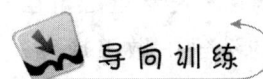

1.《克雷洛夫寓言》里有一则关于天鹅、梭鱼和大虾的故事。有一次,天鹅、梭鱼和大虾,它们一起承担运送一车行李的任务。它们三个一起套上大车,拼命地拉。它们用尽了力气,但是大车还是留在原地,丝毫不动。对它们来说,行李根本不重,可是天鹅一个劲儿要飞上云霄,大虾使劲往后退,梭鱼一心向水里钻……它们究竟谁对谁不对,这用不着我们来评说,不过这辆车直到现在还留在原地。您阅读完之后有何感想?

2.试着思考一下,在您以往的学习和工作生活中,哪些事情的完成需要团队配合?

3.团队训练游戏可以让我们深切感受到团队精神的重要性及培养过程。

名称:组建团队

形式:10~12人一组

时间:30分钟

材料:每组一面彩旗、一支旗杆、一盒彩笔

场地:空地或会议室

目的:建立团队,增强队员的归属感及凝聚力

程序:

(1)给队员上述材料。

(2)用30分钟建立小组的队名、口号、队歌和标志。

讨论:

(1)为什么以这种形式为建立团队的第一步?如果不是这一步,还可以有什么?

(2)你们的创作是从哪里获得启发和借鉴的?

(3)在创作过程中是否出现意见不一?最后是如何取得一致意见的?

(4)在创作中,每个人的贡献如何?谁的贡献最大?

(5)活动对我们有什么启发?

4.小测试:看看哪个是团队?这里有三个集体,你认为哪个是群体,哪个是团体,哪个是团队?

(1)公交车上的50名乘客。

(2)旅游团大巴车上的50名乘客。

(3)开往战场的汽车上的50名特种兵。

第四章 职场序曲

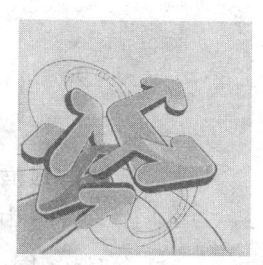

学习的最高境界不是忘我钻研,而是学以致用。工作岗位最能释放所学知识的能量。在激烈的市场竞争中,每个单位都不会轻易地把一个岗位,尤其是那些比较重要的岗位,给一个初出茅庐的毕业生,这就需要进行毕业前的实习。目前我国中职学校普遍采取"2+1"办学模式,即前两年在校学习,第三年下企业顶岗实习。为此,中职生真正的职场价值在于能熟练地做一线工作,因此要增强实习环节的锻炼,为不久的将来走向工作岗位打下基础。近几年来,大学毕业生就业难度不断加大,但高职、中职毕业生的就业率却一直较高,这与这类毕业生很强的一线操作能力密切相关。毕业前进行充分的实习是增强中职生一线工作能力的关键。

第一节 着眼就业,踏实务实

——谈实习单位选择

 临渊羡鱼不如退而结网。 ——《淮南子·说林训》

实习岗位是中职生的第二课堂,选择一个合适的实习单位可以让同学们的综合能力得到很大的提升。实习单位的落实是一种双向选择的过程,但主动权往往在实习单位的手里。中职生要在就业指导老师的指导下,给自己做好定位,把自我愿望和单位的用人现实结合起来。能够实现的愿望才是真的愿望,避免在选择实习单位的问题上,有不切合实际的想法和做法。实习单位是就业的跳板,但有时候跳板也会成为目的地,有些单位会从实习生中挑选正式员工。所以,无论从增强自身本领还是落实就业考虑,中职生都应该认真对待实习。

一、抛弃幻想,面对现实

　　进入中职的最后阶段,所有的同学都必须要走过一段非同寻常的路,那就是毕业实习。毕业实习既是中职教学大纲规定必须完成的教学任务,也是中职生培养的重要环节。在这个时候,同学们所学的知识将集中在实习岗位上接受检验,同时实习岗位也会对我们所学的知识进行新的整合。通过实习,个人的综合水平将会有一个明显的提高。但很多同学并不能认识到实习的作用。从学习书本知识到工作岗位的实践锻炼需要一个转变的过程。好多同学已经习惯了教室里的书声琅琅,对于即将到来的实习既陌生又恐惧。

　　我国的青少年从小受到理想教育的熏陶,成为栋梁之才是社会、家长和青少年的共同期望。应该说,到中职快要毕业了,很多同学和家长还是有这种情结。于是,有一部分学生会选择继续深造,逃避实习和就业。还有一部分学生,家庭条件较好,认为自己不应该去做一线的工作,也不愿参加实习。但摆在面前的事实是,同学们现在是即将走向社会的中职生,离成为社会的栋梁之才还相距甚远。抛弃不切实际的幻想,认真地面对现实,才是此时中职生要做的。

二、就业第一,理想第二

　　职业是人的立身之本,任何正当的谋生手段都可以称为职业。职业无上光荣,职业也无比艰巨。中职生毕业后获得一份工作是无比光荣的事情,要把工作做好,对中职毕业生来说也无比艰巨。每一个青年人都会怀抱崇高的理想,但与工作相比,理想只能是第二位的。工作可以给我们满足衣食住行等一切物质需要,但理想却不能。中职毕业生已经成年,面对的首要事情是自立、自强。如果同学们做着"啃老族"、依靠父母供养的时候,谈着宏伟的抱负、崇高的理想,那抱负和理想又有多少意义?

　　对于成年人来说,确实不能没有理想。没有理想的人是一个平庸的人。但如果成年人不能自立,那就是比平庸更严重的事情。所以,中职毕业生要在工作的基础上谈理想,理想要面向未来的职业规划。

　　就业第一要解决的几个问题:(1)任何事情都不能妨碍就业;(2)多做有利于就业的事情;(3)理想不能取代就业,人不能完全靠理想生活。

三、自己的愿望并不是别人的愿望

　　正式进行实习前,所有的同学都要找实习单位。每一个同学都想找到理想的实习单位,学财务的同学可能最希望到银行工作,学外语的可能最想到外事部门实习,学文秘的可能最想到政府机关实习。但是要注意一点,你的愿望并不是实习单位的愿望。实习单位对工作人员有自己的要求,这种要求往往是非常苛刻的。企业要产生经济效益,政府机关要创造社会效益。同学们要考虑:我的到来会给企业和政府机构创造出经济效益和社会效益吗？如果我是银行负责人、政府机构的负责人,会让一个中职毕业生来实习吗？

实习是一种双向选择,你的选择只起一半的作用,你的选择必须建立在实习单位的选择之上。就业问题从来就是一个买方市场,一厢情愿地奢望好的实习单位而不务实有可能什么都落空。实习单位并不代表将来就要在那个地方长时间工作,实习单位给我们的是一份可贵的实习经历。实际上,很好的单位接受中职毕业生的可能性很小。中职毕业生面向的实习岗位是一线基层,面向的单位应该是中小企业。从实际出发,选择能够实现的目标,这是落实实习单位的基本方针。

四、勇敢地迈出第一步

当你落实了就业单位,就要全身心地投入到实习岗位。正式实习之前要做好多方面的准备。实习并不是简单地去个人就可以,实习涉及很多东西,需要同学们多加注意。

首先,在实习之前,你要处理好学校的事情。如果学校的事情太多,将会影响你的实习。其次,你必须按时到实习单位报到。延迟报到时间,你就输掉了第一步。以后,你将很难在这个单位脱颖而出,如果这个单位有意在实习生里挑选正式员工的话,你也就失去了一次就业机会。再次,你要认真地与你的实习单位签订一份实习协议,规定好双方的权利和义务。口头的承诺并不具有法律的效力,当产生纠纷时法律规定和实习协议就是解决问题的依据。最后,你要一颗红心做好多手准备。要牢记的是,实习单位并不是你的就业单位,一方面你要在实习岗位上好好表现,锻炼自己的本领,另一方面要多方联系,寻找可能的就业单位。成功总是会降临到有准备的人身边。

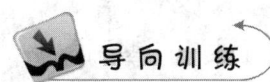

读故事,回答问题。

一个农家挤奶姑娘头顶着一桶牛奶,从田野里走回农庄。她忽然想入非非:"这桶牛奶卖得的钱,至少可以买回300个鸡蛋。除去意外损失,这些鸡蛋可以孵得250只小鸡。到鸡价涨得最高时,便可以拿这些小鸡到市场中去卖。那么这样一年到头,我便可分得很多赏钱,用这些钱足够买一条漂亮的新裙子。圣诞节晚宴上,我穿上漂亮迷人的新裙子,年轻的小伙子们都会向我求婚,而我却要摇摇头拒绝他们。"想到这里,她真的摇起头来,头顶的牛奶倒在地上。她的美妙幻想也随之消失了。

问题1:这个故事告诉我们什么道理?

问题2:你和你周围的同学是否发生过类似的事情?

第二节　心随境变

——谈实习期角色转换

 俗话说:"到什么山上唱什么歌。"又说:"看菜吃饭,量体裁衣。"我们无论做什么事都要看情形办理。

——毛泽东

人际角色对人的思想和行为有一定的规定性。这种规定性有积极的一面,比如,当一个人承担母亲这个角色的时候就要求她慈祥、富有母爱,当一个人承担警察这个角色时,就要求他勇敢、坚毅、公正执法。人际角色也有一定的负面影响,在美国做过这样一个有趣的实验,实验对象为一群大学生,研究者让他们在监狱里分别扮演犯人和管理者。过了几个月后,扮演看守角色的那些人普遍变得暴戾、狂躁,而扮演犯人的那些人普遍变得忧郁、消沉。因而,同学们要防止实习期角色给中职生带来的负面影响。

一、做好心理转变

学生的心理基础和单位职员的心理基础是不一样的。实习之前和实习过程中要做好心理调整,必要时学校要进行专门的心理辅导。从学生到单位的实习员工是一个重大的转变。学校的我怎么成为实习岗位上的我?实习岗位上的我怎样改变学校的我?面对由学生到单位实习员工的转变,首先要调整的就是心理。不良心理会造成中职生很难适应实习岗位。

学生的心理特点是浪漫、容易接受新事物、有集体观念等,但学生也有一些不积极、不健康的心理特征,比如爱幻想、不切合实际、盲目乐观、脆弱、经不起打击、缺乏责任心等。如果让那些不积极、不健康的心理左右中职生,中职生就很难适应实习岗位。实习岗位要求的心理特征是理性分析、切合实际、坚强、经得起打击、富有责任心。实事求是地说,中职生普遍都缺少这些心理素质。心理辅导可以改善中职生心理状态,但最主要的是在社会生活中和工作中进行锻炼。只有经过不断地锤炼,中职生才会建立起良好的心理素质。

但实习马上就要来临,同学们如何才能快速建立起适应工作岗位需要的心理素质呢?首先,在学校参加心理辅导。这可以快速收到效果。其次,向你的父母学习。同学们的父母一般都有 20 年左右的职业生涯,拥有丰富的工作经验,是对中职生进行职业指导的良师。再次,向你实习单位的员工学习,多看看他们是如何做的,可以改变同学们一些不积极不健康的心理。最后,多接受别人的批评。聆听别人的批评本身就是一种心理锤炼。接受别人的批评会让自己对很多问题产生新认识,从而调整自己的心理状态。

二、我是工作者

中职生要在实习岗位上迅速地完成自身角色的转变。到了实习岗位上,你就是一个工作者,而不是一个学生,要处处以单位职工的标准来要求自己。

第一,你要抛弃在学校养成的一些坏习惯。比如,踏着上课的铃声冲进教室、睡懒觉。如果在单位里,八点半上班,你总是喜欢八点三十一分到的话,将破坏你整个的职业形象。第二,你要做一个负责任的工作者。你要把属于自己的工作圆满地完成,并且尽量做到优秀。单位员工的基本价值就是完成工作,做好工作。第三,你要遵守实习单位的纪律和规定。国有国法,家有家规。一个单位的纪律和规定是多年形成的企业文化的结晶,是全体人员或者说起码是管理层公认的行为规范。你可以去怀疑单位纪律和规定的正确性,但你必须去遵守。第四,你要团结周围的同事。你的成长一方面是由你自己决定的,另一方面是由你的同事决定的。给同事留下好印象的方法也很简单,你要把你的工作做好,这样会让你的同事高看你。然后你要谦虚、经常向人请教,一个本来就没有工作水平的人又狂妄自大,会让周围所有的同事都对你产生反感。当同事们对你产生反感以后,也就不会再有人在工作上对你进行帮助、指导,你的进步之路将会走得非常艰难。

三、我是下属

在学校里你是学生,你与同学们是平等的关系,教师是你的长者。中职生在成长历程中从来没有经历过上下级关系。到了实习单位后,中职生就处在一个上下级严谨的关系网络中。在中型企业里,一般会有五个管理层级,小企业里也会有三个管理层级。中职生在实习岗位上要面对多个层级的领导,要牢牢树立"我是下属"的思想,摆正自己的位置,说自己该说的话,做自己该做的事情。下属的职位角色就决定了工作中更多的是服从,在生活中更多的是对他人的尊重。不管出于什么原因,与上司对抗都会带来严重的后果,在生活中对上司不够尊重也可能会影响到工作。

对于自己的各级上司要尊敬而不远之,取得上司的信任有利于自己的发展。单位中的领导者一般都是业务能手,在那些做得最好的企业里,一线管理人员将 60%~70% 的时间花在工作现场,其中,有许多时间用在高质量的个人辅导上。获得上司的业

务指导既是荣幸的事情,也可以使自己快速成长。每一个上司都做过下属,他们也是从基层岗位做起来的,他们非常明白什么样的员工是合格的员工、优秀的员工。对工作认真负责,能够向比自己优秀的人虚心请教、学习,这样的员工就是领导喜欢的员工。

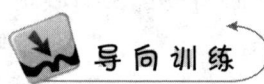

1. 调查身边的同学,他们在新入职的时候遇到了哪些问题?是如何克服的?
2. 向老员工请教如何快速适应工作环境。

第三节　不如意事十有八九

——谈实习期常见问题

 方法总比困难多! ——民间格言

中职生从学校到实习岗位是一个重要的转变,其中会遇到很多问题。出现问题是正常的,只要能够圆满解决就是好事。不出现问题说明中职生对工作还不够投入,或者说实习单位没有给中职生分配实际工作。通过实习,中职生发现自己身上的问题,正是实习的目的之一。

一、如果认为上级是错误的,怎么办?

中职生在实习岗位上经常会认为自己的上级做出的决定是错误的。实际上,不管水平多么高的领导者都会犯错误。美国著名的管理学家劳伦斯·彼得说,任何层级组织里,每个人都将晋升到他不能胜任的阶层。不可否认,任何一个单位里都有一部分领导者不胜任自己的领导工作。

但是,如果认为上级是错误的,不能轻易地去做一些过激的行动。首先,自己的水平无法与上级相比,上级考虑的问题不可能跟你一样,如果他跟你考虑的一样的话,他就会像你一样是一名最基层的下属,而不是领导者。其次,你认为上级是错误的,但上级未必就是错误的。上级做出的决定高屋建瓴,你应该看不出他的高度。再次,错误与正确总是相伴而生,优秀的上级会不断地对自己的所做进行调整,让错误变成正确,让正确变得更正确。大凡成功的领导者都具有定位准确、自知之明、认错纠错、积极接纳意见、重目标或目的等特征。

如果你觉着上级是错误的,该怎么办?首先,你要执行上级的决定,按照上级的要求去做,任何的犹豫和拖延都会让上级认为你不称职。其次,在认真执行上级决定的同时,向上级表达你的担忧,但不要喋喋不休。再次,不用担心出现不好的结果,即使出现那样的结果,上级会担负责任。你只是一个执行者,你认真地执行了上级的决定,你就是尽到了自己的职责。最后,当出现了不好的结果时不要把责任都推到你的上级身上。优秀的管理者会主动承担责任,如果你能表现出承担责任的姿态,上级会非常高兴,他会认为你是一个勇敢的人、智慧的人。

二、企业不兑现待遇,怎么办?

在实习中,实习单位都会给予中职生一定的物质待遇,这一点会在实习协议中做出明确的规定。从目前来看,实习单位完全不兑现实习待遇的情况不多见,毕竟我们生活在一个法治社会。现在比较多的情况是,实习单位不兑现一部分待遇,比如加班费、岗位补贴、午餐补贴等。出现这种情况,首先要拿出实习协议,逐条进行比对,看看到底是哪些待遇没有兑现。实习协议的规定是一个硬性的依据,据理力争也要以此为依据。其次,向你所在实习单位的上级反映情况,要实事求是,并避免集体性的行动,要选出一到三名代表向你的上级说明情况。你作为上级的下属,在事实清楚的情况下他一般会支持你。再次,如果你的上级不能给你解决,你可以把事情反映给实习带队老师或者班主任,由学校出面与实习单位进行协调。

切记,不要因为物质待遇的问题跟实习单位闹翻。与实习单位相比,实习生是弱者,要向你的上级和学校借力,依靠他们的力量事情解决起来要容易得多。

三、中途想终止实习,怎么办?

在实习中,有很多情况会造成中职生想终止实习。第一,中职生对实习单位不满意,实习岗位脏、累,与自己想象中的岗位相差太远。第二,有了更好的实习机会。第三,学习方面的原因,比如为了将来的就业,需要紧急准备考下一个资格证书。

如果是第一种情况的话,千万要不得。艰苦的环境最能锻炼人、塑造人,中职生会在这个脏、累的环境中得到很好的锻炼。而换一个角度看,你重新换一个实习单位,未必就会如意。中职生的就业方向就是面向基层一线的。如果是第二种情况的话,你就要好好地做出考虑。你认为的更好的实习机会是真的吗?你对那个实习单位和实习岗位了解吗?新的实习单位有利于自己的就业吗?如果这些考虑清楚了,你可以义无反顾地终止目前的实习。

中途终止实习,有可能要向实习单位赔偿一定的损失。综合起来看,能不中途终止实习就不终止。在一个单位进行连续、充分的实习,有利于中职生职业素质的提升。墨菲定理认为,如果做某项工作有多种方法,而其中有一种方法将导致事故,那么一定有人会按这种方法去做。如果你真的要中途终止实习,那么你要按部就班地处理好你在实习单位的工作、做好交接,尽量不给实习单位带来损失。

四、实习中遇到其他单位发出的面试邀请,怎么办?

在毕业前夕,好多中职生都会向不同的用人单位海量投送简历。因而,面试信息也会断断续续地反馈回来。经常会遇到的情况是,中职生在实习的时候,会有其他单位邀请面试,并且那个单位还比较不错。这种情况会让中职生彷徨不知所措。

实习单位并不是将来的就业单位,因而中职生在做好实习的时候一定要积极参加各种单位的面试。但问题是面试时间可能与在实习单位的上班时间冲突。解决的途径有以下几种。一是,在不对实习单位的工作产生大影响的条件下请假,但要善意地说谎,可以说家中有急事等等,如果实话实说会引起单位的反感,认为你是三心二意或是脚踏两只船。二是,如果发生时间冲突,跟邀请面试的单位重新约定时间。三是,如果重新约定时间不方便的话,也不能轻易放弃,可以向这个单位提供你更详细的资料,增加那个单位对你的印象,这样以后你还会有机会。

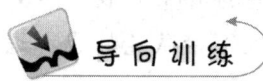 **导向训练**

查阅资料,回答问题。
1. 实习期是否应该签订劳动合同?
2. 实习期应该有工资吗?

第四节　良禽择木而栖

——谈实习单位的调整

> 树挪死,人挪活。　　　　　　　　　　　　　　　——谚语

"顶岗实习"的单位要慎重选择,原则上不允许随意调整实习单位。但是,现实中由于单位的原因、社会的原因、个人的原因等,有时还是很有必要理性地调整实习单位。常言道:"树挪死,人挪活"、"穷则思变"、"人往高处走,水往低处流"、"就是吊死,也要找一棵大树来吊"。这些俗语、警句讲的都是一个人要适时地审时度势,把握时机,理智而

大胆地挪动位置,去寻找新的栖息之地。用在我们中职同学身上就是要合理、理智的调整我们顶岗实习的单位。具体如何来操作呢?

一、中职生顶岗实习的目的

《职业学校学生顶岗实习管理规定(试行)(征求意见稿)》的第二条规定:"本规定所称学生顶岗实习,是指职业学校按照专业培养目标要求和教学计划安排,组织在校学生到企(事)业等用人单位的实际工作岗位进行的实习。"第三条规定:"学校组织学生顶岗实习,应当遵守相关法律法规,全面贯彻国家的教育方针,实施素质教育,坚持教育与生产劳动和社会实践相结合,遵循学生成长规律和职业能力形成规律,培养学生职业道德、职业技能,提高教育质量,促进学生全面发展和稳定就业。"

因此,可以看出,中等职业学校学生的顶岗实习,是加强学生实践动手能力的培养,提高学生综合职业能力,提高技能型人才培养质量,促进学生就业、就业一体化的重大举措,顶岗实习为中职学生提供了很好的就业机会。全面开展顶岗实习是我国中职教育发展的必由之路,是中职学校进一步提高办学质量,增强人才培养针对性,提升学生就业竞争力,促进学生就业的客观要求。

二、如何选择理想的实习单位

1. 专业要尽量对口

《职业学校学生顶岗实习管理规定(试行)(征求意见稿)》第四条规定:"顶岗实习应当按照育人为本、学以致用、专业对口、理论与实践相结合的原则实施。"因此,我们在选择顶岗实习的单位时,一定要坚持专业对口的原则,一般学校推荐的实习单位都会讲究专业对口。我们在这里强调的是同学自己选择就业单位的问题。因为,多年来有不少即将走上实习道路的中职生,他们愿意放弃学校提供的实习单位,喜欢依靠家长、亲戚、朋友的介绍,自己找实习单位。因而出现了不少专业不对口的现象。这样就不利于自己专业知识的实践化,不利于自己专业特长的发挥,也不利于自己将来真正地走上就业之路。因而,在选择实习单位时要尽可能地做到专业对口。

2. 安全要有保证

安全大于天,安全无小事。"2011年9月19日,全国职业教育实习管理工作视频会议在京召开。据悉,这是新世纪以来教育部召开的第一次专门就实习管理做出部署的工作会议。会议强调,促进职业教育实习管理规范化、制度化,保障实习学生权益,组织好实习学生的岗前培训和安全教育、实习中的劳动保护和安全等工作,为实习学生投保相对应的学生实习责任保险等险种。"这段文字充分表明了从国家的角度对中职生实习安全的重视。中职生本人就应该更加重视自己实习的安全了。一般来说,学校推荐的实习单位都会有安全的保障,而我们自己找的实习单位,在安全保障方面就很难说了。因此,要注意以下方面:关注实习单位是否为同学们提供了充足的劳动保护和安全保障,注意单位存在的安全隐患;同时还必须严格遵守实习单位的安全注意事项,做到规范操作、正确操作。

  3. 能锻炼和提升自己

  中职学生实习的关键在于保证我们能在企业接受到有针对性、高质量的技能培训,对自己的专业知识和专业技能有所提高。同时,还能让自己在各方面得到有效的提升。这些方面主要包括:能较好地完成学校人到职业人的转变,增强职业能力,能较好地适应并处理好人际关系(同事之间、与领导之间),能较好的处理好挫折与困难的关系,能养成较好的组织纪律观念和时间观念,能切实体会到"付出才有回报"等。

  4. 要有必要的报酬

  《职业学校学生顶岗实习管理规定(试行)(征求意见稿)》规定:"鼓励有条件的实习单位向顶岗实习学生按工作量或工作时间支付合理的实习报酬。"作为中职生,同学们实习的时候眼睛不要只盯着"金钱的多少",而要多关注实习单位能否让自己得到很好地锻炼和提升。但常言也道:"金钱不是万能,但没有钱却万万不能!"有劳动就该有报酬。有的实习单位,尤其是同学们自己找的实习单位,往往只把实习生当成是学生工,能少给工资就尽量少给工资,出现付出与收入不成正比的情况。所以,还不得不关注一下报酬情况。同时还要关注的是,是否按时发放工资,是否会故意拖欠或者随意克扣等。

三、中职生实习中企业出现的问题

  "顶岗实习"在一定程度上缓解了当前企业的用工荒问题,顶岗实习学生也成了企业招收稳定的员工的一个重要途径,给企业带来了不少的好处。可现实当中,极少部分学校推荐的企业,当然大部分还是同学自己找的实习企业,往往出现这样的情况:工作环境十分恶劣、工作时间超长、对自己专业技能的提升毫无好处、从事与自己专业不对口的工作、拖欠工资薪水、随意克扣工资奖金、企业从事的是违规违纪甚至是违法的经营活动等等。遇到这些情况,你除了利用法律途径等合法手段来争取自己的合法利益之外,就要考虑及时"挪动"了。

四、实习单位调整的时机

  在现代社会,一个人一辈子只从事一种职业的情况越来越少。根据美国劳工部统计资料,一人一生中大约要换七次到十次工作。因而,改换工作已成了正常的事。但是改换工作又不能随意改换,必须慎之又慎。以下提供的材料可以作为我们改换工作或者是调整实习单位的参考。

大致来说,一个人调整工作的动机一般有如下两种:一是被动地调整工作,即个人对自己目前的工作不满意,不得不调整工作或者叫跳槽,这里又具体包括对人际关系(包括上下级关系)、工作内容、工作岗位、工作待遇、工作环境或工作条件、发展机会的不满意等方面。比如,如果你与上司关系不融洽,觉得不到发展,你自己也感觉无法适应目前的环境,那么恐怕就要考虑换个环境试试了。二是主动地调整工作,即面对着更好的工作条件,如待遇、工作环境、发展机会,自己经不住"诱惑"而促使自己跳槽,或者寻求更高的挑战与报酬,比如你发现自己的能力应付目前的工作绰绰有余,并且发现了自己真正感兴趣的工作的时候,你就不妨考虑换个工作试试。无论如何,当你具备了调整工作动机的时候,就是你跳槽行动的开始。

具体还可以参照本书第二章第五节中提到的跳槽时机。

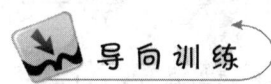

以下是职业咨询顾问提醒你跳槽时应当注意的事项和建议你的比较妥当的做法。这对你调整实习单位以及将来换工作都有十分重要的借鉴意义。

1. 知己知彼:查阅与目前公司签订的劳动合同,明确自己是否受到违约金或竞业避止(竞业避止是指员工在单位工作期间不得到竞争企业兼职或任职,不得自行组建公司与单位竞争,在离开原单位一定期限内,未经原单位同意,不得从事同原单位业务有竞争性的业务等)等条款影响、离职手续办理难易程度等,做到心中有数。

2. 尽可能收集新公司的信息以及可能要求自己提供的项目,做到有备无患。

3. 设计简历:准备一份职业化的简历,你可以寻求职业顾问的帮助。

4. 有时候根据自己的工作经历和能力,通过猎头公司应聘也不失为一种有效的策略。

5. 递交辞呈:向原公司递交辞职信,做好离职过渡期的安排。记住千万在拿到"Offer Letter"(即新单位的录取通知书)以后再递交辞职信。

6. 与人为善:虽然你应聘成功了,虽然你可能"痛恨"原来的公司,但是也不要在背后恶言冷语,你哪天还会"用"到原来的公司,这谁也说不准。

第五节 日省吾身，不断进步

——谈实习工作总结

 早晨醒来时，问一问自己："我应当做什么？"晚上睡觉前，问一问自己："我做了些什么？"

——【古希腊】毕达哥拉斯

小王从学校毕业后步入了社会，很快找到了第一份工作，可不久便把找来的工作弄丢了。后来，面对自己即将开始的第五份工作，心里很是不安，他不知道自己这份工作又能维持多久？

一个偶然的机会，他遇到了大学时一个心理学教授，于是便向教授提出了自己的疑问。教授问了他一些有关公司人际关系以及工作方面的表现等问题，未发现他心理有什么异常。教授继续问他："你在公司里有没有得罪自己的老板呢？"他茫然地说："没有啊！""不过，有时我会将自己不同的意见直接说出来，这对公司是很有利的嘛。"教授说："这就对了，问题或许就出在这里。虽然你一心为公司着想，但如果没有经过调查研究，不分场合，不讲究方式方法，领导又怎么能接受呢？或许，领导还会认为你在逞能，是不是有意和他对着干呢！""啊，原来是这样啊，真是没有想到。"小王恍然大悟。

后来，小王还是会把自己的不同想法说出来，但不再采用以前一贯的方式，而是改变了策略，并经过事先的调查研究，且找准适当的时机说出来。结果，领导几乎每次都听取他的建议，有时还委以重任，他第五份工作干得既稳定又踏实。

从此，小王在拼打中喜欢上了回头看，学会了对人生过往的总结，他渐渐找到了适合自己人生的方向和目标，成为一个精明而智慧的佼佼者。

小王善于总结取得了成功，那么顶岗实习的中职生同学来讲又将要如何做好反思和总结呢？

一、实习过程中总结的重要性

毛主席有一句名言："人不二过！"正是毛主席这点善于反思和总结的做法，使他这位从未留过洋、从未进过正规军校的师范生，领导人民的军队，建立了新中国。

对于我们个人来讲，由于自身的各方面原因，犯错误、撞墙是很正常的。但是同样的问题错两次就是不正常的。及时总结，阶段性地反思对一个人的成长很重要。这也是一个人成熟、成长的标志。

人生的路比较漫长,在这条路上会出现什么状况,谁也说不清楚。跌、绊、摔倒、重创可能都是常有的事。可有人会从此一蹶不振,也有的人会从跌倒的地方爬起来,拍拍身上的泥土,从跌倒中吸取教训,从失败中学会总结,站立起来,昂首阔步继续前行。这样的情况多了,个人的人生阅历也就丰富了,也就成就了成功的人生了。

其实,人生最重要的智慧在于在前进的道路中学会总结。因为,总结的本身就是一种智慧的体现。擅长总结的人,定然会在漫漫人生的道途中得以发展,得到提升。

我们在总结自己人生路上的一切过往的同时,还要善于从别人的成功或失败中吸取经验教训,以便使自己得到更好的发展机会。正如牛顿所说:"如果说我看得远,那是因为我站在巨人们的肩上。"

二、中职生顶岗实习中自身出现的问题简析

顶岗实习是全方位认识社会、正确认识自己的过程。我们应该在不断地学习实践中,懂得如何去最大限度地施展自身所学,如何处理与同事、领导的人际关系,如何在这个竞争与机遇并存的社会中立足。

现代企业的择人标准:首先是遵守职业规范、诚实守信、富有激情,其次才是技能、做事能力。因为技能是可以培养的,自身素质却是一时难以校正的。曾听一位企业副总这样说:技能再好的员工,如果缺乏责任心,不能严格按照规章制度办事,不讲诚信,我要之何用!

总结中职学生顶岗实习中出现的问题,大致有以下六种:

1. 不知道自己是谁,来做什么

顶岗实习与普通实习的最大不同在于"顶岗",需要完全履行其岗位的全部职责,是一种要求更高的实习。目前,国家对中职学生学制进行了规范管理,实行2+1学制,即学生在校学习两年理论、校内实操,再到企业单位顶岗实习一年,多增加中职生的社会实践与实习机会,让中职生边学边用,学以致用,尽快适应社会,为将来正式就业、融入社会打下坚实的基础。因此,在这方面我们要明确,同学们是顶岗实习的实习生,同学们的任务是学习和锻炼。

2. 眼高手低,难的不会做,简单的不想做

古人云:"天下大事,必作于细;天下难事,必成于易。"据大量的企业反馈,不少的中职学生在顶岗实习期间存在这种现象:缺乏用心做好简单工作的精神,不懂得工作在很多时候就是简单地重复。因此,只要我们能静下心来把简单的工作做好,就会变得不简单,就会得到不少的锻炼。同时,也只有把简单的做好之后才可能做好难的,也才会有创新和成就。

3. 责任意识不强

有人说责任意识的缺乏是目前80后、90后的一个通病。这似乎有些夸张。但在

现实的年轻人当中,尤其是在我们顶岗实习的中职生中,这个问题确实比较突出。不少同学不知道什么该做、什么不该做、什么必须做好。不少同学不清楚自己所做的每件事对自己、对他人、对集体所担负的责任。许多事情敷衍了事,随便应对。导致领导同事对自己产生不好的印象,从而影响自己将来的就业。因此,我们要知道较强的责任意识是保证我们获得良好学习机会、更好掌握专业技能的前提。也是将来更好就业的有力保证。社会学家戴维斯说:"放弃了自己对社会的责任,就意味着放弃了自身在社会中更好的生存机会。"因而,必须加强责任意识的培养。

4. 不懂得尊重他人

尊重他人是最起码的道德品质,也是搞好人际关系所必需的基本品质。人际关系的好坏直接反映出你个人的道德品质,也直接决定着你工作心态的好坏。常言道:"敬人者人恒敬之。"刚刚走入社会你就给别人留下一个不尊重人的坏印象,那你将来还如何更好地工作。

5. 组织纪律性淡薄

少数同学在学校期间就没有养成良好的组织纪律观念,顶岗实习之后依然将这种做法带到工作岗位上。殊不知工作单位与学校不同,在学校时偶尔违规违纪,老师顶多是批评教育,严重者学校给予适当的处分。进入工作单位就不一样了,违规违纪可能会带来顾客的流失,生产的安全隐患,损害公司的利益等。所以,没有良好的组织纪律观念,就得不到较好的发展,还很有可能影响到工作的稳定性。因为,没有哪一家企业需要组织纪律观念淡薄的员工。

6. 细节意识差

我国是一个十分注重细节、具有精细意识的国家。"勿以善小而不为,勿以恶小而为之"、"一屋不扫,何以扫天下"等都是古人有关道德细节的教诲。可见,做事应从小事做起,做"大"事应注意细节,在我国有深远的历史渊源。

而在实习中,不少同学做事粗心大意,大大咧咧,有时甚至随心所欲,随意而为,不考虑这样做会带来什么,不计行为的后果。据调查,这样一些现象在顶岗实习中常常出现上班第一天就迟到,一份简单的资料接连打录三遍还有错别字,工作时间随意接听私人电话、拿着手机聊天,下班前不整理自己的工位,进出办公室不注意轻手轻脚,最后一个离开办公室时忘了关门、断电,甚至随意乱扔垃圾,接受别人帮助后连句谢谢的话都没有,随意借用别人的东西而不打招呼等等,这些虽然都是小事,但却能折射出一个人的道德水平。所以,要特别注意细节的培养,坚持把每一件小事做好。要牢牢记住"细节决定成败!"

三、学会总结积累,不断提高

童杰从走进公司的第一天起,就牢牢记着老师的那句话:"每天多做一点点,便是成功的开始;每天改进一点点,便是卓越的开始。"他养成了一个习惯,每天晚上都要问自己三个问题:今天我多做了什么?今天我改进了什么?明天还有什么可改进的?十几年后,他成了公司研发部首席工程师。当人们问到他成功的秘诀时,他轻松一笑:"每天20分钟的冷静反思,胜过一堆豪言壮语。"

学会总结是一种智慧。也许,我们天生就没有太高的智商,但我们知道去总结,知道总结自己,同时还知道去总结别人,去劣从优,吸取一切、积累一切有益的经验,融会我们的智商,丰富我们的智慧,成为一个易于生存的人。

其实,人生的经验和智慧,大多来源于积累和总结,好比一座金字塔,积累和总结越多,就会有坚实的塔基和高耸的顶端,当我们沿着塔身一点点攀爬上去,成功就不只是梦想,你将是一个智慧的胜利者。

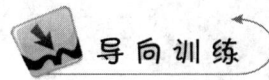

1. 以下是某中职学生对即将要踏上实习岗位或准备找工作的同学们提的几条建议,对你的顶岗实习和将来的就业有重要的借鉴意义。

第一,一定要摆正自己的心态,切勿好高骛远。一些同学总喜欢找一些大品牌、工资高、待遇好的企业去实习,不愿意去那些名不见经传的小企业。其实去哪个公司并不重要,重要的是你能否将你所学完全施展开来,一展抱负!

第二,在处理公司人际关系时,一定要慎重。多去学习别人的长处,适时显露自己。要知道,社会并不如我们想象的那么美好,钩心斗角之事常有,切记要处理好与公司同事之间的关系。

第三,"少说话、多做事",这是我告诉每一个同学的实践经验。古人说,言多必失。有时候你无心的一句话,可能就会引来一场不必要的麻烦。多做事,这是让公司领导关注你最有效的捷径。

第四,多做自我批评,公司领导喜欢那些敢于承认自身错误的员工,讨厌那些凡事都喜欢往别人身上推的人,这一点我们必须认识清楚。

2. 顶岗实习中你该如何进行有效地反思总结?

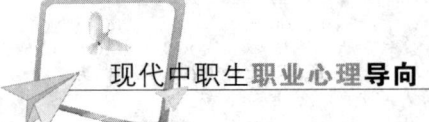

第五章 求职准备

第一节 调整心态，主动择业
——谈求职心理准备

 知己知彼，百战不殆。　　　　　　　　　　　　　　——《孙子兵法》

众所周知，近些年来，就业形势非常严峻，"找工作难"抑或"工作难找"，一直以来始终是广大求职者挥之不去的一个心结。社会上还流行着这样一句话："毕业即失业"。即将毕业的中职学生，无疑会因此产生巨大的心理压力，感到希望渺茫，失去自信。诚然，求职者的求职择业方式方法五花八门，或直接上门（到用人单位）毛遂自荐，或通过网络，或经人（亲戚、朋友、同学等）介绍，或找职业介绍所，或直接参加各种形式的招聘会，或不断地投递精心制作的各式各样的简历（简历投了一大堆，始终是如泥牛入海，杳无回音）等等，不一而足。但结果往往是不尽如人意，找到令自己比较满意工作的人寥寥无几。很多求职者即使四处碰壁仍不灰心，一直积极地、不停地找，"不到黄河心不死"，这种执着令人敬佩。一方面，就业形势严峻，"僧多粥少"市场经济有它自身的规律，供需矛盾突出、不平衡，用人单位需求少而求职者众，以至于常常出现"千人挤独木桥"现象。更出现过几千人同奔一个岗位的情形，实为反常，类似报道常见诸报端。另一方面，求职者本身也应当进行反思，尤其是常四处碰壁者更应该改变策略，主动调整心态。很多天之骄子期望值很高，高不成低不就，放不下架子，觉得干"脏累活"很没面子，要么嫌工资低、待遇少、没发展空间等等，这种心理在广大中职生中也普遍存在。以下就中职生如何调整心态，主动择业，做好求职心理准备谈几点建议。

一、做好择业前的心理准备

常言道：有备无患。机遇总是垂青于有准备的人。同学们，短暂的职校学习、生活将要结束,在校学习期间,你们勤学好问,不仅学到了丰富的理论知识,还善于动手参加实训操作,动手能力增强,拥有一技之长,老师也教你们要做好职业生涯规划,学以致用,在今后的工作岗位,为社会主义现代化建设做出应有的贡献。你们即将离开学校、步入社会参加工作,对于将入职场的新人来说,怎样才能较快地找到工作,适应并胜任工作,这无疑是需要迫切解决的问题,也是值得我们每个人必须思考的、不能回避的问题。因此,我们必须做好择业前的心理准备。兵法云:"知己知彼,百战不殆。"

第一,要有自信心。自信成功。每个人都要比较客观全面地评价自己,正视自己的优缺点,对自己要充满信心,找到自己的优势竞争力。充分发挥自己所长,扬长避短。同时,要有"永不言弃、永不言败"的精神。倘若连自己都没了自信心,别人对你怎么会有信心呢。

第二,了解、研究、分析用人单位的核心需要。求职前对用人单位做一番调查,了解他们的需求即需要什么样的人才,有没有适合自己的岗位,工作环境及人际关系如何等等。

第三,确立合适的就业期望值。"人往高处走,水往低处流"乃人之常情。每个人都希望找个好工作,诸如环境条件好、工资待遇高,工作轻松、有发展前途,升迁升职及深造机会多等等。凡事都得有个度,期望值不能过高、偏高,不能好高骛远,目标定位太高时,自己的愿望没法实现则会产生自卑心理,失去信心,适得其反,不利于求职择业。

第四,主动出击,敢于竞争。当前就业形势严峻,竞争激烈,求职者压力大,中职生要想求职成功,就得积极主动出击,抢占先机,而不是等待机会,同时要具有"敢为天下先"的精神,加强学习,掌握技能,提高素质,不断提升竞争力,主动竞争,而不是遭遇一两次失败就放弃、退缩,就打退堂鼓,要时常以"从头再来"鼓励鞭策自己。在竞争中不能使用非法手段,而应当通过正当方式、渠道加以竞争,"爱拼才会赢"。

第五,与时俱进,更新观念。首先,要有时不我待的紧迫感。紧跟时代步伐,积极投身现代化建设之中。当前我国社会正处于转型期,社会发展进程加快,工业化、城镇化进程加快,为同学们提供了广阔的发展空间和大好的发展机遇。此时不搏更待何时!俗话说,机不可失,失不再来。好的机会总是稍纵即逝,要善于把握机遇、抓住机会,否则往往会抱憾终生。"该出手时就出手"。其次,要不断更新观念。西方国家的人经常变换工作即跳槽,而中国人始终有这样一种观念——"一职定终身",即从事一种职业直到退休,很少跳槽。可是,进入新世纪以来,随着改革开放的深入发展和工业化、城镇化进程的加快,社会发生了深刻的变化,价值观、就业观等观念受到极大冲击,尤其是在严峻就业压力的影响下,许许多多的年轻人紧跟时代发展步伐,主动调整心态、更新观念,能用发展的眼光看问题,适时改变就业观念,以往"一棵树上吊死"、"非得从事与所学专业相关的职业不可"等,都应转变为"先就业再择业"。

二、求职择业心态三要素

同学们,毕业以后你们怎样才能在众多求职者中脱颖而出率先找到一份好工作呢?希望大家谨记并践行以下几点建议:

1. 保持乐观向上的生活态度

人们常把当今的世界称为竞争的时代,大到国与国之间的对抗,小到人与人之间的竞争。竞争冲击着人们的事业和生活,冲击着人们的意识和思想,在求职择业上莫不如此。如果在激烈的竞争中,没有乐观向上的拼搏精神以及强烈的进取欲望,是很难获得成功的。相反,如果你是一位乐观向上、积极进取的求职者,总是能把每一个面试机会看成是千载难逢的好机会,可遇而不可求,新的成功一定在向您招手。

2. 理直气壮不卑不亢

持有这种态度的求职者首先表现出对自己极度的自信,他们会认为现在的应聘是双向选择,用人单位有权利选择毕业生,而我们毕业生同样也有资格和权利去挑选一个适合自己专业和特长发挥的用人单位。有了这种想法后,求职者就会很自然地产生不卑不亢的态度,这样求职面试时可能产生的胆怯、恐惧、紧张、害怕的心理就会消失了,从而更好地发挥出自己的应有水平。

3. 勇敢且坦然面对每一次面试

勇敢面对是一位成功者的基本素质,无论成功还是失败,只要自己付出了,努力了,就肯定会有收获,权当吃亏长见识,"吃一堑,长一智"。有这种心态的求职者在面试时就会不怕挫折、不怕失败,从而会大大增强面试时的自信心,这样在应对主考官的提问时,也会回答自如、理直气壮。即使遇到比自己各方面能力都强的竞争者,都不会自惭形秽。有了这种积极的求职心态,求职者一定会表现出极大的勇气和耐力,努力去寻找自己理想的工作岗位,直到自己成功。

三、从自身实际出发,先就业再择业

由于个体的差异性,每个人都有自己的实际情况,诸如家庭背景、身体素质、思想觉悟、兴趣爱好、知识水平及能力等都有差异,很难具有可比性,可是,现实生活中许多人却偏偏要互相攀比,看到别人成功,不切实际一味地仿效,到头来却一事无成,懊悔不已,怨天尤人,怨这怨那,埋怨老天爷不公平、怪自己命运不好,常发如此感叹:凭什么录用、重用他而不录用、重用我,却不好好进行反思。事实上,假如我们每个人都能比较客观全面地认识自己,一分为二地看问题,从自身实际出发,在平凡的工作岗位上,脚踏实地、勤学苦练、努力地工作,充分地发挥自己的聪明才干,相信总能干出一番天地来!如众所皆知的、被称为"最美洗脚妹"的刘丽,自己收入不高,却坚持乐善好施,热心慈善,经常帮助、资助贫困学生、儿童,关心、关注弱势群体尤其是外来务工人员,不断地为他们争取更多的合法的权益。今年她当选为全国人大代表,参加"两会"并积极提案发言,又获得全国五四青年奖章。又如,厦航空姐刘雪荣获2013年度全国五一劳动奖章。她的中国梦是"把微笑带给全世界的旅客,把中国的友好和文化带给世界"。她们两人都秉着"干一行爱一行,爱一行专一行"的精神和理念,在自己平凡的工作岗位上,兢兢业业,一丝不苟,积极肯干,努力工作,"苦心人天不负",最终取得了成就,我们要以她们为榜样,不断鼓励鞭策自己,积极上进。

俗话说:三百六十行,行行出状元。通过"职业生涯规划"和"职业道德与法律"的学习,中职生同学接受了就业、择业的指导,形成正确的职业观、就业观,现在应该明白:职业没有高低贵贱之分,只是社会分工的不同!职业是社会发展的需要,是市场经济发展的需要。如我是清洁工,我感到自豪。因为有清洁工,环境才优雅,城市才美丽,人们才得以在洁净优雅的环境里学习、生活、工作。"马路天使"、"城市美容师"这些桂冠清洁工当之无愧。"我劳动我光荣我快乐"。一代楷模——掏粪工时传祥便是值得我们学习的榜样。类似这样的例子数不胜数。心态调整了,择业容易了,工作舒心了,岂不快哉!

导向训练

1. 你对职业有什么看法?如何科学正确地选择职业?
2. 以下关于择业的态度,你认为正确的有:
(1)不用我自己找,家人会帮我找。
(2)只要有工作做就行,什么工作(职业)都无所谓。
(3)从事的职业一定要与所学专业知识、兴趣爱好有关。
(4)一定要找一份工作轻松、有发展前途、福利待遇高的职业。
(5)做好充分准备,自己主动联系用人单位、参加面试。
(6)无所谓工作不工作的,反正家人不着急、不在乎。
(7)最好是能够从事与所学专业相对应的职业群,所学知识可以派上用场,轻车熟路,学以致用,发挥所长。
(8)从基层做起,刻苦锻炼,勤奋工作。
(9)"我劳动、我光荣、我快乐","苦、累、脏"活都愿意干。
(10)先就业再择业,等待机会选择较好的。
(11)"天生我材必有用"、"三百六十行,行行出状元",不管从事何种职业,相信自己能够干出一番事业来。
(12)靠拉关系走后门谋求好职业。
3. 有一天,小陈、小王和小李三位同学被某用人单位通知一起去参加应聘面试

(注:只录用一人)。他们一道被安排在候考室里并被告知等待叫名字,叫到的才进面试间。用人单位事先有意把面试房间门口搞得很脏并在旁边放置打扫工具如扫帚等。第一个被叫去面试的是小李。小李无视这些径直走进房间。第二个进房间的是小陈。当小陈走到门口时,弯下腰将扫帚等工具捡起并靠墙放好后才走进面试房间。最后一个被叫到的是小王。当小王走到门口时,不急不慢地弯下腰,拿起扫帚把地板打扫干净,再把垃圾倒进垃圾桶,然后才走进面试房间。他们三个人的回答都令考官很满意。假如你是考官,你会录用谁(小陈、小李、小王)?请说说你录用的理由。

第二节 仰望星空,脚踏实地

——谈瞄准自己的岗位目标

 工作就是人生的价值、人生的欢乐,也是幸福之所在。   ——罗丹

每个人都有自己的梦想、理想和目标。记得小时候大人总会问小孩:"你(们)长大后想干什么?""我想当一名教师","我要当警察","我想当科学家","我想当医生"等等,答案五花八门。不同的答案,表明了每个人的理想、志向和目标各不相同。理想与现实总是相矛盾的,经常会发生冲突,随着社会的发展,年龄的增加,许多梦想总被现实所击碎,由此需明白:理想是有可能实现的奋斗目标。它必须建立在现实的基础上,不能脱离实际,否则就是空想、幻想。也就是说,在当前就业形势非常严峻的情况下,我们必须比较客观地认识这一现实,并与自己的实际目标要求相结合,做出比较正确的选择。切忌好高骛远,把岗位目标定得太高,否则,希望越大,失望就越大,使自己失去信心。因此,我们在求职过程中,必须坚持科学发展观的正确指导,与时俱进,转变思想观念,树立科学的择业观、就业观、创业观,找准择业就业方向,从社会需要和自身实际出发,确定自己的目标岗位并胜任岗位目标。

一、树立正确的就业观念

认清当前的就业形势有利于我们在求职就业时做出准确的判断与选择。目前我们处于这样的就业形势:一方面,社会发展了,新兴职业增加了,就业空间大,供我们选择的机会多了;但是,另一方面,由于人才供求的结构性矛盾,供给大于需求,"僧多粥少"的现象突出,择业难、就业压力大。为使自己能够比较快地找到适合自己的职业及岗位,就得树立正确的就业观念。主要有以下几种:

1. 要树立劳动最光荣的观念

职业是社会发展的需要,只是社会分工的不同,并没有高低贵贱之分。只要有职业就得有人做,不能因自己从事的是苦、累、脏的工作,就认为自己低人一等,抬不起头,见不得人,那就大错特错了。其实只要好好干,在任何行业从事任何职业都会得到社会的肯定与认可,都可以为社会做出贡献。'三百六十行行行出状元'嘛。事实上,大多数有建树的、取得巨大成就的、做出突出贡献的杰出人物都是从基层做起的,从这一点来说,不在乎干什么,而在于怎么干。在市场经济环境下,依然要有干一行、爱一行、专一行的思想和精神。"劳动创造财富,劳动收获幸福",何乐而不为呢!

2. 要树立艰苦奋斗、艰苦创业的观念

勤俭节约、艰苦奋斗、艰苦创业是我们中华民族的优良传统和美德。我们要提倡并发扬这一优良传统,在日常生活工作中,从国情和家庭条件出发,做些力所能及之事,如从节约一度电、一滴水、一粒粮食做起,参加"光盘"行动,为建设节约型社会尽一分心、出一分力。中职毕业只是人生事业历程的开始,不管从事何种职业,只有勤劳节俭、艰苦奋斗、艰苦创业、辛勤耕耘,用汗水去浇灌,才能获得丰硕的成果和充实且有意义的人生,别无他途。

3. 要树立讲贡献、重发展的观念

个人的前途命运与国家集体的前途命运紧密相连。我们接受国家教育培养十几年,该是为国家作贡献的时候了。不同的人有不同的择业观,中职毕业生,要有宽广的胸襟,志在四方,到祖国最需要、最艰苦的地方去。哪里有事业,哪里能作贡献,就到哪里去!不以地域、职业、待遇等为自己设定僵硬的框框套套,限制自己的发展和成长空间,不利于自己聪明才智的施展。

中职生应该树立为祖国作贡献与实现个人人生价值相统一的观念。淡泊名利,宁静致远,不要斤斤计较个人的名利得失,正确处理好个人利益与国家集体利益的关系,正确处理好索取与奉献的关系,尽自己最大努力,为祖国建设发展、为实现"中国梦"——中华民族的伟大复兴、祖国的统一大业做出应有的贡献。

4. 要树立"适合"自己的择业观念

众所周知,有一句广告语,"适合自己的才是最好的",寻找适合自己的职业是现代人择业的一个重要原则。所谓适合自己,就是指最适合自己的性格、兴趣、能力及价值观等,要适当确定自己的期望值,切忌好高骛远,也不要妄自菲薄,更不能盲目攀比、盲目跟风。在择业时,必须把眼前利益与长远利益结合起来,找到真正适合自己的职业兴趣、能力的目标岗位,也就是既符合社会需要又有利于自身长远发展的岗位。

5. 要树立积极主动的择业观念

据教育部统计,2013年单大学毕业生就有近700万人,比2012年新增了19万人,就业形势的确不容乐观,供求关系严重失衡,求职就业的难度可想而知。在这种激烈竞争的情况下,我们求职者就应该充分发挥自己的主观能动性,主动出击,或上"门"(用人单位)毛遂自荐,或递简历,或参加招聘会(聘用会)等不同形式、渠道,主动积极寻找,以期较快找到适合自己的目标岗位,绝不能等、靠,也不能依赖。

此外,创业也是值得重视的一个就业方式。我们要建设创新型国家,创新是一个民族的灵魂,也是一个国家发展的不竭动力。对于适合创业、具备创业基本素质和条件的同学来说,要敢于大胆创新,积极创新,主动创新,顺势而上。创业既是就业的一种方式,也是职业生涯发展的一个飞跃。进行职业生涯规划,可帮助中职生树立正确的创业观,形成创业意识,掌握创业基本的方法和途径,确定适合自身条件的创业目标。

二、职业理想与岗位目标的确定

1. 职业理想

列夫·托尔斯泰说过:"理想是指路明灯。没有理想,就没有坚定的方向;没有方向,就没有生活。"这说明人生要有理想,但理想脱离不了现实,它的实现需要一步一个脚印,要脚踏实地地去做,万丈高楼平地起。理想开启美好人生。所谓职业理想是人对未来所从事的职业的向往和追求,是职业生涯发展的动力。职业理想就是人在职业活动中,追求工作、事业的动力和源泉。每一个人都有自己的职业理想。职业理想作为一种具体而现实的奋斗目标,在为我们指出努力方向的同时,会激发我们坚定的意志,产生责任感、自豪感和光荣感,成为我们的精神支柱和力量源泉,激励我们持久、自觉地追求既定的目标。沈阳鼓风机(集团)有限公司工人杨建华于2008年获得国家科技进步二等奖,是全国第二位获此殊荣的一线工人。他创造了近百个压缩机"中国第一"的奇迹,其座右铭:"舞台可以简陋,演出必须精彩;岗位可以平凡,追求必须崇高。"他的事迹带给的启迪是,一线工人只要立足岗位,不断提高自身素质和能力,大胆创新,努力攻克难关,就会创造经济和社会效益,为个人和集体带来荣誉,彰显中国工人的力量。我们要向他学习,以他为榜样,确定自己的职业理想,立足本职工作,不断激励和鞭策自己,积极上进,努力拼搏,尽自己所能为国家多作贡献。

2. 岗位目标的确定

一句"为了生活,人们四处奔波……"歌词,唱出了人们在不停地四处寻找工作。生活离不开工作。职业是人们谋生、生存与发展的主要手段,要想较快地找到工作,必须事先给自己确定目标,不然的话会很茫然。目标就是方向,就是动力。目标指的是具体行业里的具体职位,而岗位目标实际上就是任职意向、任职目标,即具体从事什么工作,如操作工、装接工、销售员、推销员等。那么,怎样定位自己的目标岗位呢?"定位"很重要。要不断提醒自己:"我要做什么、能做什么?我又会做什么?"给自己"定位",首先,要比较充分客观地了解自己,主要是核心价值观,根据个人的实际情况如兴趣爱好、个性特点、身体状况、专业特长及存在不足、缺陷等方面考虑,想判断自己的优势和劣势在哪里,可以自我探索、反思,可以请他人(父母、老师、同学、朋友)帮助分析。"旁观者清、当局者迷"。其次,要了解职业。包括职业岗位的工作内容、技能要求、经验要求,还有工作环境、预期目标等,一个人选择什么样的职业,以及为什么选择这种职业,通常都是以其职业理想作为出发点的。一旦岗位目标确定了,认准了就不要放弃。机不可失,时不再来。那就得积极主动地去寻找,就要想方设法去实现。否则在激烈的竞争形势下,别人就会捷足先登,而自己却坐失良机,遗憾终生。当然,无论哪一个岗位目标都有利弊、优劣,很多职业、岗位都不具有可比性,重要的是,要有这种理念:不能计较个人的利益得失,只要我们努力工作都可以有作为,都可以为国家社会做贡献,只要是金子迟早会发光的,三百六十行,行行出状元。

三、胜任岗位目标,实现人生价值

"我选择,我无悔"。既然确定了岗位目标,就得有"干一行、爱一行、精一行"理念和精神,就要想方设法去胜任它、做好它。怎样才能胜任岗位目标呢?

1. 培养自主学习、终生学习的思想,加强相关理论知识的学习;深入钻研、探讨,虚心向有经验的老师傅请教;拓宽视野,大胆质疑;及时反思、总结经验,提升技术水平和职业能力。

2. 加强职业道德修养,提高职业道德素质。爱岗敬业,脚踏实地,勤奋工作,克服困难。爱岗敬业是对从业人员工作态度的基本要求,是职业道德的基础与核心。只有爱岗敬业,才能忠于职守、认真负责地做好本职工作,进而精益求精、勇于创造创新,取得更大的成绩。

3. 自觉遵守国家法律法规、行业规范和岗位目标要求。相关的行为规范是我们取得事业成功的必要保证。在工作中,我们要自觉遵守相关规章制度,主动了解岗位职责和工作任务,正确处理好权利和义务的关系,自觉履行岗位目标工作职责。

4. 要有进取心和集体观念,具有团队意识,同事间加强交流与沟通,培养团结协作精神,提升团结协作能力,结合工作性质、任务,挖掘潜能,充分发挥个人主观能动性,较好地完成工作任务。

5. 明确自己已由"学校人"转变为"职业人"。就获取和付出而言,"学校人"通过努力学习获取今后能在社会生存、发展的能力,主要扮演的是获取的角色;"职业人"通过自己的职业活动,为他人服务,为社会贡献,并获取报酬,主要扮演付出的角色。

同学们现在已经是"职业人",对一个"职业人"来说,承担并履行职业责任是非常关键的。责任心强不强,是用人单位考核职工的重要内容。"职业人"必须较快地适应社会、融入社会,适应社会融入社会的能力即社会能力。它主要包括交往和沟通、合作、自我控制、自我推销、抗挫折、谈判、组织和执行等方面能力。这些能力都是"职业人"必须要不断学习和培养的,只有这样才能出色地完成本职工作。总之,在职业活动中,借助职业这个大舞台,通过不懈的努力,我们可以成就一番事业,舞出精彩的人生,实现自己最佳、最大的人生价值。

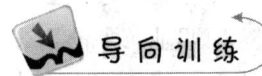导向训练

1. 你比较喜欢、感兴趣的职业有哪些？最想做的职业（目标岗位）是什么？
2. 所从事的职业一定要跟所学专业相关吗？
3. 有把握胜任自己所选定的岗位目标吗？
4. 何谓职业理想？为什么需要树立职业理想？
5. 在职业活动中，只要把工作做好就行，其他的可以不用理会，对吗？
6. 有一天，某职校电子技术应用专业应届毕业生小黄去参加物业公司保安职位的招聘面试。以下是考官与小黄的对话：

考官：你有没有心仪的目标岗位？

小黄：有。

考官：那你心仪的目标岗位是什么？

小黄：做电工。

考官：有电工证吗？

小黄：有。

考官：既然这样，那你为什么会来物业公司参加面试？

小黄：之前我参加了多家用人单位电工职位的招聘，都没被录用，觉得竞争很激烈，深感文凭低、压力大，想想这么下去也不是办法，只好调整心态、改变策略，"不能在一棵树上吊死"，任何一种职业都可以为社会作贡献，难道非得从事一种职业不可？

考官：你后悔吗？

小黄：不会！我可以从头学起。我有信心把它做好。

根据上述对话，你认为小黄会被录用吗？为什么？

第三节　坦然面对，把握自我

——谈求职择业中常见的心理问题

水果不仅需要阳光，也需要凉夜。寒冷的雨水能使其成熟。人的性格陶冶不仅需要欢乐，也需要考验和困难。

——布莱克

又是一年，凤凰花儿在枝头展示着它的娇艳如火，风吹过，满树的红花随风摇曳，一簇簇、一蓬蓬，美得让人心殇。远处传来林志炫那首略带伤感的《凤凰花开的路口》：又

到凤凰花朵开放的时候……终于我们分头走,没有哪个港口,是永远的停留……是呀,又到了毕业的时节。

就业是我们认识社会、适应社会的一个过程,而择业过程中的种种或甜或苦的经历,往往给中职生带来很大的心理压力,背上沉重的精神负担,使一些中职生产生各种各样的心理障碍,影响了他们的学习和生活,甚至影响择业、就业。

中职生在择业过程中出现的心理障碍多属适应过程中轻度心理障碍,一般认为中职生择业期常见的择业心理问题有以下几种:

一、膨胀心理

1. 自负心理

自负心理就是盲目自大,过高地估计个人的能力,失去自知之明。表现为自视过高,看不起别人,总认为自己比别人强,这种人唯我独尊,有明显的嫉妒心,很强的自尊心。当别人失败时,幸灾乐祸,在别人成功时,这种人常用"酸葡萄心理"来维持自己的心理平衡。

自负心理在择业时表现:部分中职生对自己评价过高,自认为高人一等,傲气;或认为自己能力、外貌等各方面条件不错,不会没有好的归宿;或认为现实太落后,英雄无用武之地。这些中职生好高骛远,期望值过高,看不上这个单位,瞧不起那个岗位,横挑鼻子竖挑眼,没有令自己满意的工作。自负心理常见于家庭条件好、有背景、在校期间成绩好、荣誉多、"官职"大的人。

2. 攀比心理

通常产生攀比心理的个体与被选作为参照的个体之间具有极大的相似性,导致自身被尊重的需要过分夸大,虚荣动机增强,甚至产生极端的心理障碍和行为。正性攀比是正面的积极的比较,是在理性意识驱使下的正当竞争,往往能够引发个体积极的竞争欲望,产生克服困难的动力。负性攀比指那些消极的、伴随有情绪性心理障碍的比较,会使个体陷入思维的死角,缺乏对自己和周围环境的理性分析,只是一味地沉溺于攀比中无法自拔,对人对己都很不利。

攀比心理在择业时表现:无法正确评价自己的素质和条件,一心追求大城市、高报酬、条件好的用人单位。总认为"我不能比别人差","我不能不如人",择业时即使有些单位非常适合自己却因看别人找到了条件优越、效益较好的单位心理上就不平衡,而选择放弃,抱着"他能去,我更能去"的态度非要找一个条件更好的单位,不考虑自身的条件、职业发展及择业中的机遇因素。攀比心理常见于那些自我感觉在校期间成绩好、荣誉多、"官职"大的人。

3. 求闲心理

求闲心理是指在求职择业中追求舒适、清闲的心理。择业时"挑肥拣瘦",宁可待业,也不愿去做苦、脏、累的工作。

求闲心理在择业时表现:尽管现在中职生择业形势不容乐观,但"有人没事干"和"有事没人干"的现象并存,"择业难"和"招工难"的局面同在,部分中职生缺乏艰苦生活的磨炼,对生活、工作条件期望值很高,择业时拈轻怕重,追求享受,怕苦怕累,过分挑剔,希望做的工作能工资高、待遇好、工作清闲、环境好,而对苦、脏、累的工作避而远之。

4. 观望心理

观望心理在择业时表现:中职生由于择业期望值比较高,选择单位时往往犹豫不决,在理想的单位出现之前,总是这山望着那山高,要么认为离家远,不是大企业,要么认为待遇低,养不活自己,要么认为工作压力大,太苦、太累等等,从而错过许多良好的择业机会,造成终身的遗憾。

持观望态度的中职生中几乎都表示看到了择业形势的严峻,但是他们却自信一定能找到"更大的麦穗",更有甚者,"稳坐钓鱼台",观望他人动向,然后再作决定。而机会却总是在观望、等待中错失了。

二、盲目否定自我心理

1. 自卑心理

心理学家阿德勒认为,自卑指以一个人认为自己或自己的环境不如别人的自卑观念为核心的潜意识欲望、情感所组成的一种复杂心理。自卑是一种自我否认,对自己没有信心,也对自己不认同的心理表现,过度自卑,还会产精神不振、心灵扭曲以及沮丧、失望、孤寂、脆弱等心理现象。

自卑心理在择业时表现:一些中职生对自己评价过低看不到自己的长处,总是自惭形秽,自己看不起自己。在求职择业中,认为自己只是中职生,学历低,水平低比不过大学生、高职生,缺乏自信心,过分紧张,面试时无法正常发挥自己的水平,难以表现出自己的实力。在求职屡遭挫折之后,更加容易产生强烈的自卑心理,胆小,畏缩,觉得自己事事不如人,于是悲观失望、忧郁孤僻、不思进取。这类心理现象多见于那些学习成绩平平、能力一般、性格内向、生理有缺陷的中职生。

2. 焦虑心理

焦虑是心理活动或由挫折引起的一种复杂的情绪反应。通常表现为坐立不安,呼吸紧迫、多汗、皮肤潮红或苍白、心悸等症状。

焦虑心理在择业时表现:既希望谋求到理想的职业,又担心被用人单位拒之门外,担心自己在择业上的失误会造成终身遗憾,担心家长对自己的选择不支持,对未来的职业生活感到心中无底,常常心急如焚、四面出击、东奔西跑,希望尽快找到合适的工作,但又缺乏对择业形势的冷静观察以及对自我求职的理性思考,做了许多吃力不讨好的事。有些中职生在屡屡遭受挫折后,甚至产生恐惧感。有生理缺陷或成绩不佳的中职生以及女生,表现得更为焦虑。

3. 悲观心理

悲观是人自觉言行不满而产生的一种不安情绪,它是一种心理上的自我指责、自我的不安全感和对未来害怕的几种心理活动的混合物。

悲观心理在择业时表现:部分中职生面对激烈的择业竞争,意识到自己在校期间没有学到什么真本事,不敢去竞争,对自己的信心不足,认为"毕业就等于失业",前途"暗淡"、事业"渺茫",往往心灰意冷,看不到择业前景,因而悲观失望,破罐子破摔,产生了"做一天和尚撞一天钟"、不思进取的悲观心理。

4. 羞怯心理

羞怯心理是一种正常的情绪反应,是内心深处的胆怯或自卑的一种外在表现形式。羞怯者过分关注自己给别人的印象,总是担心别人瞧不起自己;无论干什么总有一种自卑感,总怀疑自己的能力,过分夸大自己的缺点和不足,使自己总处于思想消沉的状态之中。

羞怯心理在择业时表现:有些中职生在求职择业过程中过于羞怯,有一种"丑媳妇怕见公婆"的心理。在求职现场丢下自荐书就跑,面对招聘者不是结结巴巴、支支吾吾,就是语无伦次、答非所问、面红耳赤。有的谨小慎微,生怕一句话说错、一个问题回答不好就影响自己在用人单位心目中的形象,以至于不敢放开说话,该表达的未表达,这样的人很难受到用人单位的赏识。

中职生渴望公平,但在机遇面前却未能充分发挥自己的才能,最后退下阵来。这种羞怯心理多见于一些女生和性格内向或抑郁气质类型的中职生。这种心理对中职生择业是非常不利的。

三、消极不作为心理

1. 逃避心理

逃避心理就是回避心理,即在现实生活中,自己与他人发生矛盾及冲突时,不能自觉地解决矛盾、冲突,而躲避矛盾、冲突的心理现象。

逃避心理在择业时表现:择业时不愿意也没有勇气到社会上披荆斩棘,搏击长空,面对激烈的择业竞争,他们灰心丧气,否定自己,甚至选择逃避,躲在家里不就业,进而成为"啃老"一族。

2. 依赖心理

依赖心理指的是这样的一种情况:个体出于自己无法选择的关系之中,被迫做违心的事,虽然他也讨厌被迫行事的方式。

依赖心理在择业时表现:一些中职生不能主动地参与择业市场的竞争,向用人单位展示自我、推销自我、依赖自身的努力去赢得用人单位青睐,而是寄希望于学校、社会,或依靠家长去四处奔波,整天想着攀哪个亲戚朋友的关系,托关系、走后门,或是拿点钱"买"个职位,缺乏择业的主动性,使自己在择业中处于劣势,等、靠思想和依赖心理严重。

3. 从众心理

从众心理即指个人受到外界人群行为的影响,而在自己的知觉、判断、认识上表现出符合于公众舆论或多数人的行为方式,从众心理是大部分个体普遍拥有的心理现象。

从众心理在择业时表现:一些中职生缺乏独立意识、缺乏主见,深受社会或他人的影响,外出找工作总喜欢与父母、同学相伴,或一帮学友共同应聘同一单位,希望日后相互照应,有些中职生因为只有自己一个人被用人单位录用而放弃择业工作的机会,理由是没熟人做伴。

4. 冷漠心理

冷漠是指对人或事冷淡或不关心,表现出一种对事物无动于衷的态度。在社会上或学校生活中碰了几次钉子以后,便心灰意冷起来,自以为看破了"红尘",看透了人生,热情消失了,兴趣没有了,对一切表现得很漠然。

冷漠心理在择业时表现:当一些中职生因在择业过程中受到挫折后,虽然内心焦虑不安,感到无能为力、失去信心,却表现出不思进取、情绪低落、情感淡漠、沮丧失落、意志麻木,不关心也不去寻找克服挫折的办法,麻木茫然地适应产生痛苦的情境。

除以上这些常见的不良择业心理外,中职生在择业时还存在茫然心理、嫉妒心理、乡土心理、功利心理、自弃心理、犹豫心理等等,严重影响和制约着中职生的择业。

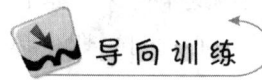导向训练

1. 结合自己的情况,对照择业的不良心理看看自己是否有类似心理,寻求产生原因及改进方法。

2. 中职生就业问题调查表①

您好!

随着中国经济的发展,整个社会对中职学校毕业生的要求进一步提高,近些年,我国各校出现了新的形势,为了更好地了解当前中职生的就业心理,以便为广大同学在求职时提供更好的参考意见。我们组织了这次调查,希望得到你们的支持与合作。以下请如实填写。

1. 您的性别?(　　)
   A. 男　　　　　　B. 女
2. 您认为现在的形势如何?(　　)
   A. 严峻,就业难　B. 较好,就业容易　C. 正常　　　D. 不了解

---

① 资料来源:http://www.sojump.com/jq/1870305.aspx。

3. 您对基本就业程序了解吗？（   ）
A. 了解　　　　　B. 不了解　　　　C. 一般
4. 您觉得自己的专业技能如何？（   ）
A. 很强　　　　　B. 一般　　　　　C. 较弱　　　　D. 很差
5. 如果专业不对口，您会选择跳槽吗？（   ）
A. 会　　　　　　B. 不会　　　　　C. 不一定
6. 您认为在就业时哪方面最重要？（   ）
A. 专业能力　　　B. 人品素质　　　C. 交流合作　　D. 其他
7. 你想过要自主创业吗？（   ）
A. 想过　　　　　B. 没有
8. 如果是自主创业您认为您最需要的是？（   ）
A. 资金　　　　　B. 技术能力　　　C. 政策支持　　D. 其他
9. 您对于出国深造有什么想法？
10. 您所在的工作单位给您的工资很低，您会不会因此不想好好工作？

第四节　扬长避短，合理定位

——谈择业心理问题的对策及调适

 人类的使命在于自强不息地追求完美。　　——列夫·托尔斯泰

　　著名作家柳青说过："人生的道路虽然漫长，但要紧处常常只有几步，特别是当人年轻的时候。"就业就是人生的一次重大的选择和转折，就业意味着离开校园、走向社会，完成从"学校人"向"职业人"转变的人生飞跃，即将走向社会的中职生，面对社会这个错综复杂的大舞台，面对着我国日益严峻的就业形势往往迷茫、焦虑、不知所措。

　　目前，就业竞争越来越激烈，中职生在择业过程中往往遇到各种困难，甚至经历多次挫折才最后成功，因此，出现种种择业心理冲突和不良情绪是正常的现象。针对中职生不良的就业心理状况，中职生应当学会调节自己的心态，使自己能从容、冷静地面对就业这一人生重大课题，并做出正确、理智的选择。

　　中职学生解决就业心理问题的对策：

一、学生的主观方面

1. 认识自我,调整好自己的心态

大多数中职生缺乏对自己的清醒的认识,有的同学认为自己读的是中职学校,是失败者,是笨孩子,有的同学认为自己学习能力差,专业知识、专业技能及综合素质都不如高职生、大专生。自卑心理往往使学生不敢主动向用人单位推销自己,不敢主动参与就业竞争。有的同学择业期望值很高,不愿承担艰苦的工作,怕苦、怕脏、怕累,往往会给用人单位留下"眼高手低、浮躁虚夸"的不良印象,对社会环境认知不清,估计不足,就会容易出现"高不成,低不就"的状况,从而错失良机。

"尺有所短,寸有所长",每个人都有自己的优、缺点,客观而正确地认识自己,做到"自知者明",调整好自己的就业心理,以平常心面对就业竞争激烈的社会现实,抓住机遇,勇往直前。

(1)自信是择业成功的前提。没有自信,就没有竞争的勇气,从而失去择业竞争的主动权。中职生应该对自己作全面正确的分析,看到自己的长处,挖掘自己的优势,常用成功的经历激励自己,用"我能行"、"我一定会成功的"等激励性的语言进行自我暗示,自我激励,寻找一些力所能及的事情作为试点,增加自己成功的体验,强化发展自己的自信心。在择业时,不断充实和完善自己,把握好每一次机会,积极参与竞争。

(2)脚踏实地,不好高骛远。立足于本人的实际,明确自己与实际所存在的差距。"态度决定一切",企业对学生在就业力缺乏方面的看法是——态度是最大问题。某知名IT企业人资经理认为:学生刚刚到企业工作,达不到企业用人标准很正常。企业录用学生是看重其可塑性比较强,学习新知识新事物快,并愿意做一些繁重的活儿增强企业活力,但如果学生缺乏主动心态则很难得到企业青睐。

把自己放在一个普通劳动者的位置上,发挥自身优势,找到自己合适的位置。以一颗平常心,脚踏实地、一步一个脚印,从零做起,从基层做起,从小事做起,从身边的事做起。

古人云:"企者不立,跨者不行。"这两句话的原意:"踮起脚尖想要站得高一点,反而无法站稳;急切地大步前进,反而无法走快。"也就是告诫人们做事一定要脚踏实地,如不脚踏实地做事,那么最终将一无所获。

(3)培养独立意识,提高抗挫能力。目前,中职生里有一部分人是独生子女,有些家长对孩子会溺爱,使得孩子往往一切以我为中心,自私、依赖性强,而中职生特别是女生找工作时容易受到歧视,求职时会遇到许多困难、挫折甚至是委屈,这时,往往觉得无颜面对他人,情绪低落,一蹶不振,甚至精神崩溃,面对困难、挫折不知所措。

在挫折面前中职生必须分析失败的原因,找出问题的根源,充分发挥主观能动性,想办法去战胜它。人生不可能一帆风顺,"失败是成功之母",失败和挫折是磨炼中职生意志品质的最好方法。择业过程中要坚信"天生我材必有用",勇于面对挫折,克服困难,百折不挠,敢于、善于推销自己,勇于参与社会竞争,积累社会经验,为今后的事业成功奠定良好的基础。

2. 帮助学生树立正确的就业观,确定职业定位

近几年,随着高等教育的扩招,就业形势日益严峻,学历方面不占优势的中职生一定要做到定位准确,低调做人,踏实做事。

中等职业技术学校直接担负着向生产第一线培养、输送大量合格技术人才的任务。刚走出校门的中职生,专业技能水平不高,缺乏工作经验,待遇较低是理所当然的,而部分中职生却无法看清就业形势,希望找到一份高收入、稳定、环境好、压力小、体面轻松或者当公司高管的工作。这是对自己的定位不正确,中等职业技术教育的培养目标是在生产第一线工作的高素质劳动者和中、初级专门人才。中职生应当在职业生涯规划和职业发展观念的基础上重新确定自己的人生轨迹,在择业时不能只考虑经济收入、工作条件、工作地点等因素,更要考虑职业对自己一生发展的影响与作用,看重职业能否帮助自己实现自我价值。应采取"先就业,后择业,再创业"的办法,可以先选择一个职业,不断提高自己的社会生存能力,累积工作经验,然后再凭借自己的努力,通过正当的职业流动,来逐步实现自我价值。

3. 提高专业技能,提高自身素质,把握机遇,顺利就业

我国就业制度,为中职学生提供了公开、平等的竞争环境,这种竞争是综合素质的竞争。而中职学生在一些行为习惯、礼仪、为人处世、待人接物等诸多方面存在问题,道德修养不够,胸无大志,动手能力弱,缺乏实践经验,不善于与人沟通,缺乏团队合作精神,有的学生甚至认为我行我素是有个性,张扬个性才能体现自我。心理发育不成熟,自身素质的欠缺导致了竞争实力欠缺,直接影响到中职生的就业。

求职择业的竞争,归根到底是人才素质的竞争。请时刻提醒自己"巧妇难为无米之炊",没有素质这粒米,中职生择业甚至从业都是没有基础的。中职生必须对社会现实、对人才素质的要求有更加清醒的认识,充分发挥自身优势,善于向社会学习,善于向他人学习,努力完善自身素质,提高自己的技能,精通业务,发现机遇并及时抓住机遇,这样才能在择业时立于不败之地。

4. 不良心理的自我调适

(1)适度宣泄法

当感到紧张或焦虑时通过某种途径把内心的冲突发泄出来,使心理得到平衡。可以进行适度宣泄,向老师、同学、朋友倾诉自己的忧虑和不满,也可以参加一些体育活动以消除心理压抑。

(2)自我心理暗示

自我心理暗示是利用语言或非语言的手段,对自己施加影响,从而达到心理治疗的一种方法。在择业中中职生可以经常用一些诸如"沉着、冷静"、"谦虚"、"我一定能行"

等简短而积极的自我心理暗示调节自己的情绪。鼓励自己、相信自己,帮助自己渡过难关。

(3)自我反省法

遇到困难要冷静思考,不冲动,重新评价、定位自己。总结失败原因,根据自己的爱好、性格、气质,自己的优势和劣势,确定自己最适合的工作岗位,使自己在就业中处于更加有利的地位。

(4)放松训练法

放松训练法是通过练习,学会身心放松的方法,是人们调控情绪、管理压力的常用方法之一。

中职生可以利用某一物件来发挥自我想象的能力。在此过程中使自己的头脑清醒、心情愉悦,该法可以减轻或消除各种不良反应,如焦虑、紧张、头痛等。长期坚持训练还可以改善人的性格,消除不健康的行为。对于缓解紧张的心理压力更是效果显著。

(5)注意转移法

注意转移法是指把注意力从产生消极否定情绪的活动或事物上转移到能产生积极肯定情绪的活动或事物上来。因此,中职生可以有选择地参加一些有益的活动,比如通过体育锻炼、听音乐、郊游等方式转移自己的注意力,排解心中的烦闷,放松自己的心情,使自己不再沉浸在不良情绪当中。

二、家庭方面

家庭是中职生成长的主要环境之一,家庭对于中职生的成长有着重要的影响。家庭成员要关心和引导中职生求职择业,减轻他们的求职压力,经常与孩子进行心理沟通,并与学校相互配合。在就业压力不断提升的今天,家庭成员特别是父母等长辈应做到:

(1)对孩子进行教育引导,培养孩子积极的生活观念与就业观念。

(2)注重孩子的素质教育,着力培养独立思考的能力、勇于善于解决问题的能力社会交往能力等。

(3)根据孩子自身的特点和社会需求,帮助他们制定切实可行的就业决策和策略。

(4)对于孩子提出的就业方面的问题尽量提供帮助。将在日常工作生活中获得的有关就业信息应及时告诉孩子,以促进其就业。

总之,家长要抛弃盲目呵护、溺爱,关心子女,与子女进行良性沟通,帮助子女正确认识社会现状,调整心态,引导子女理智择业。

三、学校方面

1. 开设就业指导课程

开设就业指导课程,广泛宣传国家的就业政策,介绍社会发展状况和就业形势,并对中职生进行有关求职择业的专业知识培训,使中职生全面认识与理解政策和就业形势,掌握求职中的基本技能和技巧。

指导学生做好职业生涯规划,帮助中职生尽早确定职业目标,规划人生轨迹。科学地将职业生涯划分为若干个不同的阶段,明确各阶段目标,只有目标明确,方向正确,才可以在择业过程中,少走弯路、错路。

2. 积极开展中职生择业的心理指导

种树先培其根,树人先育其心。心理健康教育是学校德育工作的重要组成部分,也是加强德育工作针对性、实效性的重要方面。学校应根据中职生的身心发展特点对中职生在求职择业中出现的种种不良心理进行指导,对学生进行求职择业的技能、技巧及相关知识的教育,对中职生的职业心理进行测试和疏导,帮助学生正确面对择业过程中的失败及挫折,增强学生克服困难、经受考验、承受挫折的能力。学会自我心理调适,提高自己的心理承受能力,才能更好地适应学习和社会生活的环境。

四、社会方面

社会要营造良好的求职择业环境与氛围。创造良好的就业环境,加强就业市场和就业法规的建设,完善市场机制,为中职生就业提供公开、公正、公平的就业环境。

1. 加强立法工作

政府出台促进中职生就业的政策措施,制定覆盖面更为广泛、效力更高的法律法规,改革现有的社会保障体系,加强劳动力市场建设。继续推进就业体制改革,明确政府、学校和劳动人事等政府部门的职责和管理权限。加快适合我国国情的毕业生就业机制的建立和完善,使毕业生就业工作摆脱目前困境,走上正轨。

2. 企业合理用才

企业应树立以人为本的用人观念,尊重人才,杜绝"人才高消费"现象。企业应以发展的眼光去对待中职学生,增强人本意识,根据中职生的生理和心理特征,科学制定劳动时间,合理安排劳动任务,适当开展娱乐休闲活动,使他们在企业的宽容和关爱中学会坚持,在坚持中走向成熟。要特别注重对参加顶岗实习的中职生的思想激励,讲究激励的方法和技巧,让中职生切身感受到企业的关怀,产生归属感,从而稳定人心,把中职生转变为企业的忠诚员工。

3. 完善社保制度

改革用人单位社会保障金的征缴办法,改变由用人单位依据员工数目缴纳保费为统一征缴社会保障税,以税收的形式统一征缴社会保障金,克服部分用人单位由于不为员工缴纳保障金带来的不公平竞争,克服目前部分企业为规避社会保障成本而不招录新员工或不依法参保的行为,提高社会的就业容纳能力,保障就业员工的合法权益,为解决中职生就业难题创造条件。

4. 建设就业信息网络

完善就业市场和就业服务是促进中职生就业的关键,这就迫切需要社会建立全国性的中职生就业信息网络,发挥中职生网上求职的优势。建立和完善全国各地、各校、各专业的毕业生数量、就业率、毕业后收入等指标的定期发布制度,促进教育资源的优化配置和就业的区域平衡。

公共职业介绍机构要开设专门的窗口,对初次进入劳动力市场的毕业生进行失业登记后,提供免费职业介绍服务,并建立统一的劳动力资源管理制度,如失业登记、就业登记、社会保险登记等,使毕业生的就业权益得到保障,使暂时失业的毕业生能够得到更有效的帮助和服务。

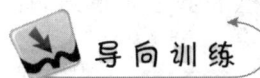

导向训练

1. 训练放松法

(1) 冥想放松法

① 要有一个空间,可以一个人安静地待着。

② 确保感觉舒适,房间温暖,穿舒适的衣服,排空肠胃,餐后一个小时内不做练习。

③ 后背挺直,身体放松,眼睛全闭或半闭。

④ 呼吸通过鼻腔向下进入腹腔,确保呼吸规则、缓慢、均匀。

⑤ 集中注意力在一个风景、物体、单词、短语或自己的呼吸上。

⑥ 对外界引起分心的事情养成被动、放松的态度。

⑦ 有规律地进行练习,至少一周六天,坚持三个星期看看。

(2) 腹式呼吸放松法

① 要穿舒适宽松的衣服,保持舒适的躺姿,两脚向两边自然张开,一只手臂放在上腹,另一只手臂自然放在身体一侧。

② 缓慢地通过鼻孔呼吸,感觉吸入的气体有点凉凉的,呼出的气息有点暖。吸气和呼气的同时,感觉腹部的涨落运动。

③ 保持深而慢的呼吸,吸气和呼气的中间有一个短暂的停顿。

④ 几分钟过后,坐直,把一只手放在小腹,把另一只手放在胸前,注意两手在吸气和呼气中的运动,判断哪一只手活动更明显。如果放在胸部的手的运动比另一只手更明

显,这意味着我们采用的更多的是胸式呼吸而非腹式的呼吸。我们要提高腹式呼吸。同时提示自己身上哪些部位还紧张,想象气体从那些部位流过,带走了紧张。达到放松的状态。

2. 注意转移法

在心理困境中,人的大脑里往往形成一个较强的兴奋灶。当兴奋中心转移了,也就摆脱了心理困境。具体方法包括:

(1)消遣转移法:散步、聊天诸法。

(2)繁忙转移法:在个体心态不佳时,有意地安排一些工作任务,使注意力集中在该项工作上而忘却烦恼,或者说因为顾及工作而无暇忧虑不快的事情。

(3)开阔转移法:是指使用能开阔个体心胸的方法以转移注意力,达到调整心态之目的。

(4)欢娱转移法:是指个体通过参与所喜爱的娱乐活动,如下棋、画画、跳舞、以转移注意力,忘却烦恼的一种方法。

(5)环境改变法:到自己想去的地方如景色优美、令人心旷神怡的环境中,或改变自己的居住环境等。大自然的瑰丽山水常能震撼人的心灵。

第五节 亮出你的职业名片

——谈求职礼仪

礼仪是在他的一切别种美德之上加上一层藻饰,使它们对他具有效用,去为他获得一切和他接近的人的尊重与好感。
——洛克

一、面试前的准备

(一)接到应聘单位的面试电话

接到应聘单位的面试电话,求职者切不可被兴奋冲昏了头脑,在通话时一定要表现出有礼貌。接电话时,要注意使用敬辞,如"您好""请问""谢谢",尽可能多了解应聘的职位、企业名称以及面试地点等信息。如果所处的环境比较嘈杂的话,可以说明理由后再回电咨询,切不可大呼小叫表现出过分高兴或不耐烦。

在面试前,求职者可通过网络等渠道,了解该单位性质、具体情况,做到知己知彼,不打无准备之仗。

(二)求职资料

求职资料包括推荐书、求职信(手写,注意字迹和信纸信封)、简历(打印)、证书、成绩单……

简历制作:一份优秀的简历,内容精简到一两页足够。必不可少的内容包括基本信息、自我评价、求职意向、实习经历、教育背景以及专业技能等,针对应聘职位进行相应模块的内容完善。

(三)仪容仪表

1. 头发

保持头发整齐干净,切勿染夸张的颜色,杜绝标新立异。

男性:长度最好前发不附额、侧发不掩耳、后发不及领。头发过长应及时修剪,不要让若干头发"鹤立鸡群",千万不要有头皮屑,使用发胶的话则需要用梳子梳整齐。

女性:头发梳理整齐,发型不要选择太夸张和繁复的发型,不要有太多的头饰和过分的装束。一般情况下,面试时以自然大方、清爽流利的发型为宜,简洁的及肩长发便是不错的选择,但应稍加约束一下,不要让它太随意了。

2. 妆容

男性:注意脸部的清洁,胡子一定要刮干净,头发梳理整齐。清洁牙齿,修剪鼻毛,露出鼻毛的鼻孔会使你精心设计的形象毁于一旦。如果天气干燥,嘴唇干燥起皮,最合适的方法便是给自己的嘴唇涂上一层润唇膏,让它有一定的润泽感。不要干皱着嘴去面试。

女性:面试时,适当的化妆可以为形象增色,但原则是一定要淡而自然。"有妆若无妆"便是职业妆容的最高境界了。只需略略地将面颊修饰一下,让自己看上去健康自然、精神焕发就足够了。化妆时应注意修饰自己的眼睛,不过要注意手法,应使其自然不着痕迹,切忌在眼睛四周描上黑而深的眼影。使用适合自己肤色的唇膏,最好是浅色系的,应慎用紫色等怪异、艳丽的颜色。唇线不要画得太深,否则会让你的嘴唇突出,显得虚假。查看一下指甲是否需要修剪,涂指甲油的还要注意指甲油是否剥落。

3. 着装

一位人力资源部经理曾说过:"你不可能仅仅因为打了一根领带而获取某个职位,但你肯定会因戴错了领带而失去一个职位。"由此可见,得体的衣着对求职的顺利有着不容忽视的作用。那么,中职生求职时的着装应注意些什么呢?

着装的原则:与面试的岗位相符,与面试环境、气氛协调,自然大方得体。也可保留学生装清新自然的风格。至少要做到:第一,服装要平整、干净;第二,要简洁大方;第三,颜色的选择要适宜,过于鲜艳夺目或跳跃度过大的颜色都不宜。

面试比较保守的部门如银行、法律、政府部门时,穿上职业化的服装或西装配上低跟的鞋子是不错的选择,而面试广告、公关等比较注重创意的企业和职位,则可以穿得时尚一些,反映出你对社会潮流的敏感和洞悉力。

男性:一般来说,男士比较基础的服装搭配和选择便是整洁的两件套西装,内衬一件简单、合身、白色或浅蓝色衬衣,系颜色、样式合适的丝质领带,袜子要和裤子的颜色相配,脚穿黑色皮鞋,皮鞋要擦拭干净,不能带灰带泥。清爽的衬衣、平整的夹克也是可以的。注意一定要认真地查看领口、袖口是否有脱线和污浊的痕迹。

女性:对女生而言切忌那些过短、过紧、过透和过露的服装,一般以样式简洁的套装套裙、连衣裙等为主,领口勿过低,裙长为膝盖以上10公分以内;套装尽量以剪裁简单、颜色淡雅,同色系搭配为主。

穿裙子时,一定不要光着腿,宜穿肉色长筒丝袜,以透明近似肤色的颜色最好。要随时检查是否有脱线和破损的情况,最好带一双备用的。鞋子不能穿类似拖鞋的后敞口鞋,以式样简单、没有过多装饰,后跟不是太高的皮鞋为宜。

4. 配饰

注意与服饰搭配的其他饰物,以简单朴素为主,尽可能抛弃各种装饰,如繁杂的花边、色彩鲜艳的刺绣、一走动就叮当响的配饰等,尽量不要戴太贵重的饰物,配饰一定要与服装统一。

5. 其他细节

最好不要使用香水,如使用请选择清淡的味道。

面试的早上,冲个淋浴会使你容光焕发,神采奕奕。

在面试当天或前一天用餐不要吃大蒜、洋葱等有异味的食物,更不要喝酒。如果有口气,可以嚼两片口香糖补救一下。

整理好面试时要带的物品,让它们在你的包里排列有序,用的时候随手便可找得到。

总之出门前最好从头到脚再检查一遍,对着镜子再好好审视一下自己的仪容仪表,务求做到整洁、大方、端庄、得体。当一切都确定无误后,请带着自信的微笑,出发吧!

二、面试时的礼仪

有一条面试忠告是这样说的,"请记住,你一步入面试间,就进入了考官的全部注意中",没错从你进入面试房间的第一刻起,你的一言一行就处在被人审视的状态了,请记住千万别忽略任何一个细节。

(一)准时赴约

守时是职业道德的一个基本要求,也是一个人良好素质修养的表现。因此,面试时一定要准时到达。迟到,既是一个人随随便便、马马虎虎、缺乏责任心的表现,同时也是一种不礼貌、对主考官不尊重的行为。特别是外资企业,对不守时的员工随时都会解雇,更何况是在面试的时候呢。一般最好提前15~20分钟到达,这样既可以熟悉一下考场周围的环境,也有时间让自己调整心态,稳定情绪,以避免仓促上阵。提前半小时以上到达会被视为没有时间观念,但早到后不宜提早进入办公室,切记在面试时迟到或是匆匆忙忙赶到都是致命的,如果迟到,一定要向对方如实说明原因,以求得谅解,争取面试的机会。

有一点一定要清楚:招聘人员是允许迟到的。对招聘人员迟到千万不要太介意,也不要太介意面试人员的礼仪、素养。如果他们有不妥之处,你尽可以表现得大度一些,否则,招聘人员一迟到,你的不满情绪就溢于言表,招聘人员对你的第一印象就大打折扣,甚至导致满盘皆输。因为面试也是一种人际磨合能力的考查,你得体、周到的表现,自然是有百利而无一害的。

(二)尊重接待人员

到达面试地点后,对每个人都要彬彬有礼,不光是面试官,对普通员工或其他工作人员也要如此。主动向接待人员问好,并做自我介绍,同时要服从接待人员的统一安排。单位对你的考核也许从你跨入大门的那一刻就已经开始了。

(三)重视见面礼仪

1. 耐心等候。到达面试地点后要在等候室耐心等待或在办公室的门外等候,并保持安静及正确的坐、立姿势。

2. 进门时应先敲门,即使房门虚掩,也应礼貌地轻轻叩击两三下(以里面听得见的力度敲门),得到允许后,轻轻推门而进,当办公室门打开时,要有礼貌地说声"打扰了",然后顺手将门再轻轻地关上,整个过程要自然流畅,不要弄出大的声音,以显示个人良好的习惯。其次,进入面试室后,先向各位主考人员问好,当对方说"请坐"时,一定要说"谢谢"后,方可按指定的位置坐下,并保持良好的坐姿。

3. 正确的姿势

面试的时候,大多数人都会很紧张,以致惊慌,手足无措,最后只得落荒而逃。

走路的姿势:昂首挺胸的步态会显得自信而且有精神。

正确的站姿是抬头、目视前方、挺胸直腰、肩平、双臂自然下垂、收腹、双腿并拢直立、脚尖分呈V字形,身体重心放到两脚中间。

坐姿:坐下后身体应当是放松的,但是坐姿要严谨,可以很自然地将腰伸直,坐椅面的三分之二或者四分之三,保持轻松自如的姿势,身体要略向前倾,并拢双膝,把手自然地放在上面。穿裙子的女士入座前应用手背扶裙,坐下后将裙脚收拢,两腿并拢,双脚同时向左或向右放,两手叠放于腿上。切忌跷二郎腿并不停抖动,两臂不要交叉在胸前,更不能把手放在邻座椅背上,或加些玩笔、摸头、伸舌头等小动作,容易给别人一种轻浮傲慢、有失庄重的印象。

(四)注意表情礼仪

紧张会使应试者的表情不自然。其实,保持自信的微笑,从容镇定,把自己的真挚和热情"写"在脸上,才能让人产生值得信赖的好感。面试时要让身体、表情自然,面带微笑,学会倾听,对面试官的讲话要特别专注,听懂要点头示意,注意自己和对方的形体语言。眼神要有一定的交流,应大方地注视着对方,不要死盯不放也不可游移不定,左顾右盼,让人怀疑你的诚意。

(五)语言礼仪

要注意使用礼貌用语,说话时神情要镇定,态度要不卑不亢。说话要简洁明了,直指重点。不要急于抢答问题,不要把面试谈话变成争论或争辩,千万不可滔滔不绝。说话要清晰连贯,声音既不太高也不太低。

(六)适时告退

当考官有意结束面试时,不管结果如何,要适时起身告辞,面带微笑地表示谢意,与考官等人道别,离开房间时先打开门,然后转过身来向主考官鞠一躬并再次表示感谢,然后轻轻将门关上。

(七)致信道谢

面试结束后,为给对方加深印象,或弥补面试时的不足,最好再给主考人员写封感谢信,篇幅要短,在信中一方面致谢,另一方面可再次表达对该单位的向往之情。

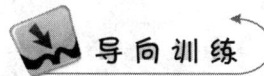

导向训练

1. 一家公司招聘行政助理,几个应聘者在一楼大厅接待处办好手续,接待人员让他们一起到三楼人力资源部去面试,在上楼梯时,一位怀抱文件的工作人员急匆匆下来,与他们撞了个正着,文件散落一地,只有一个应聘者停下来帮着捡起地上的文件,而其余的人都毫不犹豫地直奔三楼。结果,这位帮着捡起文件的小伙子被录取了。

同学们:小伙子为什么会被录取?看完这则小故事有何感想?

2. 求职简历

一份吸引人的简历,是获取面试机会的敲门砖。所以,怎样写一份"动人"的简历,成了求职者首要的任务。

正文包括三部分:

(1)基本情况介绍。

(2)学历情况概述。学习历程、在校期间获奖情况、爱好和特长、参加过的社会实践活动、所任职务、承担的任务等。

(3)工作经历。介绍曾经工作过的单位名称、职位、个人工作成绩、培训或深造就学情况、工作变动情况、职务升迁情况等。

不要写得过于复杂和啰唆。要知道,面试官第一次看一份简历的时间也不过是短短的几秒钟而已。

在写作简历时,要时刻记住你是在一个商业环境中推销自己,尽量使用适合这种环境的语言,尤其是在对你曾经的业绩和成就进行说明的时候。那么,什么样的语言是商业语言呢?简单地说,就是定量化的语言,你的简历中具体的数字越多、具体事实越多、越和你所求职位相关,商业价值就传达得越明确,就越有说服力,比大而空、口号式的语言强得多。

简单地说,说话要投其所好是履历每投必中的原则。投其所好必须明确的是,公司想知道的是你能为公司带来什么利益、贡献或成效,并不想花钱请你来学习。

第六章 初入职场

第一节 但行好事,莫问前程

——谈从基层做起

 但行好事,莫问前程。与人方便,自己方便。 ——《名贤集》

同学们终于要跨出学校的大门,奔向社会的滚滚大潮,这份初入职场的欣喜和激动不必言说。同学们到达新的工作岗位,演绎新的工作角色,怎样尽快适应新的工作环境,胜任自己的工作,得到单位的认可,就成了大家亟待解决的大问题。也许你会有各种各样的方法和策略来展现自己,争取机会,谋求着更高更远的发展计划,但最重要的一点请不要忘记,"但行好事,莫问前程",初入职场的新人首先需要着眼于当下,而并非好高骛远,更多地关注今后将会如何。脚踏实地地开始,按部就班地启程,终究会为你带来更好的明天!

一、从基层做起的原因

当今社会就业形势越来越严峻,从事基层工作已成为一种必然趋势,尤其是中职生。高校扩招,促使中职生下基层工作,摆在每一位中职生的面前。到基层工作可以使中职生迅速成长,提高综合素质,从基础做起,可以在实践中找到适合自身的岗位,在实践中不断激发潜力,完善自我,为以后发展打下坚实的基础!

1. 自身知识与经验的缺失

从基层做起就是从最底层做起,就是从基础做起,中职生刚刚毕业,基本上什么经验也没有,为了更好地发展,从基层做起是最好的选择。目前中职学习生活不足两年,剩下的时间,就是去"实习",结果,现在很多学生,理论薄弱,而实际动手能力也很差。

有很多中职生,甚至连个插座都接不好。想想看,如此情况下的所谓更高更远的发展,又有什么意义呢?

2. 稳固的地基才能建出高楼

"千里之行,始于足下",只有从零开始,从基层开始,才能学到更多、更有实用性的东西,在基层工作中锻炼自身,完善自我,才能拥有更多的发展机会,暂时的辛苦,却能换来将来的成功。只有把地基建好了,想盖多少楼就有多少,盖多了也不会倒。中职生从基层做起,打好坚实基础,这样在以后的发展中才会无往不利,可以更好地胜任各项工作。

二、从基层做起的益处

1. 增强沟通能力

中职生在基层工作会更好地增强沟通能力。在基层工作会遇到形形色色的人,遇到各种问题,只要同学们善于观察和沟通,不会很久就会成长很多,沟通能力自然就会在实践工作中得到提高。

譬如一位保险业务员,好不容易见到目标客户后,对方却给了这个业务员一枚硬币,说是回家的路费。当时这个业务员很生气,在扭头要走的一瞬间,看到客户的办公室里挂了一张小孩的照片,于是对头像深鞠一躬说:"对不起,我帮不了你了。"客户大为惊讶,忙问究竟,原来这个客户最爱护自己的儿子,所以把儿子的照片挂在办公室里天天看,业务员利用客户的这一心理,和客户进行沟通,并且在沟通中确认了客户非常喜欢自己的儿子,在良好的沟通下,头一单生意谈成了。由此可见,良好的沟通会使基层员工更好地完成工作。

2. 增强处理矛盾的能力

中职生从事基层工作,会得到不同程度的锻炼,在工作中学会各种经验和技能,同时也会在工作中学会怎样处理各种事务。

(1) 处理好自己和领导的关系

参加基层工作可以处理好与上层领导的关系,其实每个在基层工作的员工都想有个晋升的机会,那么处理好和领导的关系就更重要了,在基层工作中同学们会发现领导的一些喜好和特殊的习惯,然后针对领导的喜好和习惯,自然会得到领导的好感,提升职务的机会也会大大增加。

有一家装修公司的经理很好面子,而且最喜欢别人在自己的家人面前夸他,这个经理手下的一个业务员在熟悉经理的这一习性后,就在每次经理家人到公司的时候当面夸领导,这位领导的虚荣心大大地得到了满足,不久后就把这个业务员提升为了主管。由此可见,处理好和领导的关系对员工多么重要。

(2) 处理好自己和其他员工的关系

一个人在社会上行走,要想达到无往不胜,首先得懂得处理好人际关系,中职生在基层工作更要处理好与其他员工的关系,这样才会更好地完成工作,其实多发现别人的优点,取长补短,全方位了解别人,胸怀宽一些,气量大一些,讲究不同的方式方法和其他员工相处,会使中职生和他人的关系越来越好。

3. 改变自由散漫、纪律意识差的问题

许多中职生进入职场,表现出了纪律性不强的情况。由于学校的氛围较为自由,管理比较宽松,很多学生进入职场后,一时还难以适应公司的要求,纪律的意识比较淡。比如,无法按时打卡签到,或者经常请假。有人会问:为什么要打卡签到啊。对于企业要求工作时段不穿运动鞋,甚至表达"为什么不能穿运动鞋"的想法。在基层工作,更直接地接触各种条条框框的限制与约束,也更会被要求遵守各种规定。这就要求我们毕业生求职前应充分了解企业的文化与要求,确定选择了一家公司,就表示认同公司的规定和企业文化,因此,需要很好地遵守公司企业的规章制度。

4. 更加注重礼仪,知晓细节决定成败

很多新毕业的学生会忽视一些工作中的小细节,如见了陌生人说话就紧张,接电话时喜欢大声说"喂,谁啊",坐姿不雅观,陪客户去吃商务餐不会用刀叉等等,曾经有一个女孩子就是因为吃西餐时把刀盘弄得咯咯作响,结果被客户视作不礼貌,毁了一笔订单。而在基层工作,会更加展现你对礼仪和细节的掌控。基本的社交礼仪,看似很简单,但在基层工作中恰是用得最频繁的,如果职场新人在这个过程中表现得不好,轻则被认为个人素质不高,重则影响到单位的形象和业务,因此,建议大家都要好好学习,如最基本的在接听电话时应该说:"您好,我是某公司的职员,请问……"而"谢谢"、"请"等用语也要常挂嘴上。

三、从基层做起的方法

中职生就业,想成为职业化员工,就要从基层工作做起,这是一种带有规律性的认识成果,具有普遍的指导意义。万丈高楼平地起,任何一个人成功都是从基层做起的,要想成为高级工程师,就应从技术员开始做起,要想成为一名将军,就得从战士做起,要想成为一个营销总监,就得从业务员做起。主张中职生就业从基层做起,从根本上来说,是为了他们在职业生涯中获得循序渐进的发展。一般而论,职业生涯的基础打得愈扎实,其成长、成功的空间就愈高。只有将基层工作了解透了,做事到位了,才能开始做比较复杂和难度较高的工作,这就是循序渐进,倘若一位学机械制造专业的大学生,对机械产品生产工艺流程一无所知,怎么能够成为一名机械工程师。

中职毕业生想成为职业化员工,从基层做起,要遵循如下三个方法:

1. 调整心态

中职生就业从基层做起,有一个调整心态问题。有的中职毕业生对从基层工作做起的观念不屑一顾,认为自己是干大事业的,这种就业心态需要调整。中职毕业生想干大事业,同从基层工作做起并不矛盾,把基层工作的小事情做好,就能为今后干大事业打好基础,因此,中职毕业要培养乐于从基层做起的心态,只有心态调整好了,才能在基层工作领域增长知识和才干。

2. 耐得寂寞

基层工作大多是琐碎的、重复的,很难给人以快乐和挑战的感受,产品研发人员在生产车间了解产品生产工艺流程是琐碎的,营销员拜访客户是重复的,因此,大学毕业要培养耐得寂寞的职业操守,只有耐得寂寞的人,才能在基层工作中有所学习、有所积累,才能赢得未来的职业生涯发展。

3. 积累经验

很多企业要求毕业生从基层做起,是为了让毕业生积累基层工作经验。积累基层工作经验是最有价值的,它如同建造职业生涯大厦的基石,因此,中职毕业生,要有意识在企业基层工作过程中积累经验,为未来职业生涯发展奠定基础。这无疑是职业生涯的大智慧。

扎实干好基层工作是对我们品质的检验,我们应该有扎实干好每一天基层工作的精神,认真地做好每一件事,把每一件事作为一个锻炼,一次学习,这些事情都会体现出一种负责、敬业的品质,一种诚实的态度,一种积极完善的执行能力,从而造就成功的品质。任何一个成功的人都不是平步青云的,他们都是从基层开始奋斗,一分耕耘,一分收获。

年轻是同学们资本的代号,但是年轻也是同学们缺乏经验的标志。年轻人想做大事说明有志气,但办大事的本领是从基层的实践中得来的。一件大事是由无数小事积累起来的,没有那一笔笔坚实的墨迹,怎么会有气势磅礴的画卷。基层是我们获得知识的源泉,只有认认真真、尽职尽责做好每一个点滴,我们才能把自己的理论和实践相结合,发挥出最大的才能。少些浮躁,多些实干精神,在简单的工作中找到个人成长的支点,才是实现我们理想的基本。因为成功就是在平凡中表现出不平凡的坚持。

小陈是一位刚刚从职高毕业的学生,他的专业是机械制造以及自动化专业,职业理想是做一个机械工程师,在企业从事机械产品(或设备)的设计和生产与技术管理工作。在学习期间,也曾到企业实习过两个月,现在正在找工作,有企业愿意招收录取他,可岗位却定在生产车间工作,小陈觉得与自己的职业理想不符,也担心在生产车间工作后,就很难回到产品开发部从事机械产品设计工作,不利于实现他今后的职业发展目标,现在感觉很矛盾,不知道要不要接受该企业的邀请。

请你来当一回小陈的职业导师,试着帮小陈分析一下,他初入职场的职业规划是否合理,他是否应该接受该企业的邀请。

第二节 打造职场力,青春不言败

——谈学习能力

 有知识的人不实践,等于一只蜜蜂不酿蜜。 ——萨迪

时间飞逝,同学们很快就步入职场。随着近年来就业竞争日益激烈,找到一份工作越来越难,在这个过程中,大家遇到的困难还有可能是在工作中较难适应。毕竟社会与学校是不一样的,我们经常能看到工作之初不断跳槽的人,同时,几乎每个人也都经历着初入职场的煎熬,那么,在最美好的年华,当青春遭遇职场,同学们该如何应对?

一、重新认识学习

一提到学习,同学们首先会想到什么词语?如果感兴趣的话,大家可以沉思三分钟,用笔在白纸上写下看到学习这个词语时你的第一反应,如果你写出来的词几乎都是负面的,那么可能意味着,你需要认真来看看接下来的内容了。

如果将知识分类的话,可以分为理论型知识和实践型知识,在同学们入职前的大部分学习时光,都在学习理论知识,但正如费希特所言:"所有的理论法则都依赖于实践法则;如果只有一条实践法则,那么它们就都依赖这一条实践法则。"由此我们可以看出实践知识的重要性。但是,由于同学们在入职前都比较缺乏经验,实践型知识必然匮乏,这就决定了,入职不代表着学习的结束,从某个角度来讲,反而是学习的真正开始。实践中的学习,希望同学们更加关注的是一种能力的提升,即关注学习能力。

学习能力就是要求个人不仅要学习宽泛的知识,还要学会学习的方法,树立终身学习的理念,与时俱进。一个人的学习能力往往决定了他的竞争力的高低,也正因为如此,无论对于个人还是对于组织,未来唯一持久的优势就是有能力比你的竞争对手学习得更多更快。一个组织如果想要在激烈的竞争中立于不败之地,它就必须不断地有所创新,而创新则来自于知识,知识则来源于人。所以管理大师德鲁克说:"真正持久的优势就是怎样去学习,就是怎样使得自己的企业能够学习得比对手更快。"学习也是一种生存能力的表现,通过不断的学习,专业能力需要不断提升,所以不论处于职业生涯的哪个阶段,都不应该停止学习。因为在职业生涯发展中,需要胜任工作的能力和能够迅速取得新能力的方法。为了求生存和求发展,每个人都必须不断学习那些自然和本能

没有赋予他的生存技术,而为取得新的生存技术就必须不断学习。如果停止学习,必定会落后于人,而在当今社会里,落后就会被淘汰。

学习力比较好理解。关于学习的新书,每天都可看到,对职场人士来说,学习的重要性地球人都知道,但是,很多人可能还是对以下问题比较困惑:不知道(或不是很清晰)的是从哪学、怎样学?

1. 从哪学?

(1)向成功者学习

你最好的老师是你旁边的成功者,包括你的老板、上级、同事及类似的朋友。我们首先要把这份财富利用好。要有意识地去结交比我们强的朋友,虚心地、不厌其烦地讨教问题,观摩他们的做人、做事、思维方式;行动上也要去学习,成功者的很多好习惯,是同学们身上所欠缺的。一些好习惯,看起来非常不起眼,但这些好习惯累积起来,就造就了一个成功者。同学们身为职场新人,一定要谦虚谨慎,多观察,在自己不懂的时候,先模仿,后创造。

(2)向书本学

书本是别人的思想总结,读一本好书,就等于与一个大师交谈,受益终身。这里要重点强调的是,千万不要读死书,书上这么写我就这么做,动不动就某某大师说,这样的话,与马谡何异?读书的关键在总结,要扬弃。对我们中职生来说,很多时候同学们需要多去看实践类的书本,在这个基础上,提升自己的专业技能。

(3)向事件学

同学们身边天天要发生很多的事,其中有些事只要去深究其后面的东西,也许就能改变我们的命运。万有引力的发现就是一个明证。这种方式得到的东西才是长期的、经得起考验的。奉告大家一句:勤"读"事、多"读"事,做个有"心"人。

2. 怎样学?

(1)随时随地地学。其实,生活与学习是不可分的,只要大家做个生活的有心人,就会发现身边全是资源,周围全是学习实践的最佳场所,所以,用发展的眼光去看问题,以学习的心态去认识自己。

(2)举一反三地学。

(3)自然渗透地学。学习就是让我们在观念意识、行为行动上领先竞争对手半步!希望同学们能记住:"领先半步是商机。"学习,希望会成为你们一辈子的事情。

二、职场菜鸟逆袭攻略

许多初入职场的新人都很羡慕老员工可以做得事事逢源,而相比之下,自己就显得很"轻",这都是因为自己没有竞争力。而想努力,似乎却又无从下手。

其实,初入职场的年轻人想要提升自己的综合竞争力很容易,只要从细节入手,那么自己就一定能取得职场的成功。

学历虽然不似从前那般重要,但还是会多少影响到竞争力。因此,若职场人本身学历不高,就要想方设法在学历上让自己与他人保持看齐。

此外,技能也是提升自身竞争力的一个重要因素。在校期间所培养的专业技能,只是你踏上专业之路的第一步,许多行业所特有的专业技能,学校无法提供,只能在工作实践中学习。扎实的技能基础是你发展的根基,只有自己的工作技能过硬,才能够真正地得到重用。

听、说、读、写、算是每个人从小就要培养的基础能力,无论是生活还是工作,都离不开这五种能力。虽为最基础的生存技能,但相关事实证明,在这几方面技能均高于常人的人更容易取得成功。另外,办公室文书软件的运用能力、文字表达能力、沟通能力、外语能力、数字能力、逻辑思考力等,都是你不可小看的职场能力。

除了这些大众基础能力,个人性格特质也在很大程度上影响着一个人的职场竞争力。"性格决定命运"这句话我们都听说过。而在工作上,这句话也一定程度适用。如果你的性格中包含着不能吃苦耐劳、抗压性差与挫折忍受度低、缺乏小组合作等特质,那么很明显,你的这种性格会成为你取得成功的阻碍。而积极向上、忠诚于工作和领导、责任感强等性格特质则对于你的职场竞争力有着不可忽视的积极影响。

作为职场新生代,"90后"们承载着新时代、新使命,如何才能从职场菜鸟成长为成熟干练的职场能者?

1. 尽快弄懂"什么是职场"

职场是完全不同于校园的地方,在职场里摸爬滚打、生存、发展、竞争,首先要懂得的就是"职场规则",不能再用"学生气"的方式和角度处理工作上的事、对待工作中的人。迅速融入你的工作团队,找准自己在团队中的位子,在展现自我才干的同时也要懂得服从团队的意志和决策,多从团队和企业的利益角度思考问题,不能光凭个性草率行事。

2. 踏实工作,在实践中成长

别瞧不起小项目、小任务,因为它们总有一天会帮你成就大项目。眼前的工作不论大小,都是你能给自己创造价值的机会,要充分利用这个平台和资源,物尽其用,做足锻炼、学足技术,即使目前在做的是一件机械、技术含量低的工作,也请把它看成是对你心智的磨炼,能把不起眼的工作做得活色生香,那么你离上台阶的日子也为期不远了。

3. 完善职业规划方案,提高可行性

对于自己目前的工作状态,能意识到"不合适"、"需要调整",证明你已经意识到问题的存在,然后你开始思索"什么才是你真正的兴趣所在,什么工作可能才是最适合你的"等问题,表明你已踏上了职业规划之路。此时,你更需要从生活和工作实践中深入了解自己,对自己未来的职业方向做全面的评估。看目前的工作岗位是不是符合你的发展需要,如果要提升,需要做些什么,可能的机会有哪些,思考这些问题,然后形成具体的方案。理性的思考能减少自己职业发展的障碍和风险,最终达成自己的职业目标。

刚入职场的你,也许连"起跑"都算不上,还在"预备动作"的状态中。抓住时机,尽快找准冲刺的方向,知己知彼,才不会在冲刺中成为"没头苍蝇",也不会因为意外状况而乱了阵脚。需要提醒职场新人的是,不要把职业规划停留在"乌托邦"的幻想中,从工作实践中获得真正的成长,才能一步步实现职业梦想。

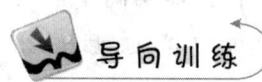 导向训练

职业素质测评:

请用以下的尺度来衡量你自己的情绪反应程度及坚持度,从而了解自己的社交风格。尽量标注真实情况,因为自我度量的误导性是比较高的。在情绪坚持度的等级上,"A"是最自信、独断,"D"是最低独断及坚持度;"1"表示出你最能够自我控制,"4"表示你最易受人影响,自我压抑力比较低。

		控制
		1
D C B A	4 3 2 1	2
坚持性	反应程度	3
等级	等级	4
		激动
文静←——→多话	公开的←——→封闭的	
D C B A	4 3 2 1	
慢于决定←——→快于决定	激动的←——→深思的	
D C B A	4 3 2 1	
追随者←——→领导者	运用观点←——→运用事实	
D C B A	4 3 2 1	
支持性←——→叛逆性	非正规的←——→正规的	
D C B A	4 3 2 1	

续表

		控制
		1
D C B A	4 3 2 1	2
坚持性	反应程度	3
等级	等级	4
		激动

服从←——→支配 D C B A	感情化←——→不感情化 4 3 2 1
犹豫不决←——→果断 D C B A	易于了解←——→难于琢磨 4 3 2 1
发问者←——→告知者 D C B A	热情←——→冷漠 4 3 2 1
合作的←——→竞争的 D C B A	易兴奋的←——→冷淡的 4 3 2 1
避免风险←——→敢冒风险 D C B A	生动的←——→死板的 4 3 2 1
慢条斯理←——→步骤快捷 D C B A	偏向情感←——→偏向任务 4 3 2 1
小心←——→大胆 D C B A	突发性←——→谨慎的 4 3 2 1
宽容的←——→严格的 D C B A	敏感的←——→不敏感的 4 3 2 1
非武断的←——→武断的 D C B A	幽默的←——→严肃的 4 3 2 1
温和的←——→直接的 D C B A	冲动的←——→有条例的 4 3 2 1
保守的←——→开放的 D C B A	轻松的←——→紧张的 4 3 2 1

测试结果解读：

每一个"A"得1分，"B"得2分，如此类推，将所有分数加起来，算出平均数后，转换成一个字母分数，再找出你在下图的位置。每一个"1"代表1分，"2"代表2分，如此类推，将所有分数加起来，算出平均数后，对照相对应的数值，再找出你在下图的位置。

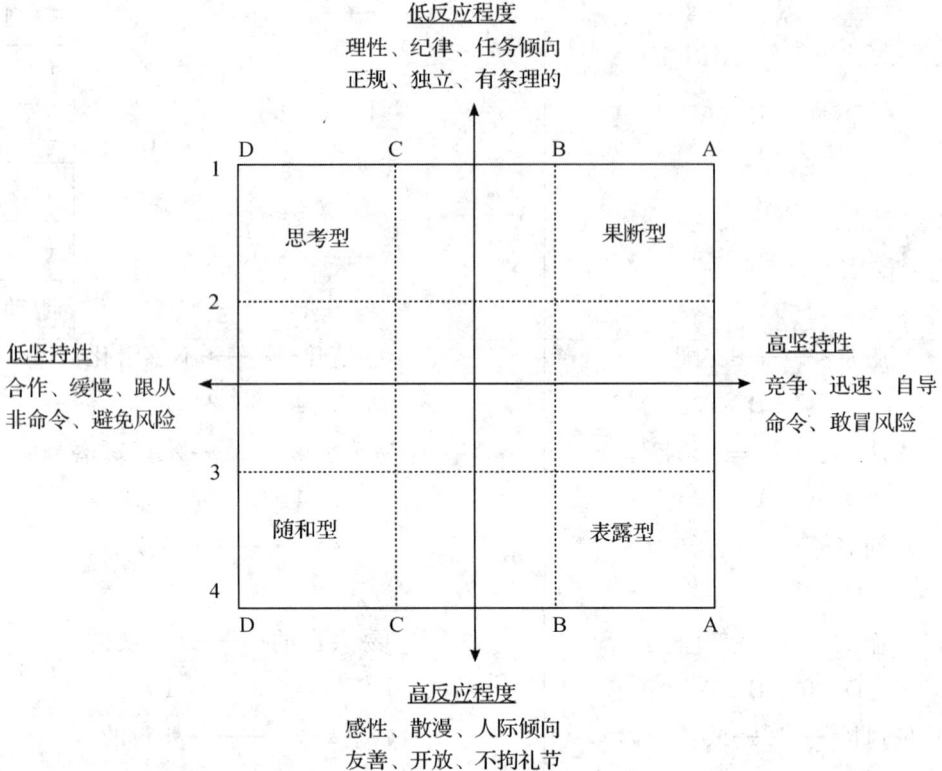

第三节　开启职业世界的金钥匙

——谈职业综合素质能力

> 我欲载之空言，不如见之于行事之，深切著明也。　　　　——孔子

同学们，不论你是在校园里勤勤恳恳地投入到知识的海洋中，还是无忧无虑地享受着青春的悦动和自由中，不知道你们是否曾想过几年后，自己要离开美丽的校园，并踏上长时间的职场生活呢？你们又是怀揣着什么样的心情迎接完全不同的崭新世界呢？是欣喜、期盼，还是紧张、惶恐？不管怎样，如果能在毕业前未雨绸缪，定能增加自己就业的筹码，能从容应对，并取得成功。

职业能力，是指人们从事一门或若干门相近的职业所必备的本领，是对个人和社会负责任的能力，是科学的工作和学习方法的基础。职业能力包括个人的专业能力以及核心能力等综合素质能力,而良好的综合素质能力是个人在职场获得成功的关键因素。

一、核心能力

在职业综合素质能力中,核心能力是人们职业生涯中更重要且更为基本的能力,对人的影响和意义更为深远。以下是几种关于职业的核心能力。

1. 人际交流能力

当前社会,工作之中交际为先。必须有良好的人际关系,才会有更可观的工作业绩。试想一个不懂交际的人,他四处碰壁,会有更多的机会在等待他吗?如我们去了新环境,不懂规章制度,不懂与人融洽相处,换来的只能是别人对你指手画脚,别人背后对你说三道四,你融不进别人的圈子,他人就会把你排挤在外,你会身单影孤,工作和生活不下去。如果你学会了现代交际,到了一个新的环境,你与他们很快就融为一体,与他们一起谈论大家都感兴趣的事,做大家都感兴趣的工作,这样他们还会因你的加入而工作得更加起劲,生活得更加丰富多彩。

在一个新工作中,如果不能及时适应环境,给上司和同事留下良好的印象,那么以后的职业发展就会减慢了一点。适应新环境,可以保持自己的工作激情,发挥自己的能力所在,向他人展示自己的人格魅力和工作能力,是每个"90后"必备的素质。

2. 合作能力

不得不说,合作是职业活动的重要手段。相信大家都知道自然界有关蚂蚁合作的故事。在自然界里,蚂蚁是随处可见的,有时一窝蚂蚁多达几万只,但每一个蚁窝只由一只蚁后(有时会多于一只)、若干工蚁、雄蚁及兵蚁共同组成,它们各司其职、分工明细:如蚁后的任务是产卵、繁殖,同时受到工蚁的服侍,工蚁负责建造、觅食、运粮、育幼等,而雄蚁负责与蚁后繁殖后代,兵蚁则负责抵御外侵、保护家园,大家各尽所长、团结合作、配合默契,共赴成功。这则"蚂蚁搬家及运食"的故事,反映了它们齐心协力的行动和团队合作的精神,这种群策群力和高效率的团队协作方法,是值得我们反思与借鉴的。

同样,在工作中,合作能力也是非常重要的核心能力之一,只有大家劲往一处使,相互帮助,共同协作,才能最大程度上提高工作绩效,为企业或组织创造更大的经济收益和利润,同时也营造了积极向上、互动和谐的组织氛围。

3. 自我反省能力

关于自我反省能力,古代著名教育家孔子曾经说过,"吾一日而三省",可见自省的作用之大。自我反省有助于我们能够更及时地发现自己的不足,自己与别人的差距,为我们的取长补短起了增效作用。我们在工作中,每天自省有利于我们工作的提高,与人相处有利于我们对自己的剖析,及时发现自己的优缺点,继续发扬自己的优点,及时地纠正缺点,使自己向着更好的方向发展。

4. 情绪管理能力

我们生活在矛盾当中,每时每刻都有可能发生一些突发状况,如果一有事情发生,动不动就闹情绪,甚至发生争吵,一则显得你太没教养,二则带着情绪办事是不会有好的结果的。情绪不稳定,感情不能自拔,那么你就是一只受情绪严重影响的狮子,动不动就想大喊大叫,动不动就想骂人,要是不幸沦为情绪的奴隶,那么将会严重影响工作效率,同时也给自己的生活带来很大伤害。

因此,良好的情绪管理能力是个体成熟性的表现,也是职业起步和发展的重要影响因素。

5. 意志力

我们要想成就一件事情,如果没有较坚强的意志力是什么也干不成的。即使你有过人的本领,如果你缺乏意志力、缺乏恒心,你是不会有大作为的,因为馅饼不会让你轻而易举地拿到,需要你付出比常人更多的汗水,付出比常人更多的心血才能得到。其间如果你缺少意志力,缺少恒心和决心,见到困难就会害怕。要知道困难是你越害怕它,它却越喜欢你,所以你面临的困难就更多。如果你意志力坚定,那么困难也会害怕你,离你越远,从而你的生活里困难就越少,所以说,意志力与困难是冤家对头,如果你意志力强,那么你的困难就弱,反之,你的困难就强,它使你寸步难行,使你身陷泥潭,无法自拔。我们要有所作为,就要抛弃那些困难的因素,把意志力增强,让它发挥应有的作用。

6. 问题解决能力

在校园里经常看见这样的情况,当同学们有问题时,第一时间请教班主任或老师,通过他们的教导和指引,手中的问题也得以解决。然而,在工作中,大家的时间都是十分宝贵的,如果你一有任何问题都询问或请教上司,那么这容易产生一种依赖心理,同时时间成本太高,可能导致其他同事或上司不满。因此,独立的问题解决能力便显得尤为重要。

在遇到问题时,先不要慌乱,将思路理清,仔细分析问题的核心之处,然后积极寻求相关资源,并尝试解决问题。需要注意的是,行动永远比说话更有效果,不妨将自己解决问题的思路体现在实际行动中,若中途遇到任何阻碍都可以将行动随时停下,或及时调整,以确保问题得以解决。

7. 自我学习能力

自我学习能力不同于学习计划,它是一种依靠自身力量学习知识和技能的能力,没有什么比学会学习更重要,我们可以通过以下几种方式锻炼并提升自己的自我学习能力。经常进行必要的自我反思,找到学习或工作中的弱项或瓶颈,通过各种力所能及的方式各个突破;同时,对自己的学习和生活以及工作有一个较为明确的规划,更加自主地选择学习项目安排自主学习计划,以充分的准备、自信的面庞迎接各种挑战。

二、专业能力

良好的专业能力也是职业综合素质必不可少的因素。

我们想要成为行业的能手,技术技能就显得相当重要。如果我们不懂技术,而进入到技术行业比较强的领域,那么你就会受到一定的局限,不仅职业发展会受到限制,和同事的关系也可能会发生微妙的变化。比如当你的上司给你布置一项专业技能很强的工作,要求你一周内必须完成,而你自己由于专业技能的薄弱无法面面俱到,使得工作完成质量大打折扣,那么上司肯定会对你有不良的印象,今后也不敢交付重要的工作给你承担。另外,若同事看到你的专业能力缺乏后,很容易跟你越来越疏远,久而久之,你很可能会被孤立起来,导致工作不畅,心情抑郁等不良后果。因此,专业能力是职业生涯中的基本条件,也是硬性规则,大家应该引起重视,在学校中好好学习专业技能和知识,并充分运用到自己今后的工作中去。

三、全面提高综合素质

在职场中,全面提高自己的综合素质和能力才是决定性因素,才有可能在事业上得到更好的提升和发展,因此,在校园中读书的时光,同学们一定别忘了关注并时刻锻炼、提升以上几方面的能力,包括专业能力和核心能力等,也只有这样,才能在今后的职业发展中获得更多机会,不断挖掘自己内在的优势,提升自我的核心竞争力,成为真正的职场精英。

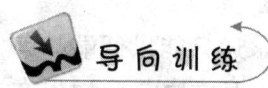

小强是班上老师和同学都公认的非常优秀的学生。他的学生成绩一直名列前茅,每次考完试老师都要以他为榜样鼓励其他同学要向小强学习。不过小强性格有点古怪,他很喜欢独来独往,不爱和同学说话,同时他自尊心特别强,只要老师稍微说他一下,他就会当场流泪并抽泣,事后不管老师怎么安慰也不管事,要过好一阵子才能逐渐恢复过来。毕业后小强找到了一份工作,可是还没干满一年,小强就因为适应不良而辞职。

工作后小强为什么不能很好地适应,最后辞职呢?请你当一回心理医生,分析一下小强辞职的心理原因,同时,你指出小强应该做出哪些改变才能更好地从事工作。

第四节 挑战自我,超越自我

——谈学会创新

 创新是一个民族进步的灵魂,是一个国家兴旺发达的不竭动力,也是一个政党永葆生机的源泉。

——江泽民

十年寒窗苦读,即将踏上职业岗位,同学们一定满怀期待,满心期许吧。面对复杂多变的职场,面对科技更新瞬息万变的社会,你真的准备好了吗?或许,我们需要潜下心,细细思考,该以怎样的姿态出现在职场中呢?

一、创新的重要性

创新是以新思维、新发明和新描述为特征的一种概念化过程。起源于拉丁语,它原有三层含义:第一,更新;第二,创造新的东西;第三,改变。

创新是人类特有的认识能力和实践能力,是人类主观能动性的高级表现形式,是推动民族进步和社会发展的不竭动力。一个民族要想走在时代前列,就一刻也不能没有理论思维,一刻也不能停止理论创新。正如江泽民所说:"创新是一个民族进步的灵魂,是一个国家兴旺发达的不竭动力,也是一个政党永葆生机的源泉。"

没有创新,经济、社会的发展就只能受制于人。"中国制造"就永远只能以低端品牌在国际社会中流通。面对激烈的国际竞争,我们要的是"中国创造",是有自己的知识产权和品牌的过硬竞争力的"创新技术"。这种创新,可以是从模仿做起,但是绝不是简单的"拷贝"。

比如说美国的麦当劳,它既是一个快餐店,也包含了一种文化,它居然就能够在全球许多地方开了分店。麦当劳的东西,是什么餐呢?是正宗的西餐吗?肯定不是,那会让西方正宗的西餐大师脸红的。麦当劳的东西一定是全球统一的吗?大家一定都吃过麦当劳汉堡中的洋葱。可是奇怪的是,在冰岛的麦当劳是没有洋葱的。原来,冰岛这个国家纬度比较高,天气寒冷,一切蔬菜类都相当昂贵。为了降低成本,麦当劳调整自己的品牌特色,适应当地发展。如此看来,麦当劳既不是高贵的西餐,也不是千篇一律地复制,从中,我们能有哪些启示呢?

第一,拥有自己的品牌,不一定是最好的,但是要是最独特的,即创新很重要。

第二,创新不是复制,要学会及时调整策略,创新是一个与时俱进、时刻变化的过程。

但是国内现在也有快餐店模仿麦当劳,甚至有的在国内也相当成功,国内到处都是。这样仍然属于"拷贝"。

我们不反对借鉴,但要有自己的特色。"中国式的麦当劳",应该是有中国文化特色的,有自己的品牌的快餐文化。且不强调什么正宗不正宗,但是能够开到全世界各地去,也让全世界各地都能够见得到,只有那样,才算是真创新,才是创新成功了。

二、挑战自我,培养创新意识

福特公司创始人亨利·福特曾说,"不创新,即灭亡"。一个公司的发展需要创新,创新来源于人才。那么怎样成为有创新精神的人才呢?

1. 保持好奇心

好奇,是创新意识的萌芽。黑格尔说过:"要是没有热情,世界上任何伟大事业都不会成功。"所有个人行为的动力,都要通过他的头脑,转变为他的愿望,才能使之付诸行动。如果一个学生仅仅记住了数学的各种定理与公式,而不能把学到的知识用于发现新问题,不能解决实际问题,只学习老师讲的知识,只记忆书本上的知识,是远远不够的,应在课堂上学到的知识的基础上,勇于探索,善于创新。

1991年7月,《光明日报》科技部曾对全国青少年科技小发明比赛中获奖的118名中学生进行问卷调查,在"您的主要心理特征"一栏里,92%的同学写的是"好奇心强"。湖南零陵地区道县一中的少年何骥,在一天到鸡棚捡蛋的时候,禁不住好奇地想道:鸡蛋到底为什么一头大一头小呢?是大头先出母体还是小头先出母体呢?为了弄清这个问题,他每天一放学就立刻赶回家,蹲在鸡棚旁静静地观察,有时甚至连晚饭都忘了吃。两个多月以后,何骥终于发现:鸡蛋是大头先出母体。为此,他写了论文,得到许多生物学家的称赞。他的发现,居然是鸟类文献中还没有记载过的新发现。

成才需要好奇心,但是有了好奇心并不意味着就一定能够成才。要想有成就,还需要付出艰苦的努力。好奇心就好比一粒种子,没有种子就长不出参天大树,没有好奇心的人也不可能有所发明,有所创造。种子播种在黑土里以后,经过人们的浇灌、培育,会逐渐地破土而出,由小苗长成栋梁。有了好奇心,再加上汗水和心血,也一定能够使你成为有用之才。当代著名物理学家李政道博士说:"好奇心很重要,要搞科学离不开好奇。道理很简单,只有好奇才能提出问题,解决问题。可怕的是提不出问题,迈不出第一步。"正因为好奇心如此重要,所以,许多人都把好奇心称为成功者的第一美德。对于一个有志成才、渴望成功的少年来说,好奇心是最宝贵的。

2. 坚持自己的兴趣

兴趣是创新思维的营养。我国伟大的教育家孔子说:"知之者不如好之者,好之者不如乐之者。"可见他特别强调兴趣的重要作用。兴趣是最好的老师,兴趣是感情的体现,是学生学习的内在因素。事实上,只有感兴趣才能自觉地、主动地、竭尽全力去观察它、思考它、探究它,才能最大限度地发挥学生的主观能动性,容易在学习中产生新的联想,或进行知识的移植,做出新的比较,综合出新的成果。也就是说,强烈的兴趣是敢于冒险、敢于闯天下、敢于参与竞争的支撑,是创新思维的营养。

2001年5月,美国内华达州的一所中学在入学考试时出了这么一个题目:比尔·盖茨的办公桌有五只带锁的抽屉,分别贴着财富、兴趣、幸福、荣誉、成功五个标签,盖茨总是只带一把钥匙,而把其他的四把锁在抽屉里,请问盖茨带的是哪一把钥匙?其他的四把锁在哪一只或哪几只抽屉里?

一位刚到美国的中国学生,恰巧赶上这场考试,看到这个题后,一下慌了手脚,因为他不知道它到底是一道语文题还是一道数学题。考试结束后,他去问他的担保人——该校的一名理事。理事告诉他,那是一道智能测试题,内容不在书本上,也没有标准答案,每个人都可根据自己的理解自由地回答,但是老师有权根据他的观点给一个分数。

中国学生在这道9分的题上得了5分。老师认为,他没答一个字,至少说明他是诚实的,凭这一点应该给一半以上的分数。让他不能理解的是,他的同桌回答了这个题目,却仅得了1分。同桌的答案是,盖茨带的是财富抽屉上的钥匙,其他的钥匙都锁在这只抽屉里。

后来,他的这位美国同桌写信去向比尔·盖茨请教答案。比尔·盖茨在回信中写了这么一句话:"最感兴趣的事物上,隐藏着你人生的秘密。"

同学们,请记住:在你最感兴趣的事物上,隐藏着你人生的秘密。人生最幸福的事就是把时间花费在对你最有意义的事情上面。做你所爱的,爱你所做的。一个人做自己感兴趣的事,并且做成NO.1。

对于企业,做你擅长的,擅长你所做的。业务放在你的优势上,并且放大拉长优势,成功就在苦难后。

不要逼着自己做自己不感兴趣的事,如果非做不可,那就去找那件事的乐趣,深入其中,慢慢培养兴趣吧!

3. 拥有质疑的心态

质疑是创新行为的举措。我们知道要解决任何一件事情,首先是要发现问题,然后分析问题,最后才能解决问题。但是很多时候,不是我们解决不了问题,而是发现不了问题。质疑的心态,就是要常常提出"为什么"这三个字。事物的真实本质和创新的机遇,往往就隐藏在对于寻常事物再问一个"为什么"中。

日本的池田菊苗博士在一次吃饭时,喝了一口汤,觉得异常鲜美,于是问妻子加了什么佐料。夫人告诉他,什么都没加,只是海带汤而已。他一开始以为是开玩笑。后来开始思考,汤变鲜美的原因是什么呢?是不是因为海带中含有某种成分?顺着这个思路,他开始分析海带的成分,终于提炼出一种叫谷氨酸钠的物质,也就是味精的主要成分。后来他申请了专利,开办了味精工厂,并因此获得巨大利润。

质疑具有伟大的力量,是创造的基础,是产生求新求异的欲望和敢于进行创新活动的源泉。记住吧:正确的质疑往往是成功的开始!

在日益激烈的竞争中,要想拥有自己的一席之地,除了过硬的技术外,更重要的是,有自己独特的思考,要敢于挑战,保持好奇心,善于思考,坚持自己的兴趣,勤于钻研,培养自己的创新意识。学会创新,才意味着掌控了更多的主动权,才能在工作中拥有更多的出色表现!

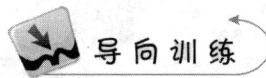 导向训练

拉链是1891年由美国芝加哥机械师贾德森最先发明的。贾德森为了解除每天系鞋带的麻烦,就发明一种可以代替鞋带的拉链。这种拉链是由一排钩子和一排扣眼构成,用一个铁制的滑片由下往上拉,便可使钩子与扣眼一个依次扣紧。贾德森把样品送到1893年的哥伦比亚博览会上展出,得到好评,并因此取得了专利。如今,拉链的品种不断增多,其应用不只限于日用品,而且已进入科研、医疗、军事等领域,被某些人誉为20世纪科技界的十大发明之一。

贾德森是在什么样的情况下发明拉链的?你觉得创新需要做哪些准备?

第五节 职场活动的润滑剂
——谈人际关系

 成功来自于85%的人脉关系,15%的专业知识。 ——卡耐基

同学们,我们每个人最终都会踏入职场,职场上我们主要接触的人群是上司、同事、下属以及与自己业务上有密切关系的客户。可以说,与这些人建立良好的人际关系,就如同给我们的职业生涯插上了一双隐形的翅膀。良好的人际关系,不仅能够使得我们获得心情上的愉悦,而且还能提高工作效率,可以说是职场活动的润滑剂。那么,如何才能在工作中建立良好的人际关系呢?

一、学会相互尊重

心理学家威廉·詹姆士说过:"人类本质最殷切的需求是渴望被肯定。"从某种程度上讲,每个人都渴望得到他人的尊重,在职场中更是如此。只有双方相互尊重,才可能有人际沟通,进一步就可以避免很多不必要的误解以及由此产生的人际冲突。

这是一个非常简单的道理。试想,一个人如果不尊重他人,他又怎么能够得到别人的尊重呢?一个得不到他人尊重的人,又怎么会尝试尊重他人呢?在实际的工作中,不仅要尊重上司,而且也要尊重同事、下属和客户。要真正平等地对待工作中遇见的每个人,如果做不到这一点,就难以在职场中建立良好的人际关系。

二、学会换位思考

出于自我保护本能,人们总是习惯性地从自己的立场出发看待所有的事情,优先考虑到自己的感情、利益。因此,生活当中,我们经常可以看见两个人为琐碎小事争吵,面红耳赤,不可开交。这样的情形在工作中也有可能出现。

当然在工作中原因是多方面的。同事之间虽然待在一起的时间比较长,但是相互了解的程度并不深,因而容易误解他人的动机。这样一来,当工作出现某些问题,需要某人出来承担责任时,同事之间就容易相互归罪,因为人们总是习惯性地认为错误是别人造成的。

但是,必须看到"金无足赤,人无完人",我们应该学会站在他人的立场,用他人的思维来看待问题,如此一来,我们就有可能理解和宽容他人的错误,不会将一些不合理的要求强加于他人。古人说过,"己所不欲,勿施于人"。这句话用在这里是再也恰当不过的了。自己不想做的事情,不能强迫他人来做,这种推己及人的做法在工作中是值得提倡的。要想有效解决工作中遇到的问题,缓和工作中的人际冲突,必须学会为对方着想,进行换位思考。

三、勇于认错

在工作中,人人都会犯一些错误,职场新人更是如此。对此,应当保持平和心态,勇于承认我错了,从自己身上找原因,切忌"死要面子活受罪"。如果你不肯这样做,下次就会再也没有同事愿意与你共事。

很多时候说声对不起并不代表你真的犯了什么天大的错误或做了伤天害理的事,这样的做法仅仅是为了缓和人际冲突而暂时使用的一种策略,勇于承认错误使得事情可能有"转圜"的余地,甚至还可以创造解决问题的契机。

即使你真的犯了错误,勇于承认可能比死要面子更容易赢得上司、同事、下属或者客户的尊重。这是因为勇于承认错误,表明了你是一个愿意为错误付出代价的人,也就是一个负责的人,谁不愿意与一个有责任感的人交往呢?相反,如果你推卸责任,不肯承认自己的错误,不仅可能阻碍自己的成长,而且可能给单位造成极大损失。

一言以蔽之,对于职场新人来说,问题的关键不在于犯错,而在于你对待犯错的态度。

四、由衷赞美他人

虽然说每个人都不是完美的,但是无论是上司、同事,还是下属、客户,每个人都有自己独特的一面,都有令人称赞的地方。另外,我们难免会遇见挫折,遭受打击,此时恰当的赞美往往能够起到强烈的激励作用。因此,在工作中,我们应该善于发现和挖掘每个人身上的闪光点,多多欣赏与赞美他人。

当然了,赞美他人也要讲究方式方法。如果过了,只会让被赞美的人觉得讨厌,认为你是有意讨好他人,不是出于真心的。成功的赞美必须是由衷的、真诚的,让别人觉得你是真情流露,自然而为的。因此,赞美必须有一定的度。另外,赞美也要因人而异,切忌泛泛地赞美,而是要根据每个人的具体个性,使用不同的赞美之词。

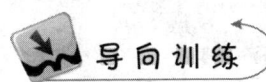 导向训练

1. 小张出门办事,上司催他快点回来,说部门要开个会,让他三点之前回到办公室。可是由于交通拥堵,结果四点半小张才慌慌张张地跑回来。一进办公室,上司就生气地冲他大发雷霆,质问他为什么这么晚才回来,影响了大家开会。小张本来就憋了一肚子火,现在上司不仅不体谅自己,反而朝自己发火,于是他觉得委屈,就跟上司申辩并顶撞起来。结果刚进公司才几个月,小张就被当众炒了鱿鱼!

小张的上司该不该体谅小张呢?也许上司应该体谅一下小张。但是,如果小张一进门就说句"对不起"主动向上司道歉,那结果可能就是另一种情形了。

2. 职场人际关系测验

在办公室的人际关系中,你是感觉到如鱼得水还是举步维艰?请做下面的测试。

(1)新同事到公司第一天,你会( )

A. 不与他(她)打招呼,以后再认识→0分

B. 等他(她)来与你打招呼→1分

C. 先做完手中的工作,再去与他(她)打招呼→2分

D. 立即与他(她)打招呼,并介绍自己→3分

(2)同事升职,你会( )

A. 有妒忌心理,但不表露出来→0分

B. 找机会请他(她)吃饭或喝茶,借机拉近关系→1分

C. 顺其自然,乐于接受他(她)的领导→2分

D. 向他(她)表示祝贺→3分

(3)你升职了,资历比你长的同事对你的领导不服,你会( )

A. 找机会给他点苦头吃→0分

B. 随他去,他会自己调整好情绪的→1 分

C. 向上级反映,请上级出面协调→2 分

D. 直接与他沟通→3 分

(4) 公司推行竞争上岗,你最希望成为部门经理,但原来的部门经理是你的好朋友,你会(　　)

A. 放弃→0 分

B. 把自己为难之处告诉上司,请上司决定→1 分

C. 与好朋友交流后再决定→2 分

D. 参加竞争→3 分

(5) 作为上司,你必须从两人中裁掉一位,一个是你的好朋友,另一个工作能力比你的朋友强,你会(　　)

A. 留下好朋友→0 分

B. 向上级反映,请上级决定→1 分

C. 部门开会投票决定谁留下→2 分

D. 裁减好朋友→3 分

(6) 你与某个异性同事交往较多,同事之间传出你的桃色新闻,你会(　　)

A. 寻机报复散布流言的同事→0 分

B. 身正不怕影子歪,与异性同事交往如故→1 分

C. 减少与异性同事的交往→2 分

D. 找机会向同事说明真相→3 分

(7) 异性上司对你有性骚扰的行为,你会(　　)

A. 这好像不是什么坏事→0 分

B. 不声张,内心默默承受痛苦→1 分

C. 婉拒,不恶化与上司的关系→2 分

D. 明确拒绝,表明态度→3 分

(8) 你在工作中得罪了上司,他(她)找借口扣了你的奖金,你会(　　)

A. 向同事诉苦→0 分

B. 保持沉默→1 分

C. 向上级报告→2 分

D. 直接与他(她)理论→3 分

(9) 虽然你工作努力,但公司并未用升职或加薪的方式奖励你,你会(　　)

A. 把自己受到的不公正待遇,在同事之间述说→0 分

B. 有点灰心,应付工作→1 分

C. 向公司请求,要求对你奖励→2 分

D. 若无其事,继续努力工作→3 分

(10)公司获利很多,却没有增加员工奖金,同事们推举你为代表与公司谈判,你会(　　)

A. 拒绝→0分

B. 推举其他同事→1分

C. 勉强应承,但不付诸行动→2分

D. 答应→3分

(11)你的好朋友想背叛公司,并带走公司的商业秘密,他(她)告诉了你,你会(　　)

A. 为了朋友,假装不知道→0分

B. 劝朋友放弃想法→1分

C. 用匿名信的方式告发→2分

D. 直接向上司告发→3分

(12)你在工作中有失误行为,上司未察觉,你的好朋友同事告诉了上司,你会(　　)

A. 与好朋友绝交→0分

B. 请求朋友帮忙在上司面前隐瞒情况→1分

C. 接受上司的处理,疏远同朋友的关系→2分

D. 继续保持朋友关系→3分

(13)公司举行业务团队活动,你与恋人有约会,你会(　　)

A. 直接赴恋人约会,给上司打个电话说有事不能参加活动→0分

B. 借口身体不舒服,请上司允许在家休息,然后赴恋人约会→1分

C. 向公司说明情况,征得同意后赴恋人约会→2分

D. 参加团队活动,向恋人说明情况,求得谅解→3分

(14)当公司内部出现拉帮结派的现象时,你会(　　)

A. 参与好朋友的帮派→0分

B. 离开公司→1分

C. 保持中立→2分

D. 请上级出面处理→3分

(15)在业务工作中,你得到一笔回扣,公司没有人知道,你会(　　)

A. 下不为例→1分

B. 退还回扣→2分

C. 上交公司,说明情况→3分

评分标准:

33~45分:你善于驾驭上下级之间、同事之间的各种复杂的关系,能够化解办公室产生的各种矛盾,你是称职的管理者,又是优秀的员工。

21~32分:你可以较好地处理办公室的人际关系,但要应付复杂的人际关系,你还需要从协调能力上下工夫。

9~20分:你处理办公室人际关系的能力较差,有时办公室的矛盾因你而起,你自己却不知道原因所在。你要学会理解,学会尊重,学会协调。

9分以下:在办公室,你经常感到无所适从,办公室人际关系恶化,大多数时候与你有关,你需要提高工作能力和协调能力。

第七章
职业压力与职业倦怠

第一节　传递正能量
——谈职业压力

 井无压力不出油，人无压力轻飘飘。
　　　　　　　　　　　　　　　　　　　　　　　　　　——王进喜

　　旅游专业的中职生晓玲和小欢毕业后选择了不同的工作，晓玲在一家餐饮公司工作，她在工作中非常努力，表现出色，半年后从服务员升为储备干部，又过一个月升为餐厅的营销主任。身为营销主任，晓玲感觉压力很大，原因有四点。第一，对自己进一步的升职没有自信；第二，迫切想提升自己的业务能力；第三，上级领导施加的工作压力，担心自己做不好，让领导失望；第四，担心下属不好管理。压力让晓玲脸上的笑容减少了，睡眠也变得不如以前好。小欢则选择了一家旅行社工作，在美丽的厦门做旅游地接工作，工作辛苦、奔波、休息不好、饮食不规律。在同事都抱怨工作辛苦的时候，小欢的压力却是如何做得更好，如何快速熟悉旅游业务流程，从为老板打工到自己当老板。可见不同工作给员工带来的压力是不同的，但几乎不存在无压力的工作。那么工作中常见的职业压力有哪些，表现形式如何，影响因素有哪些呢？

一、职业压力概述

　　职业压力是和工作有关的压力，有两层含义：第一，指的是给人造成压力的外部事件或情境。第二，指的是人感觉到的心理、身体或情绪方面的紧张和压力。这里所讲述的是第二层含义。当一个人的工作能力无法满足工作要求时，或者说无法胜任工作任务时，工作压力就产生了。工作压力会导致人产生心理和生理上的反应。而导致工作压力的因素多种多样，如完不成工作任务、孤独、工作时间过长、工作中缺乏自主性、与

同事或上级人际关系不协调、或缺乏自我提高的机会等。压力也分为积极和消极压力，积极压力可以促进人的发展，而消极压力则阻碍人的发展，影响人的身心健康。

二、职业压力的来源

职业压力主要来自于五个方面，分别是单纯的工作因素、个人在组织中的角色、生涯发展、工作中的人际关系和组织结构。

1. 单纯的工作因素包括雇员在正常工作时间的表现、预期的工作效率、工作的物理环境和上司对雇员的期望。研究表明上夜班对员工的健康有较大的负面影响，约20%的夜班工人曾因夜班而影响身心健康，有的还因此患了心脏病。工作效率也会造成员工的压力，比如餐饮服务员在面对等着用餐的客人时，要快速高标准地将餐具摆放好，上菜过程时要把握好时机和摆放位置，如果速度和标准达不到要求，则会引来顾客的抱怨或是上司的批评。工作的物理环境包括工作场所的噪音、卫生条件、工作设备、活动空间的大小等等，工作场所宜人则员工的体验就会舒服，否则会造成一定的不良体验和压力。如一些橡胶厂和电子厂在生产过程中会产生难闻的气味，工人在厂里工作衣服和头发都会沾上难闻的气味，这令工人感到不舒服。上司的期望也会造成员工的压力，上司把任务交给员工，员工往往会想我要出色完成任务，不能让上司失望，万一没做好，就感到愧疚。

2. 个人在组织中的角色也可能带来压力，如负责整个公司或一个部门的领导，要管理的人和事更复杂，相应的压力也更大。最底层的员工则没有这方面的角色压力。

3. 职业生涯发展带来的压力，没有人愿意永远在公司的最底层待着，都想升职和进一步提高自己。担心工作职位被替代，所以不断给自己"充电"，提升自己。经济科技发展日新月异的商业时代，员工的生涯发展压力也变得越来越大。

4. 工作场所的人际关系主要是围绕生产和工作展开，有积极的，也存在消极的。常见的人际关系压力源包括被骚扰或伤害、被歧视、别人的偏见、流言和其他贬损评论。如刚工作的小青发觉同事总说她业务不精，还在背后对她指指点点，在经理面前说她的坏话。小青觉得很委屈和苦闷，同时对那个同事心怀怨恨，两人很少往来，遇见了也是互不理睬，时间久了，小青受不了这样紧张的人际关系，办理了辞职。

5. 组织结构/组织气氛，一个单位或部门的氛围包括总体的沟通方式、管理风格和员工的参与度等。如果总体工作氛围良好，员工参与度高、领导带领有方，那么员工的工作效率和工作满意度也都会提高，相应的身心失调障碍也会减少。反之，如果总体工作氛围紧张、领导的领导能力不强，员工缺乏凝聚力，这样的工作氛围和风气会给这个部门的所有人带来压力。

三、职业压力对健康的影响

消极压力可以导致的不良后果包括心理失调(如抑郁、焦虑等)、情绪障碍(不满、疲惫、紧张等)、适应不良行为(有攻击性、药物滥用等)和认知失调(注意力难以集中和记忆力下降)。工作压力引起以上不良心理反应,进一步又导致工作效率低下,工作量降低。工作压力还与身体健康状况有关,长期的压力会导致心血管疾病,严重的甚至会导致死亡。

2010年,某企业一年内有13名员工自杀,引起了社会极大的反响和关注。部分自杀原因是员工在工作期间,工作辛苦、单调、工资低,为了提高工资收入,就要延长工作时间,甚至每天工作12小时。不仅如此,企业等级制度森严,尤其是一线技工长期处于一种高度紧张的高强度工作状态,还要忍受管理人员的辱骂甚至体罚。人几乎已经变成机器,自尊心几乎完全被忽视。企业缺乏关心员工的氛围,上下级关系不融洽。长时间这样的工作强度和工作氛围使员工心理疲惫,找不到出路,感到人生迷茫没有意义,以致绝望,最后选择自杀。可见工作中长时间的压力会严重影响员工的心理健康和决策。

不仅如此,太大的压力对人的身体也有不良的影响。《英国医学杂志》曾发表报告说,那些声称自己时常受压力所苦的人,几乎都具有容易引发心脏病和糖尿病的特征。芬兰科学家对1020位年轻人的工作及其心血管健康情况进行了调查。调查结果发现,与行业压力不大的年轻人相比,工作压力大的年轻人的动脉容易在较早的时候就开始出现变窄的情况。动脉硬化会使血管内的块状物越积越多,最终影响血液的正常流通,并导致心肌梗死或中风。

最近,也报道多起员工猝死事件,如2013年5月13日傍晚,奥美中国北京分公司一名年轻员工在办公室突发心脏病,经医院抢救无效死亡,年仅24岁。2012年一年内有4名淘宝店主猝死。2013年5月,IT行业工作的福州小伙晕倒后抢救无效死亡。以上猝死案例均是当事者连续多日加班,高强度的工作压力导致。可见职业压力对人身体的影响后果是十分严重的。

四、职业压力的认识误区

前面谈了消极的职业压力对人身心健康的不良影响,以致有些人"谈压力色变",产生一些对压力的错误认识。

1. 所有压力都是有害的

压力有积极和消极压力,积极压力可以促进人们在工作中的表现,如单位为了鼓励员工努力工作,会将升职加薪、提供表扬等作为奖励。员工此时努力工作的压力会变成争取高工资高职位的动力。

2. 良好的工作状态应该没有压力源

压力源是永远存在的,压力领域之父 Hans Selye 说,只有死人才没有压力。工作中没有压力就很难有进步,没有效率,企业也难以发展。良好的工作状态应该是正确理解和应对压力。

3. 如果足够努力,就总是能应付工作中的压力

人不是万能的,每个人都有自己的极限,职业压力达到个人无法解决的程度时,如果还坚持努力去完成,则会导致筋疲力尽。此时,选择休息或是求助别人才是明智的选择。

4. 不良压力只具有消极影响

不良压力也是把双刃剑,产生危害的同时也有积极的作用,如可以让人发现之前没有发现的潜能,激发完善自己的欲望。

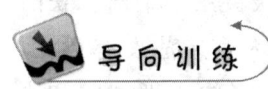

测一测你的工作压力大吗

请回想一下自己在过去一个月内有否出现下述情况:

1. 觉得手上工作太多,无法应付。

2. 觉得时间不够,所以要分秒必争。例如,过马路时冲红灯,走路和说话的节奏很快速。

3. 觉得没有时间消遣,终日记挂着工作。

4. 遇到挫败时很易会发脾气。

5. 担心别人对自己工作表现的评价。

6. 觉得上司和家人都不欣赏自己。

7. 担心自己的经济状况。

8. 有头痛、胃痛、背痛的毛病,难于治愈。

9. 需要借烟酒、药物、零食等抑制不安的情绪。

10. 需要借助安眠药去协助入睡。

11. 与家人、朋友、同事的相处令你发脾气。

12. 与人倾谈时,打断对方的话题。

13. 上床后觉得思潮起伏,很多事情牵挂,难以入睡。

14. 太多工作,不能每件事做到尽善尽美。

15. 当空闲时轻松一下也会觉得内疚。

16. 做事急躁、任性而事后感到内疚。

17. 觉得自己不应该享乐。

计分方法:从未发生—0分,偶尔发生—1分,经常发生—2分。

0~10分:精神压力程度低但可能显示生活缺乏刺激,比较简单沉闷,个人做事的动力不高。

11~15分:精神压力程度中等,虽然某些时候感到压力较大,仍可应付。

16分或以上:精神压力偏高,应反省一下压力来源和寻求解决办法。

(上述的测试主要是引发大家对精神健康的关注,若发现分数不理想或不切合你的状况,请不必介怀。)

第二节 敢问心路在何方

——谈职业压力的应对与管理

  兵来将挡,水来土掩。 ——《大战邳彤》

小姚和小菲中专毕业后被同一家公司录取做景点讲解员。工作之初,两人都怀着美好的期望,希望自己能表现出色,凭自己的实力获得高收入。但工作两个月后,小菲发现自己带的游客越来越少,有时候即使带了几个旅游团,但旅游团没有任何购物,也就是"空团",这样小菲的月收入就比较低。小菲心情低落,在上班时间一个人坐在海边发呆,到了下班时间自己掏钱给公司,说是带团的讲解费。后来被公司发现,受到了批评。小菲觉得很没有面子,最后辞职了。小姚在工作之初也经常带"空团",收入低,小姚心情也不太好,但小姚没有选择逃避。她向表现优秀的员工请教,发现自身存在的不足,然后慢慢改进。两个月后小姚的工作越来越顺利,收入也越来越高,甚至她的母校还请她回校给学弟学妹讲课。面临相同的职业压力,小菲和小姚的心情都受到了影响,但小菲受到的影响好像更大。两个人采取的应对行为也不同,结果是小姚成功地应对了职业中遇到的压力,而小菲则选择了放弃。工作中难免会遇到各种各样的职业压力,企业员工该如何应对和管理职业压力呢?

一、正确评估压力

当任务来临或事情发生时,先对其进行评估。如果是新任务,要评估任务量有多大,完成时间多久,每天、每周或每月的工作量多大。如果完不成是否可以求助于别人。如幼师毕业的小吴在一家幼儿园工作,院长交代给小吴一个书写的工作,要在1周内完成一篇5000字的文章。这对小吴来说不是一件容易的事情,小吴先评估了一下每天的工作量,前两天查资料,余下的三天写5000字,还要进行修改。好像无法完成,如果周末两天也用来写文章的话就可以如期完成。评估之后,小吴最初的焦虑减轻了很多,她开始着手完成任务。如果是突发事件,则要评估该事件是否与我有关?自己应该承担的责任是什么?下一步该如何处理?

二、增强适应能力

1. 减少不必要的压力源

人的能力和精力是有限的,避免压力过大的方式之一就是需要懂得"量力而为"。接受能力范围和责任范围内的任务,不要凡事都揽在自己身上,或因为不好意思拒绝别人而接受额外的工作。结果事情就会越来越多,压力相应的也越来越大。要给自己留出适当的休息时间,不要把工作时间塞得过满。

2. 建立自信,肯定自己

人的自信心对认识与应对职业压力有较大的影响,同样的情境,自信程度不同的人的认识和应对会有很大差别。有自信的人比较清楚自己的能力范围,懂得表达自己和满足自己的需求。而自信心不足的人则更在意别人的看法,担心会被别人看扁,担心被拒绝,怕麻烦别人,同时又容易受别人影响。当事情发生的时候,自信心不足的人则不擅长向别人求助,一个人承担压力,则压力变得难以应对。所以,提高自信心是应对压力的好方法之一。

3. 选择适合自己的应对压力方式

当压力来临的时候,人们往往会产生情绪反应,如紧张焦虑等。有人情绪反应太强烈以至于无法采取行动来应对压力,结果造成更糟的情绪体验,形成了恶性循环。当面对压力时可以选择两种方式:第一,先处理自己的紧张焦虑情绪,让自己放松下来以后再想办法处理问题。第二,如果情绪反应不是特别强烈,则直接采取行动应对压力。

4. 用积极的观点看待压力事件

一件事情往往有其双面性,乐观的人多看到积极的一面,而悲观的人则常看到消极的一面。如一个老太太的两个儿子,一个靠打鱼为生,一个靠卖伞为生。晴天的时候老太太伤心地哭,她认为卖伞的儿子生意要受影响。下雨的时候,老太太也伤心地哭,因为她打鱼的儿子无法出门打鱼了。如果老太太能换个角度看问题,晴天的时候为打鱼的儿子开心,雨天的时候为卖伞的儿子开心,那么老太太每天都是快乐的。同样的道理,我们在工作中也要提醒自己看到事情的积极一面,尽量减少自己悲观的想法。要常常提醒自己我能胜任这项工作,这项工作虽然难度很大,如果成功完成了则是对自己能力的一种肯定。要少说悲观的话语,如"我什么都做不好","我怎么这么笨呢","如果这件事完不成我就完蛋了"等类似的话语。

5. 合理安排时间和工作

工作中的压力有大部分是因为时间太紧导致的,每天的时间又都是固定的,每天24小时,正常工作时间8小时。充分利用时间,合理安排工作,会减少工作的堆积,进而减轻压力。先反思一下你对时间的利用率怎样,上班时间是否被聊天、新闻、电话等干扰。事情是否按轻重缓急进行了合理分类和安排。借助一些时间管理工具来合理安排工作会减轻工作压力,如现在流行的"番茄工作法"、"先吃掉最大的青蛙"等。

三、调节自己的生理及行为反应

1. 放松身体

身体与心理是互相影响的,心理紧张会表现在身体姿势上,反过来,身体紧张也会加剧心理紧张。当身体肌肉紧绷,如眉头紧锁、脖子向前伸、肩膀向上耸、拳头紧握,腿部弯曲,这样的身体姿势会给大脑传递一种紧张的信号,进而心理也会体验到紧张的感觉。在日常生活中心理的紧张难以快速调节,但身体姿势可以轻松进行调节。所以,当体验到压力时,要试着先放松自己的身体,让身体放松带动心理放松。

2. 进行体育运动,保持健康

运动是一个很好的减压方式,当体验到很大压力时进行适当的体育锻炼,促进血液循环,激活身体能量可以缓解压力。适当的休息、放松,如听音乐、娱乐、看轻松电影等都有利于压力的释放。保持健康可以增加精力和耐力,有助于抵抗压力与消极情绪的侵袭。

3. 建立社会支持系统

社会支持系统是个人可用的环境资源的总和,俗话说一个好汉三个帮,一个篱笆三个桩,社会支持可以减轻压力。社会支持系统可以包括自己的家人、朋友、同事、同学等可以在关键时刻给予自己支持的人或机构。社会支持系统可以提供的帮助包括情绪支持、团队支持、尊重支持、实质帮助、信息支持等。

情绪支持是指在压力面前,支持系统给你提供安慰、安全感,使得个人觉得自己是被他人照顾的。

团队支持使个人觉得自己不是一个人在承担压力,有一个团队在和自己一起面对承担问题,自己的心理负担会减轻。

尊重支持则是借由他人的援助,使个人产生有能力或自我尊重的感觉。支持系统给予的实质帮助包括具体或工具协助,给予压力情境中的个人以必需的资源。信息支持则是给予个人有关可能解决问题方案的建议或指导。

要想获得社会支持系统的帮助要首先建立社会支持系统,则需要个人开放自己,自我袒露,在别人面对压力时给予帮助,往来的次数多了,支持系统慢慢就建立起来了。

四、寻求专业帮助

当一个人面临的职业压力太大,不仅个人无法解决,就连支持系统也无法帮助其解决时就需要寻求专业帮助了。

目前,不仅有针对个人的,也有专门的针对组织的工作压力管理咨询服务。个人面临职业生涯发展问题时,自己是应该继续在原单位工作还是跳槽,或者是自己创业。自己深陷选择漩涡之中无法做出选择和进一步行动时,可以寻求职业生涯规划师的帮助。当职业压力太大已经引起心理失衡等心理问题时,可以先寻求心理咨询师的帮助,解决心理问题,再想办法解决工作压力问题。

针对组织的服务是指由单位邀请咨询机构来为本单位员工提供服务。多采用"工作生活平衡及压力管理"咨询的方法,包括深度访谈、团体焦点访谈和问卷调查等以了解员工的职业压力状态和工作/生活平衡。通过对员工的调查了解其工作/生活状况,帮助员工调和家庭/个人生活,为提高员工的健康/士气和工作绩效,有效地加以测量。

测试之后,就要设计量身定做的咨询服务。具体包括工作压力现状诊断、工作压力管理训练,并根据情况提出改进措施,在单位设置幽默角,收集趣闻、笑话,要求与周围的人们共享等等。学习15分钟之内就能快乐起来的技巧,这基本上是一种依据积极心理学原理设计的培训活动,如优化压力管理,识别压力源,冥思和肌肉放松;培训良好的人格,如乐观、希望、自我效能和内控;改善组织气氛、沟通技巧、提倡相互支持和团队建设。这样的咨询服务,可以真正降低员工所感知到的工作压力,使焦虑症状都有所减轻。

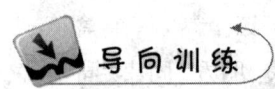
导向训练

简易自我放松法

想象法。想象一个你所喜爱的地方,并逐渐沉浸在其中,由此达到精神放松。如想象自己躺在水清沙白的海滩上,沙子细而柔软,阳光照在全身,海浪不停地拍打海岸,轻缓的海风吹来,自己安然地躺在大自然中,非常轻松,十分自在。

伸展法。每天拿出适当的时间,伸展一下自己的身体,并注意放松、缓慢、连续的锻炼,在每一个充分伸展的部位停顿10~30秒。

第三节　寻找往日的激情
——谈职业倦怠

　压垮骆驼的最后一根稻草。　　　　　　　　　　　　　——英国谚语

一、什么是职业倦怠

职业倦怠（burnout）是指个体在工作重压下对工作失去兴趣，产生身心疲劳与耗竭的状态。职业倦怠不是个人因素或私人因素引起的，而是和组织中存在的问题有关，如过长的工作时间，较少的休息时间，持续的同事、顾客和领导监督等因素。

如何处理压力决定着个体的压力感和与职业倦怠的距离。个体可能经历较少的压力源，但是个体无法很好的处理压力，结果就导致职业倦怠。然而，其他个体可能面临更多的压力源，但是可以很好地处理压力，结果就可以避免职业倦怠。个体职业倦怠的程度可以通过多种测试进行检验。

二、职业倦怠的发展阶段

心理学家研究发现职业倦怠可以分为 12 个阶段，这些阶段不是每个都必经的，也不一定完全按照顺序发展。

第一阶段，证明自己。

初入职场，员工往往有很大的热情和动力，渴望去证明自己的实力。

第二阶段，努力工作。

因为要向其他人证明自己，或者努力去适应与自己格格不入的组织，人们对自己给予了很高的期望。为了实现这些期望，他们把精力全部投入工作中，且承担的工作比平时应该承担的要多。他们可能开始变得自己承担所有事情，事必躬亲。这样可以显示出他们是不可替代的，因为他们可以独立做那么多的工作，而不需要其他人的帮助。

第三阶段，忽视自身需求。

因为他们把自己的所有都投入到工作中，他们没有时间和精力做其他事情。朋友、家庭、饮食和睡眠开始变得好像不重要或不是必需的，他们减少花费在以上事情的时间，都放在了工作上。

第四阶段，取代冲突。

现在，人们开始意识到他们这样做是不对的，但是他们无法看到问题的根源。这可能导致个人危机和危险。这时他们在经历第一个身体症状阶段。

第五阶段，重新审视价值。

在这个阶段，人们将自己与他人隔离开来，他们避免冲突，当他们观念转变的时候，他们进入忽视自身生理需要的阶段。他们还改变了自己的价值系统。工作耗费了他们剩下的所有精力，没有时间和精力放在朋友或是爱好上。他们新的价值系统是工作，此时他们开始变得情绪迟钝。

第六阶段，无视出现的问题。

个体开始变得无法忍受，他们不喜欢社交，如果必须有社会接触，他们会认为难以忍受。其他人被看成是有攻击性和讽刺性的。对他们来说，抱怨他们日益增长的时间压力问题和他们必须承担的工作很正常，而不是将责任归咎于他们自己发生的改变。

第七阶段，退行。

他们的社会交往越来越少，很快就变得孤独。饮酒和药物被用来作为常规工作后的放松。他们经常感觉到没有希望和方向感。

第八阶段，明显的行为改变。

他的家人、同事、朋友和他社交圈的其他人都发现了他的行为改变。

第九阶段，人格分裂。

他们将自己和其他人都看作无价值的。同时，他们也没有任何个人需求。他们的视野仅局限于眼前的时间，他们的生活变成一系列无意识的功能。

第十阶段，内心空虚。

他们内心感到空虚，为了消除空虚，他们开始过量饮酒等过激行为。

第十一阶段，抑郁。

这个阶段，他们衰竭、无望、冷漠，对前途绝望。对他们来说，生活没有意义。典型的抑郁症状出现。

第十二阶段，耗竭症状。

他们身体和精神都垮掉了，开始寻求专业医疗帮助。极端情况下（当抑郁出现时），他们有自杀的念头以逃避现状。只有少数人将采取自杀行动。

三、职业倦怠的表现与危害

职业倦怠主要表现在身体、心理和行为三个方面。

1. 生理表现

体验到职业倦怠的人常没有食欲，消化不良，甚至会有胃病。全身或局部酸痛，如肩膀、脖子。易疲劳，头疼。入睡困难，易醒，入睡后多梦，睡醒后没有放松感，依旧感觉疲惫。没有精神,有时感觉呼吸不畅。

2. 心理表现

职业倦怠者心理方面的症状包括感觉迟钝,反应变慢,记忆力下降,忘记将要做的事情,或是忘记最近才发生的事情。注意力难以集中,常发呆,开会时领导讲话听到了声音但什么都没听进去。情绪也出现问题,对工作没有热情,想到要去工作就心烦。在工作中烦躁,容易发脾气。有的表现为冷漠,不理别人,不愿意参加集体活动。敏感多疑,同事无意的一句话就当成是故意针对他。闷闷不乐,对生活丧失兴趣,自信心降低,甚至有自杀念头,表现出抑郁心态。对自己的评价降低,经常感觉失败和受挫,怀疑自己的能力。

3. 行为表现

职业倦怠员工的行为也会发生相应的变化,常见的行为表现有以下几种。

(1)攻击行为。将工作中遇到的挫折、产生的不良情绪通过攻击行为来发泄。一部分是攻击他人,如对下属发脾气,从事服务业的人对顾客发脾气,或者将工作中的情绪带回家里,对家人发脾气,甚至动手打人。一部分人则是针对自己,认为自己没用,要惩罚自己,进行自伤、自残,如用烟头烫自己、拿小刀割自己的皮肤。个别极端者还可能出现自杀行为。

(2)放纵行为。职业倦怠者为了应对工作中的压力,化解不良情绪,常常采取某种或多种行为。如男性大多会大量抽烟、酗酒、打游戏,女性则多暴饮暴食、疯狂购物。这样的放纵行为无法从根本上化解职业倦怠,还会对身心造成新的伤害。

(3)懈怠工作。工作拖沓,领导交代一天内完成的工作一周还无法完成;迟到早退,对工作缺乏动力,不想去单位,故意磨蹭不去单位,迟到。工作中也是无精打采,觉得没有意义,想逃离工作场所,如果条件允许就早退。或者人虽然在单位却不工作,甚至无故旷工不去单位。

此外,职业倦怠在人际交往方面的表现:不愿意与人交往、对同事和上级心怀不满、与人交流不畅。

4. 职业倦怠的危害

职业倦怠影响个人身心健康、人际关系、家庭和睦、工作前途。长期受职业倦怠困扰的员工心理和身体都处于亚健康状态,严重者还导致心理疾病和身体疾病。人际关系也受到影响,由于感情变得冷漠,脾气不稳定,逃离社会,人际交往越来越少。家庭也会因此受到影响,家庭气氛不融洽,缺少欢乐。工作前途也堪忧,严重者甚至无法继续工作,只能辞职或被辞退。

对单位的影响则是造成单位人际关系紧张,工作效率下降,单位收益下降。如果是服务性行业,甚至会影响到单位的声誉。

四、职业倦怠的成因

职业倦怠形成的因素主要包括三个方面,分别是个体因素、工作与职业特征、组织与社会因素。

个人因素主要是指个人的性格特征与处理压力的能力。如A型性格的人对自己和他人均要求严格,追求效率,性格急躁。这样的人会经常感觉到压力,也更容易产生职业倦怠。不会处理压力的人由于压力越积越多也会造成职业倦怠。

工作与职业特征因素主要是个体从事的工作类型和职位,研究发现从事服务业的人更容易产生职业倦怠,如客服接线员。工作量过大、休息时间少也会造成职业倦怠,如在生产一线工作的工人们。

组织与社会因素主要指工作单位和社会大环境。工作单位的企业文化、工作氛围、人际关系等会对员工的工作产生很大影响,积极向上的文化、融洽和谐的人际关系会减少职业倦怠的发生,反之则容易导致工作倦怠。社会环境包括生活城市的治安、交通、医疗、文化等,如果一个城市治安混乱、交通经常堵塞、缺乏文化,人们就会体验到更多的压力,这种压力会影响工作,进而加速职业倦怠的产生。

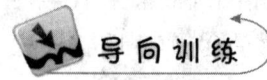

测测你是否存在职业倦怠

认真阅读下列问题,请您根据自己的情况,从中选择符合自己情况的那一项。其中,A—从未如此,B—很少如此,C—说不清楚,D—有时如此,E—总是如此。例如,第一题"对工作感觉到有挫折感",如果您从未如此,请在答题卡上1.后面的括号里写上"A"。

1. 对工作感觉到有挫折感。
2. 觉得自己不被理解。
3. 我的工作让我情绪疲惫。
4. 我觉得我高度努力工作。
5. 面对工作时,有力不从心的感觉。
6. 工作时感到心灰意冷。
7. 觉得自己推行工作的方式不恰当。
8. 想暂时休息一阵子或另调其他职务。
9. 只要努力就能得到好的结果。
10. 我能肯定这份工作的价值。
11. 我认为这是一份相当有意义的工作。
12. 我可以在工作中获得心理上的满足。

13. 我有自己的工作目标和理想。
14. 我在工作时精力充沛。
15. 我乐于学习工作上的新知。
16. 我能够冷静地处理情绪上的问题。
17. 从事这份工作后,我觉得对人变得更冷淡。
18. 对某些同事所发生的事我并不关心。
19. 同事将他们遭遇到的问题归咎于我。
20. 我担心这份工作会使我逐渐失去耐性。
21. 面对同事时,我会有很大的压力。
22. 常盼望有假期,可以不用上班。

说明:该问卷包括三个分量表,情绪衰竭(第1—8题)、低个人成就感(第9—16题)、非人性化(第17—22题),其中第9—16题为反向题。A、B、C、D、E分别记1、2、3、4、5分,反向题相反记分,求出每个一分量表的平均分,即代表这一个分量表的程度。

第四节　给咖啡加点儿糖

——谈职业倦怠的干预

 乐观的人像太阳,照到哪里哪里亮。　　　　　　　　　　——谚语

　　杰瑞是个不同寻常的人。他的心情总是很好,而且对事物总是有正面的看法。当有人问他近况如何时,他会答:我快乐无比。

　　他是个饭店经理,却是个独特的经理。因为他换过几个饭店,而有几个饭店侍从都应声跟着他跳槽。他天生就是个鼓舞者。如果哪个雇员心情不好,杰瑞就会告诉他怎么去看事物的正面。

　　这样的生活态度实在让我好奇,终于有一天我对杰瑞说,这很难办到! 一个人不可能总是看事物的光明面。你是怎么做到的? 我问道。

　　杰瑞答道:"每天早上我一醒来就对自己说,杰瑞,你今天有两种选择,你可以选择心情愉快,也可以选择心情不好。我选择心情愉快。每次有坏事情发生时,我可以选择成为一个受害者,也可以选择从中学到东西。我选择从中学习。每次有人跑到我面前诉苦或抱怨,我可以选择接受他们的抱怨,也可以选择指出事情的正面。我选择后者。"

　　"是! 对! 可是没那么容易吧。"我立刻声明。"就是这么容易。"杰瑞答道,"人生就是选择。当你把无聊的东西都剔除后,每一种处境就是面临一个选择。你选择如何去面对

各种处境。你选择别人的态度如何影响你的情绪。你选择心情舒畅还是糟糕透顶。归根结底,你自己选择如何面对人生。"

杰瑞积极的心态为他带来了快乐的心情和好的工作人际关系,同时,职业倦怠好像也远离了他。

职业倦怠给个人和企业带来的影响都是不利的,那么如何避免职业倦怠的发生或克服职业倦怠呢?要从两方面来着手,分别是企业和员工个人。企业有责任和义务帮助员工解决职业倦怠问题,员工个人也要积极避免职业倦怠的困扰。

一、企业如何帮助员工解决职业倦怠

1. 多沟通建设轻松工作氛围,和谐人际关系

工作氛围对员工的工作效率与工作情绪影响很大,如一家服务类公司员工流动率非常大,原因就在于公司内部人际关系紧张,人与人之间缺乏交流,工作压力大,上下级关系不和谐。公司应增强员工的参与意识,同事间多交流沟通,建立互相信任和理解的人际关系。对事不对人,不将私人恩怨带到工作中。有许多公司还专门为员工提供放松场所,员工可以在其中按摩、听音乐等。

2. 建立公平的激励机制

古话有云,不患寡而患不均,意思是不担心分得少,而担心分得不公平。企业要做到公平地考核员工的表现,根据员工的表现给予相应的福利待遇和提升培训机会。目前企业都实行工资保密制,即员工之间互相不知道其他人的收入。但是一般情况下,员工之间总克制不住好奇心而互相询问,当员工觉得与其他员工相比,自己受到了不公平的待遇时,其满意度必然会下降。因此,在激励机制中传递公平的感觉很重要。

3. 实行员工援助计划辅导

员工援助计划简称EAP,早期EAP主要集中于帮助员工解决酗酒或滥用药物问题。现在的内容包含工作压力、心理健康、灾难事件、职业生涯困扰、健康生活方式、法律纠纷、理财问题、减肥和饮食紊乱等,可全方位帮助员工解决个人问题。据统计,目前在美国有3/4以上的企业员工常年享受着EAP服务。目前,中国的公司也引进了EAP,以提高企业员工的工作满意度,减轻职业倦怠。

二、个人职业倦怠的行为应对

1. 关注自己的状况

医学上有句话叫对症下药,同样的,对于职业倦怠,要先找出产生倦怠的原因或刺激事件,然后再想办法克服。首先,当自己在工作中感到心情很糟时要及时记录下来是

什么事情引起的,过一段时间总结一下是否存在规律。发现规律后找出应对策略,以后再遇到类似情况就提醒自己应用应对策略。

2. 寻找新的激励点,培养对工作的兴趣

一份工作重复时间长了,难免会觉得枯燥、乏味、缺乏激情。此时,可以考虑换一个角度挖掘工作中新的内容,或是想一些改进方法,让工作更高效。多与同事交流,了解别人对工作的态度和看法,以及他们的工作方法,从中挖掘工作中新的一面。

3. 合理利用时间

大多数时候感觉工作内容多、事情做不完,是因为时间安排不合理。有效的时间管理方法包括把自己的工作内容全部列成清单,然后把这些工作按"比较重要"、"重要"、"较不重要"分级。看看有哪些"较不重要"的工作可以删除不做,或授权给更适合的人来做。再将"比较重要"及"重要"的工作分出优先顺序。先做重要和紧急的事情。妥善安排时间可以减轻压力,先做计划,不要过度操劳,留出休息时间。解决了一个问题后,再逐项解决其他的问题。在每一个时间段里每次只面对或解决一个难题。这样面对压力的烦躁心态就慢慢被工作思维所替代。

4. 设定目标

每个人都期望自己变得更优秀,每天都能有所进步,而不是在原地打转或倒退。那么目标的作用绝对不容忽视。建议先为自己设定一个工作上的小目标,因为这样成功的机会比较大。目标应明确、可量化,并能在一定期间内完成。小目标实现后再制定下一个小目标并实现。这时就会发现就会越来越有趣,个人的成就感也会增加。

三、员工职业倦怠的心态调整

1. 调节焦虑情绪

焦虑是指一种缺乏明显客观原因的内心不安或无根据的恐惧,是人们遇到某些事情如挑战、困难或危险时出现的一种正常的情绪反应。但是焦虑一直持续下去对工作的顺利进行会产生不利影响。

那么如何缓解焦虑呢?首先要有自我觉察,即当自己焦虑的时候要意识到自己处于焦虑之中。并意识到焦虑引起的行为反应,如手心出汗、四肢发抖、心跳加速等。意识到自己的焦虑后要学会放松,如深呼吸、绷紧全身肌肉再放松、适当运动、闭眼想象愉快的场景等。

其次要调整认知,向焦虑挑战。认真地思考一下,自己担心发生的可怕事情发生的几率有多大,如果真的发生了,最坏的后果是什么,自己能不能承担。还有什么别的选择,即使没有别的选择,也可用"没什么大不了"来安慰自己。

研究表明,焦虑会恶性循环,如果能尝试多角度思考问题,及时发现焦虑状态并做调整,焦虑恶性循环便会被打破。

2. 培养积极乐观心态

环境有时候无法改变,但个人的心态却是可以改变的。所以如果你改变不了环境就改变自己的心态。就像开头故事中的杰瑞一样,每个人都可以选择自己以什么样的心态开始新的一天。如何培养积极乐观的心态呢?

(1)相信自己可以成功

要相信自己可以成功,给自己积极的言语暗示,如我能行、我可以顺利完成这次任务等。当心里认定自己就是成功者的时候,就已向成功迈进一步了。

(2)凡事向好的方面想

思维和行动是互相联系的,积极的思维带来积极的结果。如一个人总是担心做不好,那么,结果可能就不好。小和尚去打水,师傅一直叮嘱水不能洒出来,小和尚心里一直担心水会洒出来,水偏偏就洒出来了。也就是常言说的担心什么偏偏就发生什么。所以,平时遇事要往好的方面想,多想象自己成功办成了某件事的场景。

(3)阿Q精神

适当运用阿Q精神胜利法,让自己感到自己的重要性,感觉自己被人需要、被人感激,这是我们普通人的自我意识的核心。若你能满足别人心中的这一欲望,他们就会对自己、对你产生积极态度。

(4)微笑面对

微笑不仅可以改善自己的心情,也可以感染周围人,平时多微笑,可以促进人际关系,也可以让自己显得自信友好。

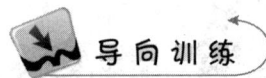
导向训练

你够乐观吗?

你的积极心态有多高?积极水平高或低的利弊是什么?下面的测试将为你提供一个深入了解自己的机会。从 A、B、C、D、E 五个答案中选择最合适的一个。A. 很不符合   B. 较不符合   C. 说不清   D. 比较符合   E. 完全符合

1. 做一件事情,当结果和你的估计相符时,你就感到很满意;否则,即使别人说你成功了,你也会感到不满意。(   )

   A. 很不符合   B. 较不符合   C. 说不清   D. 比较符合   E. 完全符合

2. 通常,对所做的事,你要求达到的水平往往高于一般人。(   )

   A. 很不符合   B. 较不符合   C. 说不清   D. 比较符合   E. 完全符合

3. 对感兴趣的事,你都能尽力而为,对不感兴趣的事,干好干坏无所谓。(   )

   A. 很不符合   B. 较不符合   C. 说不清   D. 比较符合   E. 完全符合

4. 你觉得,做出成绩是人生最重要、最幸福的事情,即使苦些也值得。(   )

   A. 很不符合   B. 较不符合   C. 说不清   D. 比较符合   E. 完全符合

5. 每做一件事,你通常都从工作方法入手。（   ）
A. 很不符合   B. 较不符合   C. 说不清   D. 比较符合   E. 完全符合
6. 你经常成功,很少失败,即使失败了,也会在别的方面寻找弥补。（   ）
A. 很不符合   B. 较不符合   C. 说不清   D. 比较符合   E. 完全符合
7. 好胜心强,从不服输。（   ）
A. 很不符合   B. 较不符合   C. 说不清   D. 比较符合   E. 完全符合
8. 如果有几件事,重要程度相同,但难易不等,你会选择。（   ）
A. 最容易的   B. 较容易的   C. 中等难度的   D. 比较难的   E. 最困难的
9. 如果你做某件事,预先有标准的话,你会选择（   ）
A. 最低标准的   B. 较低的标准   C. 中等难度的   D. 比较难的   E. 最困难的
10. 如果用 A、B、C、D、E 表示干一番事业的愿望程度,你会选择（   ）
A. 根本不想   B. 不太想   C. 愿望适中   D. 比较想   E. 非常想

计分与解释

选择 A 计 1 分,选择 B 计 2 分,选择 C 计 3 分,选择 D 计 4 分,选择 E 计 5 分。总分＝A 的个数×1＋B 的个数×2＋C 的个数×3＋D 的个数×4＋E 的个数×5。总分越高说明你的积极水平越高。

总分在 40 至 50 分之间,说明你的积极水平很高。你的事业心很强,成功机会很高,办事追求成功、完美,不喜欢半途而废。如果一件事没办好或失败了,你会感到非常不满意。你经常生活在一种紧张、焦虑的气氛中。你也许应该为自己创造一种轻松愉快的气氛来调节身心,使工作完成得更为出色。同时也使自己获得更为健康的身心。

总分在 25 至 39 分之间,说明你的积极水平适中。你有较强的事业心和工作能力,能妥善处理好自己的能力和工作完成水平之间的关系,失败了也能正确对待。这有助于你保持身心健康,但你还要不断提高自己的工作能力。

总分在 10 至 24 分之间,说明你的积极水平较低。你的事业心不强,不喜欢争强好胜,只求过一种安稳的日子。你把自己的工作标准定得很低,这样不利于你能力充分的发挥和提高。你应该在工作上严格要求自己,在奋斗中更好地实现自己的价值,开发自身的潜力。

第五节 满怀信心,迎接挑战

——谈职业自我效能感

 恢弘志士之气,不宜妄自菲薄。　　　　　　　　　　　——诸葛亮

一、自我效能感对成败的影响

《哈利波特》想必大家都很熟悉,她是英国女作家J.K. 罗琳创作的系列小说,共7部。被译成近70多种语言,在200多个国家和地区累计销量超过4.5亿册。《哈利波特》系列小说之后被拍成系列电影,一样吸引众多人前去电影院观看。大家都知道《哈利波特》很成功,但估计很少人知道《哈利波特》系列小说的第一部《哈利波特与魔法石》在被伦敦一家小型出版社接纳之前,曾经遭到12家出版社拒绝。

美国NBA著名篮球运动员迈克尔·乔丹,被称为"空中飞人"。他在篮球职业生涯中创造了不胜枚举的纪录,被多数人认为是全世界最棒的篮球运动员,也是NBA历史上第一位拥有"世纪运动员"称号的巨星。他将NBA推广至全球每个角落,他为联盟带来的收入至少在100亿以上。在乔丹辉煌成就开始之前,他高中时曾被校篮球队拒之门外。

J.K. 罗琳和迈克尔·乔丹都没有向困难低头,越挫越勇,最终取得了傲人的成就。但还有很多反面的例子。

根据测试,跳蚤跳的高度一般可达它身长的400倍左右,可称得上是动物界的跳高冠军。有人曾经做过这样一个实验:往一个玻璃杯里放进一只跳蚤,跳蚤立即跳了出来。实验者再把这只跳蚤放进杯子里,不过这次同时在杯上加一个玻璃盖,"嘣"的一声,跳蚤重重地撞在玻璃盖上。再过一阵子,跳蚤再也没有撞到盖子,因为它调整了自己的高度。一个小时后,实验者开始把这个盖子轻轻拿掉,跳蚤还是以原来的这个高度继续跳;一天以后,这只可怜的跳蚤还在这个玻璃杯里不停地跳——其实它已经无法跳出这个玻璃杯了。

难道跳蚤真的不能跳出这个杯子吗?绝对不是。只是经过几次碰撞,它的心里面已经默认了这个杯子的高度是自己无法逾越的。

是什么让有些人能够走出失败并最终获得成功,而有些人却在挫折面前认了输?心理学家称之为"自我效能"(self-efficacy),这是一些人具备的一种坚定不移的信念、相信自己具备取得成功的要素。

"自我效能"由斯坦福大学心理学家阿尔伯特·班杜拉在20世纪70年代首次提出,目前已经成为教育界的一个关键理念,正在被广泛应用于医疗保健、管理、运动以及诸如发展中国家的艾滋病(AIDS)等看起来极为棘手的社会问题等领域。

二、职业自我效能感及影响因素

职业自我效能感是自我效能感在职业领域的具体体现,与自我效能感一样,不是指某种人格特质或职业行为能力本身,而是个体对自己能否胜任和职业有关的任务或活动所具有的信念。职业自我效能感的影响因素主要有以下几方面。

1. 与职业活动有关的成败经验

个体亲身经历的与职业活动有关的成败经验是其职业能力和技能的基础,也是最具影响力的职业效能信息源。因为依靠自己的经验得到的关于自身的知识最可靠,所以它对自我效能感的影响最大。成功的经验能提高人的自我效能感,多次失败的经验则会导致自我效能感降低。不断地成功会使人建立起稳定的自我效能感,这种自我效能感不会因一时的挫折而降低,而且会泛化到类似情景中去。如新入职的员工有的越做越好,升职很快,有的则做不下去,只好辞职。

2. 他人的替代性经验

自我效能感的形成不仅会受到个体直接经验的影响,也会受到间接经验的影响。当个体看到与自己水平差不多的示范者取得成功时,自我效能感会得到增强,认为自己也能完成同样的任务;看到与自己能力不相上下的示范者遭遇失败,个体的自我效能感也会降低,觉得自己不会有取得成功的希望。如机电专业的小强要考中级电工证,考试前他咨询了去年考试的同事小李,小李告诉他去年自己花了3个月时间准备,结果就考过了。小强想小李和自己能力差不多,他花了3个月时间复习,那我如果也花3个月时间复习,应该也可以考过。所以,小强打算花3个月时间复习。这就是小李的经验影响到了小强的自我效能感。

3. 言语说服

这是一种通过他人的言语劝说和自我规劝以影响个体对自己职业能力的评估的信息源。它简便易行,因而经常被使用,但因为它没有经验基础,所以通过这种方式形成的自我效能感容易消失,不易保持。一般而言,切合实际、有事实基础的言语劝导作用更大一些,其影响效果还受到说服者身份和可信度等因素的影响。

一家旅行社去学校招聘,很多感兴趣的同学都去面试,王文同学也很想去面试,但她担心自己应聘不上,情绪很紧张,无法放松。同学们都开导她,肯定她,但她还是无法放松。此时,去年毕业在这家旅行社工作的学姐对王文说,你没问题的,应聘成功的机会很大。这时候王文感觉自己放松了很多,感觉自己会应聘成功。

4. 生理及情绪唤醒状态

在充满紧张、危险的场合或负荷较大的情况下,情绪易于被唤醒,其唤醒程度依赖于环境提供的关于个人能力的信息量。情绪唤起的水平越高,对成就行为的妨碍越大,对成就的期待也会减弱,即强烈的情绪如高焦虑、紧张通常会妨碍行为表现而降低自我效能期待。

此外,个体的职业自我效能感还受其他因素影响,如个人的归因方式、个体对活动的自我监控偏好、个人所持的能力观(能力增长观还是持能力固定观)、目标设置状况、反馈方式(积极的反馈方式还是消极的反馈方式)、社会文化因素等(社会文化中的很多习俗、偏见等因素会对个人的职业自我效能感产生负面影响)。

三、如何培养、提高职业自我效能感

1. 培养个体积极的归因方式

归因指的是个体归结行为结果的原因,有的人习惯将原因归结为内部的,如自己的努力,自己是否认真。而有些人习惯将原因归结为外部因素,如运气好、事情太简单等。归因方式对个人的自信、自我效能感的影响是潜在的。如对自我要求严格的人,常常将个人的成功归结于外部不可控的因素,如运气好、任务简单等。而将自己失败的原因归结于自己不努力。这样的归因方式不利于个体自我效能感的提高,还会降低自我效能感。所以,需要有意识地通过一定的训练程序使自己掌握积极的归因技能,避免自我轻视,将自己成功的经验归因于自己的能力或努力,避免将失败经验归结为自己能力不足。

2. 提高个体的目标设置水平

目标设置是自我效能感和工作绩效之间的一个重要的中介变量,它是衡量绩效和个人能力水平的标准。设置具有挑战性的目标对于职业自我效能感的发展非常有利。所谓挑战性的目标,是指对自身有一定难度但经过一定的努力可以达到的目标。设置过高的目标容易导致挫败感从而降低职业自我效能感,而过低的目标本身就是效能感不足的表现,也无助于职业自我效能感提高。另外,目标的具体性也是影响个人职业自我效能感形成的一个重要因素,具体的目标能使人们在实现这些目标的过程中产生自我满足感,促进职业自我效能感的进一步发展。而一般性的目标则不能成为人们评价自己能力的基本标准,因此,不利于个人职业自我效能感的发展。

3. 树立成功的榜样

让个体了解某种职业上成功人物从平凡到成功的经历,能激发其信心和斗志。据研究,特征相似性一般都会增强榜样的影响力量。因此应让个体认识到自己与特定职业上有着杰出表现的人物具有某些特征相似性,就能促进个体超越个人实际能力的限制而考虑自己与榜样的相似性,有助于其职业自我效能感的形成和发展。

4. 给予个体正面的言语劝导和保持良好的生理、情绪状态

给予个体正面的言语劝导尤其是在事实基础上的言语劝导,比如上级对下属、同事之间的言语鼓励,以及个体的自我说服、自我激励都有助于激励其自信心,促进职业自我效能感的形成和发展。

此外,形成良好的生理、情绪状态主要可以通过提供给员工适宜的工作环境以及通过各种措施降低个体工作紧张度,促进员工形成积极的情绪,避免焦虑、疲倦等状态来实现。

导向训练

自我效能感测试

请仔细阅读下面的一些描述,每个描述后有四个选项,请根据真实情况,在最符合您情况的一项上打√。(A. 完全不正确 B. 尚算正确 C. 多数正确 D. 完全正确)

1. 如果我尽力去做的话,我总是能够解决问题的。A(　)B(　)C(　)D(　)
2. 即使别人反对我,我仍有办法取得我所要的。A(　)B(　)C(　)D(　)
3. 对我来说,坚持理想和达成目标是轻而易举的。A(　)B(　)C(　)D(　)
4. 我自信能有效地应付任何突如其来的事情。A(　)B(　)C(　)D(　)
5. 以我的才智,我定能应付意料之外的情况。A(　)B(　)C(　)D(　)
6. 如果我付出必要的努力,我一定能解决大多数的难题。A(　)B(　)C(　)D(　)
7. 我能冷静地面对困难,因为我信赖自己处理问题的能力。A(　)B(　)C(　)D(　)
8. 面对一个难题时,我通常能找到几个解决方法。A(　)B(　)C(　)D(　)
9. 有麻烦的时候,我通常能想到一些应付的方法。A(　)B(　)C(　)D(　)
10. 无论什么事在我身上发生,我都能够应付自如。A(　)B(　)C(　)D(　)

计分方法

A. 完全不正确　1分

B. 尚算正确　2分

C. 多数正确　3分

D. 完全正确　4分

分数越高说明自信心越高

1~10分　你的自信心很低,甚至有点自卑,建议经常鼓励自己,相信自己是可以的,正确地对待自己的优点和缺点,学会欣赏自己。

10~20分　你的自信心偏低,有时候会感到信心不足,找出自己的优点,承认它们,欣赏自己。

20~30分　你的自信心较高。

30~40分　你的自信心非常高,但要注意正确看待自己的缺点。

第八章 职业心理咨询与指导

第一节 敞开心扉,面向职场

——谈职业心理咨询

> 了解自己的人,知道什么事情适合他们,并会辨别他们所能做的事情与他们所不能做的事情。
> ——苏格拉底

中等职业学校的学生,修完两年的在校课程之后,就面临着一个最大的选择挑战:是继续读高职准备参加高职考试,还是选择顶岗实习体验社会,将所学知识在社会实践中好好检验一番呢?如果你选择顶岗实习,那么你将要选择什么样的工作呢?在面试了几家公司后,什么样的公司会选择你?选择你的原因又是什么呢?如果进入职场,我们能适应公司的规章制度么?在公司遇到困难的时候该怎么办?你所选择的职业和岗位适合你么?你对自己未来的职业发展有什么打算呢?……当一个职校生从学校人转变为职业人的时候,以上的这些问题就会逐渐浮现出来,很多同学就会开始迷茫,开始困惑了。当你遇到这些问题的时候,该怎么办呢?

我想,很多同学肯定猜到了——我们可以求助于职业心理咨询。

一、职业心理咨询概述

首先,我们来解释一下职业心理咨询的概念。所谓职业心理咨询,就是针对咨询对象在职业选择、职业适应、职业发展等方面遇到的问题,以平等交往、商讨的方式,运用心理学、经济学(人力资源管理)、社会学的理论和心理咨询的方法,启发、教育、帮助、引导咨询对象正确认识社会需求、正确认识自己、从心理和行为上更好地生活转变问题的过程。具体说来,职业心理咨询是运用现代心理咨询技术和手段为选择职业及职业适应不良者提供职业常识、自我认知、择业决策、就业准备、面试技巧、事业发展等方面常识,启发自助的过程。

职业心理咨询的内容主要包括以下四个方面:

(1)职业准备咨询——知识、技能、信息、资料、心理等方面的准备。

(2)职业选择咨询——个人的兴趣、期望与社会需求、发展的统一;个人素质和社会职业的匹配;确立适度的抱负水准。

(3)职业适应咨询——个人理想、兴趣、能力及气质、性格与职业需求尽可能地和谐一致。

(4)职业发展咨询——创业、敬业、勤业、立业以及职业流动。

二、职业心理咨询的特征

第一,职业心理咨询的针对性。即针对求询者在求职择业时面临的各种问题或心理困惑而进行的心理咨询活动。例如,少数即将毕业的学生存在着不正确的社会认知和自我认知,过高的期望值以及在众多的职业岗位中如何选择、如何决策、如何适应职业发展、如何处理职业人际关系等困惑,职业咨询能够具体性和针对性地提供帮助。

第二,职业心理咨询的时机性。职业选择和职业发展的过程可分为不同的阶段,针对不同阶段存在的问题开展职业咨询,即时机性。例如,在求职前正确的自我认知、合理的期待、自信心的确立、面试前的紧张焦虑的克服及必要准备,以及就业后的职业认同、职业适应、职业发展等等。

第三,职业心理咨询的实效性。职业咨询具有很强的实践意义,实践的过程就是验证咨询效果的过程。实践证明,如果求询者有较高的悟性,职业咨询往往能收到十分明显的实效。因此,也越来越受到关注和好评。

三、职业心理咨询的历史

1. 职业心理咨询产生的历史背景

在传统的农业社会,勤奋的工作加上对家庭的忠诚,是社会所赞同的职业观和价值观,子承父业,被普遍视为美德。工业革命以后情况有了急剧的变化:劳动场所与家庭分离;新兴职业快速更替;社会职业专门化;两性职业刻板化消失,职业打破性别界限;工作意义发生改变,从一开始从事职业只是为解决生理上的生存需要,进步到当前从事职业需要承担的社会认可、个人心理成就感上的需要。如果说第一、二次工业革命是向人们的生理极限挑战的话,那么第三次工业革命(系统论、信息论、控制论)就是向人们的心理极限提出了挑战,高新科技飞速发展,使社会分工更细,新职业不断涌现,职业选择的机会与被新职业取代的机会同时存在,社会竞争越来越激烈,人们的心理压力越来

越大,孕育了职业心理咨询的产生。

2. 早期职业心理咨询的兴起

1907年,作为美国密歇根州一所公立学校的总监,戴维斯首创了系统的职业辅导计划,为现代学校心理咨询开创了先河;在同一时期,帕森斯在波士顿进行了类似的开创性工作,1908年帕森斯创办了波士顿职业辅导局,1909年出版了《选择职业》,第一次阐述了科学的职业选择理论,至今仍有重大影响,被后人尊称为"职业辅导之父"。随着心理学的成熟和心理测验引入职业咨询,职业心理学产生了,并逐渐成为一门新的独立的学科。职业心理学是研究与人们选择、从事和转换职业有关的个体心理差异及特点的科学,它凭借对个体一般能力、特殊能力、体力、兴趣、爱好、气质等研究材料,指导人们科学地选择职业。职业心理学的创立,奠定了职业咨询的心理学基础。

1905年比纳·西蒙心理测验量表出现以后,心理测验引起了人们的广泛兴趣。第一次世界大战期间,美国心理学家把团体测验应用于陆军智力测验,以防止低能或不合格的人进入部队内,并使更能胜任的人担任更重要的职务。

20世纪30年代以后,能力倾向测验得到了发展,瑟斯顿1938年发表了"主要心理能力"的论文,他把人的职业能力概括为七种:知觉速度、推理能力、词语理解、词语流畅、空间知觉、记忆和计算能力。根据这个观点,在第二次世界大战中编制了一般分类测验(GCC),用以测量军人的能力。大战结束后,心理测量广泛应用于美国服务行业,用以测验工作人员能力,作为录用职员的依据。各种能力测验和职业测验大量涌现,如运动技能测验、机械能力测验、文书能力倾向测验等。心理测验的发展和应用为职业咨询的发展提供了有力的工具。

3. 早期职业心理咨询的弊端

最初的职业心理咨询仅仅是在择业时期进行,把职业要求作为固定的尺度,以这一尺度去衡量人的适应性,进而把人"塞"到某一职业中去。有人形容这一做法就像"将方形的楔子放入方形的孔里,在方形的孔里放入方形的楔子"一样。这种职业咨询的观念在30年代以后,明显暴露出所存在的问题。突出表现在职业咨询与教育相分离,仅仅是介绍就业、安置闲人,具有慈善性质,不能促进劳动者素质广泛提高,使职业咨询作用的发挥受到限制。这种职业咨询观念,把注意力集中于特定职业,使个人的职业过早地固定下来,即限制了个人选择职业的范围,也不符合职业生活的实际情况。

四、职业心理咨询的新进展

1. 表现在时间上,职业心理咨询由原来的就业安置的短暂行为扩展到整个人生的职业生涯规划活动。促成这个变化的一个重要原因是发展心理学的产生。发展心理学的研究成果表明,儿童、少年、青年一直处于生长和发展变化之中。用这种观点来研究人的职业意识、职业能力和职业兴趣,人们发现,人的职业是一个长期发展的过程。人的职业意向受多种因素的影响。少年期产生的职业萌芽会随着年龄、教育、阅历等方面的变化而不断发展变化并逐渐成熟。因此,不能用固定的眼光看待求职者,职业心理咨询应是一个动态的教育过程。正是在这种意义上有人也把职业心理咨询称为"生涯咨询"和"人生咨询"。

2. 表现在空间上。职业心理咨询突破了单一的职业介绍的旧框架,扩展到社会生活的各个方面,渗透到教育活动的各个领域。特别是职业心理咨询与教育的结合,使职业心理咨询发生了根本性的变化。

首先,它使职业心理咨询的内容更广泛了,除了职业介绍、个性测验外,还包括了职业知识的传播、职业意识的培养、求职择业技能的训练以及职业观、择业观的教育等多方面的内容。

其次,它使得职业心理咨询途径和方法多样化。除了咨询和测试方法以外,还广泛采用授课、讲座、参观、实习和基本求职技能训练等方法。职业心理咨询活动也不再是少数专业人员的事,而逐渐成为社会、学校和家庭共同关心的问题。

3. 表现在职业目标上。由单一特定的职业,转向较为广阔的职业领域。这个观念的转变,首先是由人的广泛适应性所决定的。心理学家研究表明,人的个性特点并不是一成不变的,而是处在不断的发展变化之中。即使一些稳定的心理特点,也有一定的可塑性。在职业选择面前,人不是被动地适应职业,而是不断地调整和改变自己的某些活动特点和个性特征,以主动的方式去适应和从事职业活动。新技术的广泛应用,也大大增加了人们适应职业的范围。所以,不能单纯地根据一些测验数据简单地把人固定在某一职业岗位上。职业的不断分化,职业结构和职业岗位不断变化,也使人很难预测未来就业的某一具体职业。在这种情况下,职业心理咨询必然要着眼于广阔的职业领域,让学生在职业准备阶段根据社会职业发展变化的情况,逐渐调整自己,最后做出切合实际的选择。

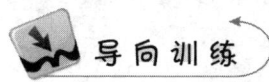
导向训练

1. 什么是职业心理咨询?职业心理咨询内容有哪几条?
2. 职业心理咨询的特征是什么?
3. 请用自己的话阐述一下当前职业心理咨询的新进展。

第二节　勇敢面对自己的问题
——谈常见的职业心理问题

> 人生中强者都敢于面对自己的弱点，也只有正视自己缺陷的人才是真正的强者。
> ——保罗·萨缪尔森

在前一节我们已经知道了职业心理咨询的内容主要包括以下四个方面：职业准备咨询、职业选择咨询、职业适应咨询和职业发展咨询。这四个方面，也正是一般职场人士比较容易出现职业心理问题的地方。那么，在我们中职生，常见的职业心理问题主要有哪几种呢？

一、职业选择的困惑

在面临顶岗实习选择职业的时候，也正是同学们选择和被选择的时期，在这个过程中，中职生比较容易出现的心理问题详见本书第五章第三节，此处不再赘述。

二、职场适应

当同学们跨出校门，走进企业岗位的时候，每位同学都面临着一个共同的问题，那就是如何从一名学校人转变成一名职业人。这个角色的巨大变化，很多同学都会出现不适应的状况。那么职场适应问题主要表现在哪些方面呢？

1. 焦虑与恐惧心理

焦虑是由心理冲突或个人遭受挫折以及可能要遭受挫折而产生的一种紧张、恐惧的情绪状态。分析焦虑心理产生的因素主要有以下几个方面：第一，缺乏对纷繁复杂的现实社会的理性认识，在步入社会时产生了心理恐惧。第二，就业前缺乏充分的准备，对职场中的各种突发情况不能很好地认识和处理，比如，职场中的人际关系，与以往完全不同的生活方式、工作模式等。第三，由于职场生活与校园生活的巨大不同，不能很好地转变和适应而产生的恐惧和焦虑。过度的焦虑会对学生的职场生涯产生消极影响，它不仅会抑制学生的正常思维，而且使学生的注意力难以集中，记忆力明显减退，从而影响学生正常的学习和生活。

2. 挫折与失败心理

挫折心理是指人在从事有目的的活动时，遇到障碍时所表现出来的情绪反应。当一个人产生心理挫折后，就有可能陷入苦闷、失望、悔恨、愤怒等多种复杂的情绪体验之中。初入职场，由于环境的巨大变化，必然有一个适应的过程。在这个过程中，工作的各个方面都需要从头学起，难免出现各种问题，当现实工作与预期不符时，容易产生挫折与失败的心理，认为自己各方面都不行，不能适应工作等。过度的挫折心理会对职场生涯产生消极影响，可能会导致自信心的丧失，难以适应职场等。

3. 急功近利的心理

初入职场的学生，尤其是一些在校时各方面都很优秀的学生，刚开始工作时，迫切希望大展拳脚，一展抱负，实现自己的理想来证明自己的优秀，与众不同或则满足自己的物质需要，这时容易产生急功近利的情况。而此时对职场各方面的不了解很可能产生相反的效果。

4. 患得患失心理

初入职场，迫切希望与上司、同事等搞好关系，面对老板或同事的夸奖、鼓励时则高兴，觉得自己受到重视，前途无量；不小心犯错时，面对上司的责骂，则可能觉得委屈、自己工作不行、郁闷、难过等。尤其是面对职场复杂的人际关系，更易产生患得患失的心理。

三、职业倦怠

一个人长期从事某种职业，在日复一日重复机械的作业中，渐渐会产生一种疲惫、困乏，甚至厌倦的心理，在工作中难以提起兴致，打不起精神，只是依仗着一种惯性来工作。这时候就出现职业倦怠问题了。关于这一点，我们在前一章中已经有了相近的阐述，这里就不再重复阐述。

四、职业发展

当我们克服了职业选择的困惑，选中了自己理想的职业，当我们完成了从学校人到职业人的转变，适应了职场的考验，甚至我们也克服了职业倦怠的侵袭，对我们所从事的职业抱有一种积极的态度，对未来有比较明确的发展规划和理想蓝图，我们依然可能碰到许多职业心理问题，那就是我们的职业发展问题，或者说，职业发展瓶颈。

下面通过两个案例来谈谈职业发展瓶颈：

案例一：大学一毕业，文浩就来到了上海从事企业管理方面的工作。从名不见经传的小职员到现在部门的工作能手，也有五六年时间了。现在的他，更重要的是努力拓展事业的发展空间。然而福祸双栖，负责事务游刃有余的他面对公司晋升环节却头痛不已。在事业发展的道路上，他感到疲惫并影响工作热情，似乎职业发展已经到了瓶颈阶段,怎么也上不去了,对自己如何往下一个阶段发展既迷茫又有点力不从心。如何才能使自己仍然保持强有力的竞争力、怎样才能够有进一步的提升、自己接下来的发展方向究竟在哪里……这种日益激烈的竞争压力和对自己在日新月异的社会中地位和发展方向的无法把握,使他产生了强烈的职业危机感。

案例二:阿利大学毕业后,就只身来到上海,在一家民营的通讯公司做研发工作。但工作了大半年,却失去了当初的豪情壮志。阿利感觉到在现在的企业做研发工作虽然有一定压力,但还能比较好地发挥自己的进取精神。不过从职业性格来看,他觉得自己更适合做突变性强的工作,所以内心里对现在的工作内容感到不满足,总感到工作太过单一,没有前途,在阿利看来,公司基本没有任何乐趣,完全靠传统的师徒面授方式,而由于阿利在团队协作方面做得不够好,性格与师傅不和,似乎已经到了瓶颈阶段。有时候情绪一低落就会萌生去意,想转型去做别的又怕一时冲动做了决定将来会后悔。所以,是去是留一直困扰着他。

从上面的例子可以看出,文浩和阿利均遇到典型的职业发展瓶颈问题。文浩的职业发展问题属于职位晋升困扰,阿利的职业发展问题则属于职业去留困扰。那么,当不可避免的瓶颈阶段到来时,退缩放弃、放任自流、盲目武断都是对未来不负责任的行为,这个时候,及时调整职业规划,勇往直前、突破瓶颈才是科学的做法。

以上四个方面的职业心理问题都是职业人比较常见的困扰,同学们,你们做好应对准备了么?

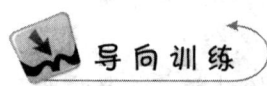
导向训练

1. 常见职业心理问题有哪几类?
2. 调查一下身边的人,他们在自己的职业生涯发展过程中,都遇到些什么样的职业发展瓶颈?他们是怎么克服的?

第三节 方法总比困难多
——谈职业心理问题的解决

 世界上没有解决不了的问题,只要你开动脑筋,只要你勇敢地面对,一切问题都会迎刃而解。
——约翰·亚当斯

俗话说,兵来将挡,水来土掩。既然每个人都可能遇到职业心理问题,每个不同的人生阶段都可能出现职业心理问题,与其不断否定、逃避,不如抱着积极的心态,动用各种有利资源,勇敢地面对我们所遇到的职业心理问题,相信方法总比问题多!当我们解决掉一个职业心理问题的时候,我们就又前进一大步了。

一、正确定位,调整期望,解决求职心理问题

1. 客观认识自己

"知己知彼,百战不殆",这不仅仅是古代的战术,更是现代学生求职择业之道。第一,面对择业中的各种矛盾和问题,毕业生首先要正确认识和评价自我,明确自己今后的职业发展方向,从职业发展的角度分析最适合自己的岗位特征和地域范围。第二,深刻反思自己所接受的学校和家庭教育。长期以来,我国的应试教育使得基础教育的目标往往锁定在升学率。为了高升学率,一些学校甚至削弱关系学生身心健康的素质拓展课程,普遍忽视学生意志品质和心理素质的培养。普遍的独生子女是我国的基本国情,传统家庭教育思想是对孩子统包统管、封闭保护、宠爱有加,对困难、挫折教育引导不够,使很多学生从小娇生惯养,养成依赖感,失去独立性。择业时往往依赖学校和家庭,着眼于轻松高薪的工作环境和虚荣心的满足,一旦不能如愿便怨天尤人,畏惧不前。因此,客观认识自己,正确定位,认识自己所接受教育的局限性,是进行就业心理自我调适的有效途径之一。

2. 客观评价自我,树立正确的职业观

每一个大学毕业生首先要认清自己,有一个适当的自我定位,客观评价自己,明白自己能干什么和不能干什么,其次要认清当前就业形势的严峻性,同时树立职业的社会意识和长远意识,在求职和择业的过程中,既有对自己正确的评价,也有对社会长远的认识和判断,从而准确定位自己的职业坐标,设计好自己的职业生涯,将国家利益和个人利益结合起来,把自己的理想和现实结合起来,形成开放的大职业观。

3. 客观认识竞争,保持良好心态

良好的心态在竞争激烈的社会中是不可缺少的,因为每个人都有自己的优点和缺点,同时作为社会的一分子,都有自己相应的位置和不同的分工,在求职择业中遇到挫折是正常的,切不可因此自卑,面对求职失败,应该认真反思,吸取经验教训,努力争取新的机会。在对部分成功就业毕业生调查中,绝大多数都谈到自己在择业过程中,注重发现自己的"卖点"、自身的优点或长处,并设法在应聘中突出自己的"卖点",最终达到目的。

4. 调整就业期望

当前我国的就业形势和招工形势形成一个很奇怪的局面,一方面是用人单位招人难,另一方面是毕业生有业不就。这种结构性矛盾的产生,源于毕业生的主体选择与社会实际需求之间的冲突。树立正确的就业观,调整自己的择业期望,先就业后择业,骑

驴找马，脚踏实地，反而更容易取得成功，实现自己的职业理想。反之，仅凭自己在校期间的学习和基础，就好高骛远，往往容易造成眼高手低，或者低不成高不就，在这过程中就会屡战屡败，白白浪费大好青春。

二、积极调整心态，解决职场适应问题

我们先来看这样一则故事：

一位心理学家在一项研究中，为了实地了解人们对于同一个工作在心理上所反映出来的个体差异，来到一所正在建筑中的大教堂，对现场忙碌的敲石工人进行访问。心理学家问他遇到的第一位工人："请问您在做什么？"

工人没好气地回答："在做什么？你没看到吗？我正在用这个重得要命的铁锤，来敲碎这些该死的石头。而这些石头又特别硬，害得我的手酸麻不已，这真不是人干的工作。"

心理学家又找到第二位工人："请问您在做什么？"

第二位工人无奈地答道："为了每天 50 美元的工资，我才会做这件工作，若不是为了一家人的温饱，谁愿意干这份敲石头的粗活？"

心理学家问第三位工人："请问您在做什么？"

第三位工人眼光中闪烁着喜悦的神采："我正参与兴建这座雄伟华丽的大教堂。落成之后，这里可以容纳许多人来做礼拜。虽然敲石头的工作并不轻松，但当我想到，将来会有无数的人来到这儿，在这里接受上帝的爱，心中就会激动不已，也就不感到劳累了。"

以上三个人，谁会过得更幸福？谁的职业发展会更好？相信大家都能够肯定地回答是第三个人。大部分人都必须通过自己的努力工作来赢得衣食住行的经济来源。既然人人都得工作，那么用什么样的心态来对待工作，将决定着一个人在职场中的情绪状态和适应水平。有的人不断地抱怨社会的不公、工作条件的恶劣、工作收入的微薄等等外在条件，却从没想过如何通过自己的努力来加以改善，而只是不断进行着"从事艰苦工作—不停抱怨—继续从事艰苦工作"的恶性循环，直到职业生涯的尾声甚至生命的尾声，都没多大的改观。这样的职业观和职业人生是可悲的。

相反，我们看第三个工人，他和前面两个人同样知道自己无法不从事敲石头这样艰苦的工作，但是他懂得调整心态：既然无法改变事实，那么我们就改变自己的心态，改变自己对待工作的评价，从工作中寻找意义，积极关注工作本身的价值和意义。这样一来，我们的工作将会变得更加令人愉快，职场将变成一个寻找生命意义的乐园。一个心理学家说得很有道理："如果有一件事情你不能改变它，也无法阻止它，那么你就应该学着接纳它，用心去包容它，甚至享受它。"对待工作，这不失为一个非常好的建议。

三、终身学习,不断成长,解决职业发展瓶颈问题

当我们解决了择业就业问题,也适应了职场的层层考验,成为一个胜任工作职责的职场熟人,在自己的本职工作上也取得了一些成就,甚至职位也得到了较好的晋升。但是,随着时间的推移,日复一日的重复工作,对未来的发展方向感到迷茫,甚至感到成长动力的缺失,那么,我们就将要面临的下一个的问题——遭遇职业发展瓶颈。

所谓的职业发展瓶颈,指的是一个人处于对现有的工作已经能够非常熟练驾驭和解决,同时也已经失去了热情,而对再上一个台阶的工作却又无法胜任、感到迷茫,有许多想法却似乎都不被认可这样一个时期。大部分的职场人士都会遭遇到职业发展瓶颈,那么我们该如何寻求突破呢?

在职业发展的过程中,综合能力、经验定位和学历的契合程度决定了一个人职业的发展高度和方向。他们既是我们突破职业瓶颈的砝码,同时也有可能成为我们遭遇职业瓶颈停滞不前的罪魁祸首。把握好三者之间的关系,是我们突破职业发展瓶颈的关键。

第一,坚持终身学习,提高自己的学历。其实好的学历在某种程度上来说,仍是一个人找到好工作和晋升的阶梯。因为学历毕竟是让用人单位先认识我们的第一块砝码。然后求职者才能够有机会在工作表现出自己的能力,也才有可能在公司晋升名单中受到重视。所以,要想向更高的层面晋升,除了工作经验和实际能力以外,一个更有说服力的学历也可以助我们更轻松地达到更高的目标。

第二,明确自己的经验定位。经验是能力的铺垫,经验是资源,经验是晋升的前提。任何人的职业发展都存在着不可逆转性,任何人的职业定位,都要基于过去工作经验的高度和自身的发展潜质。选择好自己的职业经验积累方向,做专家还是做管理?这是任何想向高端发展的人都必须去认真考虑的问题。其关键就在他的经验是往何处去积累的,如果往专家方向发展,自己是否有那方面的资质,如果往管理层方向发展,自己这几年的工作经验又有哪些是用得着的?

第三,提高综合能力。综合能力包括我们的学习能力、沟通能力、管理能力、决断能力、自信力等等,这是判断一个人在工作的过程中是否可以达到相应高度的重要指标。其实在工作中,我们能从上司和同事那学习到很多新知识、新理念。有很多人会认为公司并没有提供合适的机会或详细的体制,其实这些都是一种误解。一个懂得学习、善于学习的职场人士,也可以安排出一系列详细丰富的学习计划来提高自己。

当今这个信息时代,知识的更新是非常快的,无论我们在学校学的是什么专业,尤其当我们的岗位有了一定的提升,那些诸如决策力、洞察力等方面的能力都需要跟着得到提升。如果在职场中缺乏持续的学习,可能就会因为知识结构的老化和综合素质的断层而面临淘汰的尴尬境地。总之,终身学习,不断成长,是我们突破职业发展瓶颈的

最佳选择。

职业心理问题会伴随着我们职业生涯的不同阶段而不断涌现,要坚信"方法总比问题多",每一个成功的职业人士,都是在不断解决问题的过程中成长起来的。

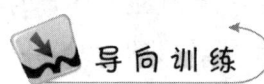

1. 到各大招聘网站查询自己所学专业的岗位招聘信息,看看这些岗位对应聘者有什么样的要求,你是否已经达到这样的水平?

2. 假设你从事了一份和现在所学专业不相关的职业,你将用怎样的心态去面对?

3. 向身边的优秀职业人士请教,他们遇到过什么样的职业发展瓶颈?他们又是通过什么方法突破自己的职业发展瓶颈?

第四节 云帆破浪济沧海

——谈职业心理承受能力

  天将降大任于斯人也,必先苦其心志,劳其筋骨,饿其体肤,空乏其身,行拂乱其所为,所以动心忍性,曾益其所不能。

——孟子

俗话说,打铁还需自身硬。21世纪的职业人,生活在这个节奏快速、工作压力大、生存挑战多的信息爆炸时代,每个人都要有过硬的心理素质。体现在职业生活中,就要求每位新时代的职业人要有一个坚强的职业心理承受能力。前不久,某大型企业接连曝出企业员工N连跳的悲剧,给社会敲响了重视心理健康的警钟,也警示着每个职业人或者即将成为职业人的学生,要重视培养锻炼自己的职业心理承受力。

心理承受能力是个体对逆境引起的心理压力和负性情绪的承受与调节的能力,主要是对逆境的适应力、容忍力、耐力、战胜力的强弱。一定的心理承受能力是个体良好的心理素质的重要组成部分。职业心理承受力则是指一个人在职业生活过程中,能够正确处理来自职业本身的压力及由此引发的负面情绪,正确看待职业生活中的挫折和失败,并继续保持一定的工作绩效的能力。

那么,我们该如何提高自己的职业心理承受力呢?

一、改变不合理的信念

人完全受思想的支配,所谓挫折其实就是一种心理感受。对于同样的情景,有的人体验到了挫折感,有的人却并不以为然。可见,客观事实并不是导致挫折产生的主要原因,人们对客观事物时所持的信念才是引起挫折的关键原因。因此,改变不合理的信念,就可以提高挫折承受力。

美国心理学家艾利斯总结了三条常见的不合理信念。

"绝对化要求",是指人们以自己的意愿为出发点,对某一事物怀有其必会发生或必不会发生的信念,通常与"必须"、"应该"的等词联系在一起。例如,"我必须表现良好,并受到某重要人物的赏识,若不能如此,我就是一个无能的人","你必须公平对待我,如果不这样,将很可怕,我会无法忍受"。

"过分概括化",指在一件事上失败了,便推论自己在各方面都不能成功,这种不合理性也常会导致自责自罪、自卑自弃的心理以及焦虑、抑郁等情绪产生。

"糟糕至极",即认为某事情发生了会非常可怕,是灾难性的,以至于无法忍受。当遭遇挫折和失败时,人们都有一种摆脱困境、减轻不安、稳定情绪、重新达到心理平衡的倾向,这种倾向称为心理防御机制。每个人在处理挫折和紧张情绪时,都自觉不自觉地运用心理防御机制。惟因世界观、生活态度及个性特征不同,每个人所使用的防御机制也有差异,其中有些是积极的,有些是消极的。

二、培养学生的抗挫折能力

第一,要正确认识挫折。每个人都应懂得,在人生道路上和现实生活中,由于高考落榜、招工无名、事业不成、身染痼疾、工作事故、信仰破灭、家庭变故、生离死别、自然灾害以及政治、经济、种族、宗教、伦理、道德、风俗、民情、传统等各种客观环境的影响,再加之个人主观条件的限制,随时都会遇到大小、轻重不同的挫折。它是社会生活中的正常现象,几乎每个人都无法逃避。能认识到这一点,一旦遇到挫折,思想就会有所准备,不致惊慌失措。同时还应该认识到,一个人一生中经受一些适当的挫折,并不完全是坏事,因挫折可以磨砺人的意识,提高扭转逆境、克服困难、适应社会生活的能力。古人说"多难兴才"、"人激则奋"就是指的这个道理。反之,一个人如果不经历困难和挫折,一生一帆风顺,就犹如温室里的花朵,经不住人生中的风霜雨雪,很容易被一时挫折所压垮,这样的人就难以成才,难以有所作为。

第二,培养对挫折的耐受力。在挫折面前,每个人的耐受力往往不尽一致,甚至差别较大。比如,有的人即使接连遭受严重挫折,仍坚忍不拔,百折不挠,拼搏进取,有的人稍遇挫折就垂头丧气,一蹶不振,甚至自寻短见。实践证明,身体强壮、心胸开阔、常处逆境、意识紧张、有理想、有抱负、有修养的人,对挫折的耐受力强;相反,体弱多病、心胸狭窄、娇生惯养、感情脆弱、缺乏雄心壮志的人,对挫折的耐受力则低。对挫折的耐受力,虽然与遗传因素有关,但更重要的是,来自于后天的教育、修养、实践、经验和锻炼。在现实生活中,每个人都可以通过自觉、有意识的锻炼,去培养、提高自己对挫折的耐受力。

总之,困难、失败并不可怕,只要能直面人生、勇于拼搏,人生之船就会战胜惊涛骇浪,驶过激流险滩,到达理想的彼岸。即使是一时的受挫、失败,也终会成为人生之路勇敢的开拓者、事业上的成功者。

三、进行积极的自我暗示

以下十条自我暗示信念将十分有助于你提高自己的心理承受力,希望同学们能够每天都进行积极的自我暗示:

(1)今天,我要开始新的生活。
(2)我是最棒的,我一定会成功!
(3)成功一定有方法。
(4)我要每天进步一点点。
(5)我要微笑面对全世界。
(6)人人都是我的贵人。
(7)我是最伟大的……(科学家、艺术家、企业家等等,自己选择)
(8)我热爱学习!
(9)我要立即行动!
(10)坚持到底,绝不放弃,直到成功!

"长风破浪会有时,直挂云帆济沧海!"作为时代的弄潮儿,同学们在学生时代就培养好自己的职业心理承受力,将保证自己的职业之旅更能经得住风浪的考验。

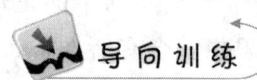
导向训练

测试自己的心理承受能力(请务必按照你实际情况,对照下列问题,回答是或否)。

1. 你认为自己是个弱者吗?
2. 你是否喜欢冒险和刺激?
3. 你目前是否生活在快乐和温暖的集体中?
4. 如果现在就去睡,你是否担心自己会睡不着?
5. 生病时,你依然快乐吗?
6. 你是否认为家人需要你?

7. 晚睡两个小时,你第二天是否精神不振?
8. 看完惊险片后,很长时间内,你是否还心有余悸?
9. 你常常觉得生活很累吗?
10. 你是否有一些无话不说的知心朋友?
11. 当工作业绩非常不理想时,你会感到非常沮丧吗?
12. 你认为自己健壮吗?
13. 当你与某个同事闹意见后,是否无法消除相处时的尴尬?
14. 大部分时间里,你对未来充满信心吗?
15. 你有一个温馨、爱护你的家吗?
16. 当你在某个场合,回答不出问题,此后会久久感到烦恼吗?
17. 每到一个新地方,你是否常常会出现问题?如吃不下饭、睡不着觉、拉肚子等。
18. 即使在困难时,你是否相信它终将过去?
19. 你明显偏食吗?
20. 当你与家人发生不愉快时,想过离家出走吗?
21. 你是否每周至少进行一次喜欢的体育运动?
22. 你觉得自己有些神经衰弱吗?
23. 你认为你的上司喜欢你吗?
24. 心情不愉快时,你的饭量和平时差不多吗?
25. 看到苍蝇、蟑螂时,你会感到害怕吗?
26. 你相信自己能够战胜任何挫折吗?
27. 你是否常常和同事交流看法?
28. 你常常因为想心事,躺在床上久久不能入睡吗?
29. 在人多的场合说话,你是否感到窘迫?
30. 你是否认为,自己受到的挫折和别人相比,根本算不了什么?

计分标准:2、3、5、6、10、12、14、15、18、21、23、24、26、27、30,以上15题,回答是,得1分,回答否,得0分。其余15题,回答是,得0分,回答否,得1分。

结果分析:

0~9分 心理承受能力差。遇到困难容易灰心,经常有挫折感;这类人要特别注意,遇到困境时,千万不要沉溺其中,或许情况并没有想象的那么严重,要通过各类锻炼,充分提升自信心。

10~20分 心理承受能力一般。能轻松承受小压力,但遇到大的压力时,仍会出现心理危机。属于正常承受能力范围内,大部分人都处于这种状态。如没有遇到接二连三的灾难,应该不会出大问题,自我能主动调节好。

21~30分 心理承受能力强。能在各种艰难困苦面前,保持旺盛的兴致。这类人比较少,能应对任何困苦。

第五节 他山之石,可以攻玉

——谈职场心理学的经典效应

 假舟楫者,非能水也,而绝江河;假舆马者,非利足也,而致千里。君子生非异也,善假于物也。

——荀子

亲爱的同学们,在这一节里,我们将一起来分享一些经典的心理学效应,我们将结合案例剖析,引导大家对该经典效应有一个更深入的了解,希望对大家有所帮助和启发:

一、青蛙效应

把一只青蛙直接放进热水锅里,由于它对不良环境的反应十分敏感,就会迅速跳出锅外。如果把一个青蛙放进冷水锅里,慢慢地加温,青蛙并不会立即跳出锅外,水温逐渐提高的最终结局是青蛙被煮死了,因为等水温高到青蛙无法忍受时,它已经来不及或者说是没有能力跳出锅外了。

青蛙效应告诉我们,一些突变事件,往往容易引起人们的警觉,从而做好防范措施,最后都比较容易应对而使人安然度过危机;而易置人于死地的却是在自我感觉良好的情况下,对实际情况的逐渐恶化没有清醒的察觉,继续麻痹大意下去,等到情况变得非常糟糕的时候才突然觉醒,到这个时候,已经是大厦将倾,无法力挽狂澜了。

启示之一:我们的组织和社会生存的主要威胁,并非来自突如其来的事件,而是由缓慢渐进而无法察觉的过程形成。人们目光短浅,只看到局部,而无法纵观全局,对于突如其来的变化,可以从容面对,对于悄悄发生的大的变化,而无法察觉,最终会带给我们更加像是我们生活中的芸芸众生,我们要着眼未来,勤于思考新的问题,勤于学习新的知识,不能过"今日有酒今日醉"和"当一天和尚撞一天钟"的醉生梦死的生活,到头来将是非常可悲的!

启示之二:当今的社会,是一个知识爆炸、日新月异的时代,知识也需要不断更新,所以我们不要一味地沉迷于现状、安于现状,不思进取,这样下去的话,肯定会被时代所淘汰,也会有面临失业的危险!

启示之三:我们不要单纯地,只能面对突如其来的危险,而忽视那种缓慢而又微小甚微的危险,因为,那种缓慢而又微小甚微的危险,才是最可怕的!

二、鲶鱼效应

以前,沙丁鱼在运输过程中成活率很低。后有人发现,若在沙丁鱼中放一条鲶鱼,情况却有所改观,成活率会大大提高。这是何故呢?原来鲶鱼到了一个陌生的环境后,就会"性情急躁",四处乱游,这对于大量好静的沙丁鱼来说,无疑起到了搅拌作用;而沙丁鱼发现多了这样一个"异己分子",自然也很紧张,加速游动。这样沙丁鱼缺氧的问题就迎刃而解了,沙丁鱼也就不会死了。

当一个组织的工作达到较稳定的状态时,常常意味着员工工作积极性降低,"一团和气"的集体不一定是一个高效率的集体,这时候"鲶鱼效应"将起到很好的"医疗"作用。一个组织中,如果始终有一位"鲶鱼式"的人物,无疑会激活员工队伍,提高工作业绩。

鲶鱼效应是企业领导层激发员工活力的有效措施之一。它表现在两方面:一是企业要不断补充新鲜血液,把那些富有朝气、思维敏捷的年轻生力军引入职工队伍中甚至管理层,给那些故步自封、因循守旧的懒惰员工和官僚带来竞争压力,才能唤起"沙丁鱼"们的生存意识和竞争求胜之心。二是要不断地引进新技术、新工艺、新设备、新管理观念,这样才能使企业在市场大潮中搏击风浪,增强生存能力和适应能力。

关于鲶鱼效应的应用,目前已有鲶鱼效应在人力资源管理中的应用、在领导活动中的应用,具体包括竞争机制的建立、能人的启用、领导风格的变革等等。但鲶鱼效应的分析和应用远不止这些。思考问题的视角不同,发现问题、解决问题的方法就不同。

从不同的角度分析,鲶鱼代表的内容是不同的,对于一个从业者,领导可能是鲶鱼,那么你的努力最好和组织保持同方向,不要往后游,否则就有被吃掉的危险,永远充满激情地向上游,也许某一天你也变成了鲶鱼,赶着一群沙丁鱼向上奋斗;你的同事也可能是鲶鱼,那就和他比拼比拼,看谁翻腾的能量更大;你的下级也可能有鲶鱼,那就在激励下属成长的同时,别忘了给自己充充电,保持强劲的势头发展,否则你也有被下属吃掉的危险;你的工作中也可能有鲶鱼,那就合理地安排自己的工作,分清主次,让鲶鱼工作越游越欢,最好能到上一层工作岗位上去搅动一番。

小陈是班长,他希望班上同学都能尽快地有个好工作,所以每次参加应聘活动,他都会成为热情的组织者,在应聘场上,帮助同学出谋划策,并让男同学为女同学在热门单位拥挤的招聘台前开路,一起递上简历等。他的简历还没递出,就有几个单位主动来询问他的情况,有一个单位发现他和自己单位的用人需求对口,立刻就问他有没有意向到他们单位应聘。

三、近因效应

近因效应是指当人们识记一系列事物时对末尾部分项目的记忆效果优于中间部分项目的现象。这种现象是由于近因效应的作用。前后信息间隔时间越长,近因效应越明显。原因在于前面的信息在记忆中逐渐模糊,从而使近期信息在短时记忆中更为突出。

毕业生小林是个相貌平平的小男孩,到一个单位参加面试,进考场后,考官只轻描淡写地问了他是哪个学校毕业的、是哪个地方的人等几个问题后,就说面试结束了。正当他要离开考场时,主考官又叫住他,说:"你已回答了我们所提出的问题,评委觉得不怎么样,你对此怎么看?"小林立刻回答:"你们并没有提出可以反映我的水平的问题,所以,你们也并没有真正地了解我!"考官点点头说:"好,面试结束了,你出去等通知吧。"结果是录取通知书如期而至。

最近、最后的印象,往往是最强烈的,可以冲淡在此之前产生的各种印象,这就是"近因效应"。其实,考官第一次说面试结束,只是做出的一种设置,是对毕业生的最后一考,想借此考查一下应聘者的心理素质和临场应变能力。如果这一道题回答得精彩,大可弥补"首因效应"的缺憾;如果回答得不好,可能会由于这最后的关键性试题而使应聘者前功尽弃。

四、首因效应

首因效应,是人与人第一次交往中给人留下的印象,在对方的头脑中形成并占据着主导地位的效应。首因效应也叫首次效应、优先效应或第一印象效应。它是指当人们第一次与某物或某人相接触时会留下深刻印象,个体在社会认知过程中,通过"第一印象"最先输入的信息对客体以后的认知产生的影响作用。第一印象作用最强,持续的时间也长,比以后得到的信息对于事物整个印象产生的作用更强。

有这样一个故事:一个新闻系的毕业生正急于寻找工作。一天,他到某报社对总编说:"你们需要一个编辑吗?""不需要!""那么记者呢?""不需要!""那么排字工人、校对呢?""不,我们现在什么空缺也没有了。""那么,你们一定需要这个东西。"说着他从公文包中拿出一块精致的小牌子,上面写着"额满,暂不雇用"。总编看了看牌子,微笑着点了点头,说:"如果你愿意,可以到我们广告部工作。"这个大学生通过自己制作的牌子表达了自己的机智和乐观,给总编留下了美好的"第一印象",引起其极大的兴趣,从而为自己赢得了一份满意的工作。这种"第一印象"的微妙作用,在心理学上称为首因效应。

五、晕轮效应

晕轮,原指月亮被光环笼罩时产生的模糊不清的现象。"晕轮效应"是一种普遍存在的心理现象,即对一个人进行评价时,往往会因对他的某一品质特征的强烈、清晰的感知,而掩盖了其他方面的品质,甚至是弱点。

小刘是个专科生,和一群本科生、研究生一起到外贸单位应聘,他知道如果就那样简单地递交简历,肯定没有一点希望。他想了个点子,在中午招聘人员吃午饭时,他拿了一张全英文版的画报在招聘台前,有滋有味地在那儿阅读。当招聘人员被彩色画报吸引过来之后,他就用流利的英语给他们讲画报上有趣的故事,当然最后的结果是,招聘人员收下了他那只有"专科"学历的简历,他也成功地被招进了这家单位。

毕业生在求职应聘中,如果能够巧妙地运用这种晕轮效应,把自身的优势充分地展现出来,一定会给招聘考官留下深刻的印象,赢得对方的赏识,取得应聘的成功,就如专科生小刘一样。当然,在运用这一效应时,一定要注意不能刻意制造"光环"效果,那种虚妄的行为,效果只能适得其反。

以上介绍的是一些非常经典的心理学效应,如案例所述,同学们在求职择业及职业生涯过程中,利用好的话,往往可以给我们带来许多启示和帮助。

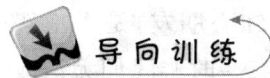导向训练

1. 在日常的职业学习生活过程中,有观察到"青蛙效应"现象么?请和大家交流交流,结合日常生活中的这些现象,谈谈你的感受。
2. 结合"首因效应",谈谈在未来的面试准备中,你需要注意哪些东西?
3. 请用自己的语言阐述一下"近因效应"、"首因效应"和"晕轮效应"的区别。
4. 通过查阅资料,了解还有哪些经典的心理学效应,将自己所做的调查整理出来,和班级同学共同分享。

第九章 放歌心灵 快乐工作

第一节 态度决定命运
——谈积极向上的心态

 美好的生命应该充满期待、惊喜和感激。

——泓露沛霖

同学们,你是否抱怨过自己的长相,是否抱怨过自己没有一个知心朋友,是否抱怨过自己没有考上理想的高中……可能有,但请你千万别灰心,因为有些时候我们无法改变过去,改变别人,改变环境,但我们却能改变现在、改变自己、改变态度!每个人都筑过梦,都渴望自己能过上想过的生活,那么请切记:你的态度将决定你的命运!

态度是什么?态度又是怎样决定命运呢?我认为,态度是一种能力,一种素质,一种习惯,一种思维方式。哲学家萨格雷说:"播下一种态度,收获一种行为。播下一种行为,收获一种习惯。播下一种习惯,收获一种命运。"可见,态度成就命运,而成功的关键就在于你如何养成良好的习惯,端正自己的态度,树立积极的心态去开发自己,完善自己。

一、积极态度,成就辉煌

话说从前,有位哲人看见三个泥水工人在盖房,便问:"你们在干什么?"第一个人很不情愿地说:"没看见吗?我在砌墙,真累!"第二个人抬头苦笑着说:"我们在盖一栋高楼。不过这工作可真辛苦!"第三个人面满笑容地说:"我们正在建设一座新城市。这幢大楼未来将成为城市的标致性建筑!想想能够参与建设,真是令人兴奋!"十年后,第一个人依然在砌墙;第二个人坐在办公室里画图纸——他成了工程师;第三个人,是前两个人的老板。

感慨故事中三个人的命运差别如此之大的同时,其实同学们更应该反思他们不同的生活态度。酸甜苦辣、喜忧得失,个人的经历也许不同,但生活给予我们每个人成功的机会是平等的,只是每个人的态度不同,收获不同罢了。

人是思维动物,具有两面性,一面是积极正确的态度,是获得健康、幸福、财富和成功的力量;另一面则是消极错误的态度,是剥夺一切可以让你的生活变得有意义、有价值的负面东西。选择积极的态度,还是消极的态度,往往决定了你的人生是否成功。就如一个哲人说:"一个成功人士所必备的一种品质——积极健康的态度"。一个具备积极健康态度的人,他能把苦难变为甜美珍贵,能把沉重变得活泼轻松,能把平凡变为富有情趣,能把繁琐变得简单可行,能把可能变为绝对成功。古人云:"天降大任于斯人也,必先苦其心志,劳其筋骨,饿其体肤,空乏其身,行拂乱其所为,所以动心忍性,曾益其所不能。"而如今又何尝不是呢?不管现实命运如何,今天的你,只要合理利用时间,珍惜眼前的一切,保持积极态度,面对当下的生活,有所为有所不为,明天的你将是一个生活的强者。

二、积极暗示,自我激励

成功总是伴随那些有自我成功意识的人!

最能干的人,是那些即使在最绝望的环境里,仍传送成功意念的人,他们不但鼓舞自己,也振奋他人,不达成功,誓不休止。而建立成功意念的最佳方法就是积极的自我暗示。

经常用积极的思想、激励的语言提示自己、融入身心,可以保持积极心态,抑制消极心态,形成强大的动力,达到成功的目的。"天生我才必有用"、"面包会有的,一切都会有的"、"我能行"、"真轻松"、"微笑"、"成功"、"幸福"等等。积极的自我暗示,就是要自我鼓励,自我安慰,使心理状态得到自我调整、自我平衡,从而保持积极的心态。

世事无常,不要把时间浪费在无谓的担忧上,勇于面对,积极思维,变"不可能"为"可能",直至成功。

三、学会微笑,乐观自信

笑口常开可以排除不良情绪,发展积极向上的情绪,使人心情开朗,轻松稳定,精力充沛,对生活充满信心。

微笑是一种令人愉悦的表情。"笑一笑自信到"、"笑一笑,快乐似神仙"。面对一个微笑的人,你会感到他的自信、友好,同时这种自信和友好也将自然而然地感染你。

微笑可以融化人们之间的陌生和隔阂。正如英国谚语所说:"一副好的面孔就是一

封介绍信。"微笑,将为你打开通向友谊之门,如果我们想要发展良好的人际关系,建立积极的心态,那么我们就要学会真诚的微笑。

如果你认为人生乏味,你必须先从思想开始改变,决心让笑容从愁眉不展的脸上展现,满怀希望、乐观信心。

四、懂得宽容,舍得奉献

有这么一个人,被人陷害坐了牢,后来沉冤昭雪。出狱后自由的他却整天诅咒那些施予他不幸命运的人,最后抑郁而死。

想想,倘若他不是以自己心底里的仇恨、抱怨、诅咒束缚着自己直至付出生命的代价,而是以乐观的心态来面对,淡忘被人陷害的往情,相信他的自由生活一定是有声有色吧!

中职生人生之路还很长,拥有一颗平常心,多体谅、宽容他人,也许会赢得更多。

有舍必有得。把奋斗目标定在自己能力所及的范围之内,不要去强求那些不属于自己的东西,接受不可改变的事实。适时放弃是一种智慧。学会适时的放弃,也许你会在别处找到意外的收获。

据说,辛格曾和一个旅伴穿越喜马拉雅山脉的某个山口时,看到一个躺在雪地上的人。辛格想停下给予帮助,同伴坚决地说:"带上他,我们就会丢掉自己的命。"

但辛格不能想象丢下这个人,让他死在冰天雪地的状况。当他的旅伴跟他告别时,辛格把那个人背在自己的背上往前走。辛格的体温使这个冻僵的身躯活了过来。不久,两个人并肩前进。当他们赶上那个旅伴时,却发现他被冻死了。

辛格心甘情愿地把自己的一切包括生命给了一个陌生人,却意外地保住了生命。而他那无情的旅伴只顾自己,最后反而丢了性命。

助人者自助,自助者天助。

五、自觉行动,锲而不舍

一个人的目标是从梦想开始的,一个人的幸福是从心态上把握的,而一个人的成功则是在行动中实现的。

前阿里巴巴集团CEO马云说:"阿里巴巴不是计划出来的,而是'现在、立刻、马上'干出来的。"

有的人总是生活在梦想之中,要么拿不出实现梦想的具体行动,要么碰到一点困难就打退堂鼓。再美好的梦想与目标,再完美的计划和方案,如果不能及时在行动中落实,最终只能是纸上谈兵,美梦一场。"心动不如行动"。只有真正自觉的行动,坚定"一定行"、"要成功"的信念去击垮一道道困难之墙,美梦方可成真。

伟大的发明家爱迪生小时候因为爱提各种奇怪的问题而遭老师退学。面对现实，爱迪生没有选择放弃。在母亲的教育下，他学会了识字和做实验，终于在自己的实验室发明了电灯。为了找到便宜而且耐用的灯丝，他试验了1000多次，失败了。他的助手说："唉，试了1000多次都没有成功。"但爱迪生还是没有放弃，他说："哎呀，其实我们已知道有1000种材料不适合做灯丝了。"

锲而不舍成就了爱迪生的幸运。

六、感恩世界，自强不息

拿破仑·希尔认为，如果你常流泪，你就看不见星光，对人生对大自然的一切美好的东西，我们要心存感激，则人生就会显得美好许多。

央视春晚，舞蹈《千手观音》以无可争辩的绝佳配合、精美表演震撼了全国观众。领舞的邰丽华说："残疾不是不幸，只是不便，每个人的一生都有圆有缺，只是方式不同，怀着感恩的心对世界，可以发现很多美。"正是有这种对世界的感恩心态，她与同伴创造了奇迹！邰丽华美，不仅是外表，更有常人没有的面对人生的美丽心态。

因为拥有不认输的积极心态，更有向命运挑战的非凡勇气，忍受宫刑的司马迁，写出了"史家之绝唱，无韵之离骚"的巨著《史记》，双耳失聪的贝多芬谱出了令世人震撼的《第九交响曲》，轮椅上的孙膑为世人留下了宝贵的财富——《孙子兵法》。

同学们，你的心有多高你就会飞多高。心若改变，你的态度就会跟着改变；态度改变，你的习惯就会跟着改变；习惯改变，你的性格就会跟着改变；性格改变，你的人生自然就会改变。相信自己，用微笑面对生活，让积极健康的心态犹如海面上的一盏灯塔，承载着希望，指引着我们不断走向辉煌。

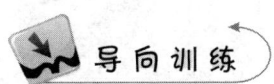
导向训练

1."5·12"四川汶川地震、"4·14"青海玉树地震、"4·20"四川雅安地震……一次次的灾难，摧残了一个个原本幸福美满的家庭，他们当中有的失去了亲人，成为孤儿，有的失去了双手双脚成了残疾人……这一幕幕生离死别、催人泪下的画面，至今仍让人难忘。然而生存下来的人，并没有因此而放弃，是爱和积极健康的态度让他们再次主宰命运，而变得更加坚强！更加勇敢！

还记得"可乐男孩"薛枭、"芭蕾女孩"李月、小英雄林浩、"最美志愿者"廖智、运动员代国宏吗？在困难重重的灾后生活，他们又是怎么开启自己的新生活、新目标。相比他们，我们又何尝不是幸福的。同学们，请珍惜你当下的幸福生活，为自己设定1—3个目标。并付诸行动！

2. 心态小测验。

指导语——本测验有20题,根据题目对照自己的实际情况,每道题只有"是"或"否",每题必答。

(1)一旦你下了决心,即使没有人赞同,你是否也会坚持做到底。(　　)

(2)消费时,如果店员的服务态度不好,你是否会告诉他们经理。(　　)

(3)你是否经常欣赏自己的照片。(　　)

(4)当你被别人批评了,你是否会觉得难过。(　　)

(5)你是否很少对人说出你真正的意见。(　　)

(6)对他人的赞美,你是否持怀疑的态度。(　　)

(7)你是否总觉得自己比别人差。(　　)

(8)对自己的外表你是否满意。(　　)

(9)你是否认为自己的能力比别人强。(　　)

(10)你是否是个受欢迎的人。(　　)

(11)你是否具有幽默感。(　　)

(12)与人合作,你是否感到愉快。(　　)

(13)你是否常羡慕别人的成就。(　　)

(14)你是否经常勉强自己做不愿意做的事情。(　　)

(15)你是否会听取别人的意见。(　　)

(16)你是否常希望自己长得像某个人。(　　)

(17)你是否认为自己的优点比缺点多。(　　)

(18)遇到危急事件时,你是否很冷静。(　　)

(19)你是否觉得自己的个性很强。(　　)

(20)你是否希望自己具备更多的才能和天赋。(　　)

计分方法:"是"得1分,"否"不得分。

总分评价:

13～20分:恭喜你!你具有积极良好的心态,明白自己的优点和长处,同时也清楚自己的缺点和短处。但如果你的得分接近20分,别人可能会认为你很狂傲,你一定要谦虚一点,才会受人欢迎哦!

6～12分:你的心态还算比较积极哦,但你仍或多或少缺乏安全感,爱对自己持怀疑态度。要时常提醒自己,在优点和长处各方面并不比别人差,一定要有信心!

6分以下:你的心态有些消极哦。处于过分谦虚和自我压抑,因此经常会受人支配。不过,你也不要过于紧张,只要你学会看重自己,相信自己,别人就会看重你。还有尽量不要去想自己的弱点,努力调整好心态,对自己要有足够的信心!

第二节　今天工作不努力，明天努力找工作

——谈健康的工作态度

 如果工作是一种乐趣，人生就是天堂！　　　　　　　　　　　——歌德

拥有健康的工作态度尤为重要。如果一个人总是抱怨工作太多，如果他总是把自己的工作看成是被督促的劳动，那么，他就失去了对工作的热情与动力，工作任务的完成将变得无比艰难，因此，工作态度决定着人生事业的成败。二十几岁的年轻人刚刚踏上人生的征程，健康的工作态度——敬业、勤奋、忠诚、进取就是掌控未来命运的仁慈之手，它能让我们不畏艰险、笑对成败、豁达宽容，引领我们走向快乐、幸福、成功的人生殿堂！从现在起，为拥有健康的工作态度而努力吧！

一、敬业的工作态度——事业成功的关键

随着知识经济时代的到来，行业竞争日益加剧，竞争呈现全球化、白热化的趋势，企业要想在激烈的竞争中生存和发展，个人要想在企业中得以生存和发展，这就要求我们必须提高个人素质，发挥爱岗敬业的精神，用敬业的态度对待自己的工作，勤勤恳恳、兢兢业业、忠于职守，尽职尽责地工作。

第一，要正确处理职业理想和理想职业的矛盾。在就业后的头两年，大多数人都会感觉到现实与自己职业理想的落差非常大。在这段时间里，职业理想与现实发生冲突非常正常，我们应该用这段时间积累经验，通过增加对自己兴趣、能力等各方面的认识调整自己的职业理想，积极寻找机会，从而为自己的长期发展奠定基础。尽管自己所从事的职业并非最初的理想，也应该兢兢业业干好本职工作。

第二，要正确处理企业需要与个人兴趣爱好的冲突。在择业过程中个人兴趣爱好往往起着很大的推动作用，但个人的兴趣和爱好不能作为职业选择的全部依据。当企业需要与个人爱好发生矛盾时，应当把企业需要作为自己的意愿，立足岗位干好本职工作。

第三，要清醒认识自身条件对职业选择的制约。职业选择应与你自身的条件合适，不能好高骛远，即使一时找不到理想职业，但无论在哪一个岗位上，在一天就应兢兢业业做一天。

第四，要正确处理所从事职业与物质利益的关系。不要把追求高工资作为更换工

作的唯一目标而任意"跳槽"。如忽视自身条件和进一步发展的需要,以牺牲自己的长远利益换取眼前暂时的利益,是得不偿失的。

希望同学们能注意培养敬业的态度,将来在自己的岗位上勤勤恳恳、忠于职守,尽职尽责,争做爱岗敬业的优秀员工,使自己在不断的竞争中得以发展,为企业、为社会贡献自己的力量,实现自己的人生价值。

二、勤奋的工作态度——事业成功的途径

在一个企业里,通常表现好的员工都能非常积极地去工作,从不消极抱怨。而那些表现差的员工总是在抱怨,工作消极、懒散。他们不会用积极勤奋的态度对待工作,从来不会认真思考自己存在的问题:勤奋工作了吗?积极付出了吗?俗话说:天道酬勤——成功更愿意垂青那些勤奋的人们。

第一,要给自己设立目标。即未来我要成为一个什么样的人,想做什么样的工作,过什么样的生活。当我们有对理想目标的清晰辨认和有对达到目标的由衷渴望之后,做事就有了勤奋的动力。

第二,要有实干的精神。任何企业的成长和发展都离不开"实干"二字,一个有实干气氛的企业,需要的是想干事、敢干事、会干事、干成事的员工,即能时刻保持积极的心态和高昂的斗志、踏实上进、为企业和个人的发展目标奋斗的员工。

第三,要有持之以恒的精神。勤奋不是三分钟的热情,每个人要想在这个人才辈出的时代走出一条完美的职业轨迹,就需要去坚持,就必须付出更多的努力,这样才能从平凡走向伟大,否则,只能从平凡转为平庸,最后变成一个毫无价值的人。

虽然勤奋不等于成功,但成功必须勤奋。事业的成功和勤奋的工作态度是成正比的,只有那些在艰苦探索的过程中勤奋工作的人,才更有可能取得令人瞩目的工作成就,我们要想在这个时代脱颖而出,必须付出比以往任何时代更多的勤奋和努力。

三、忠诚的工作态度——事业成功的基石

在日本,很多人基本上终生都在一个企业工作;而在我们中国,一些人很难在一个企业工作超过两年。原因也许有很多,但最根本的就是缺乏对企业的忠诚。在这些人看来,工作就是出卖劳动力,认为忠诚是企业剥削员工的手段。因此,他们无法全身心地投入到工作中去,无法把个人的发展融入到企业发展中去。那么,对企业忠诚有错吗?

第一,忠诚已成为人才的第一竞争力。随着人才的市场化,人才的竞争已经从单一的技能竞争,转向了品德与技能两方面的竞争。人的所有良好品德中,忠诚排首位;忠诚,已经成为职场上的第一竞争力。

第二,忠诚是安身立命的根本。一个人生活在这个世界上,忠诚是最基本的能力。如果你缺乏忠诚,团队不会让你加盟,搭档不愿意与你共事,朋友不愿意与你往来,亲人不愿给你信任,你最终将被这个社会抛弃。

第三,忠诚是获取回报的前提。忠诚和回报是有先后顺序的,忠诚是回报的前提。企业首先不会给你什么,但你必须首先对企业忠诚;如果你对企业忠诚,企业就会给你物质和精神上回报。在现实生活中,很多人在求职的时候,首先强调的就是回报,这种本末倒置的做法,最终导致他们无法获取理想的回报。

我们没有任何理由放弃忠诚,无论你在哪个岗位、肩负什么职务,都必须以履行自己的职责为己任,用忠诚书写自己成长的轨迹,使自己每一天都有新的收获。

四、进取的工作态度——事业成功的法宝

在市场经济社会,优胜劣汰、大浪淘沙无处不在,危机感的强弱、竞争意识的高低,同样决定一个人的生存的环境和命运。只有树立忧患意识和竞争观念,持有积极进取的工作态度,才能保证自身有工作,工作有成效,在职场竞争中立于不败之地,才能够实现自己的人生目标。

第一,要有强烈的事业心。我们不能保证拥有了某种态度就一定能成功,但是成功的人却都拥有一些相同的工作态度。一个人有了强烈的事业心,才能使自己以饱满的精神状态和工作热情,积极主动履行岗位职责,争创一流的业绩,争当先进的员工,才能在竞争中求生存、谋发展。

第二,要有强化本领恐慌的意识。当一个人感觉不到危机的时候,恰恰是最大的危机所在。因此,我们要破除安于现状的思想,必须明白在身处巨变、多变、速变、快变的时代,与时俱进才是这个时代永恒的旋律。

第三,要敢于创先争优。竞争合作,强者生存,弱者淘汰是竞争的生存法则。社会是公平的,不管你今天是强者还是弱者,都要让自己进步,由弱者变成强者,强者更强。只有这样,才能在激烈的竞争中,创造优秀的业绩,在激烈的岗位竞争中,立于不败之地。

在全球经济一体化和知识的快速更新换代导致人才的激烈竞争的大背景下,我们必须加强学习,充实自我。那些得过且过、故步自封、不思进取的人最终会被竞争所淘汰,成为失业大军的一名成员。试问,在就业市场人满为患的大环境下,谁还能做到"风雨不动安如山"而高枕无忧?

最后,需要重申这句话:"今天工作不努力,明天努力找工作。"它强调的就是工作态度与事业成败的辩证关系,你也许不能选择工作本身,但你可以选择对待工作的态度。因为,态度——决定一切!

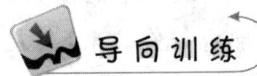 导向训练

三只老鼠实验：美国哈佛大学的罗伯特博士曾做过一次令人瞩目的印证实验。他首先从一窝老鼠中挑选出三只老鼠，然后他把这三只老鼠分派给学生们。

他拿出第一只老鼠说："这是一只聪明的老鼠，你们要在六周的时间内好好训练它，以便使其能在最短的时间里冲出迷宫。"

他又拿出第二只老鼠说："这是一只很普通的老鼠，经过六周的训练能否走出迷宫是个未知数，所以你们要做好心理准备，不要对它抱有太大希望。"

最后，他拿出第三只老鼠说："这是一只反应迟钝的老鼠，要在六周的时间内训练它走出迷宫简直比登天还难。"

罗伯特博士的引导对学生们产生了作用。经过六周的训练，最终的结果是：第一只老鼠迅速、准确地冲出了迷宫；第二只老鼠虽也通过了迷宫，但时间用得多些；第三只老鼠一直未到达终点。

同学们，同样的实验者、同窝的老鼠，试验结果何以如此迥异，请你分析一下其中的原因。

第三节　空杯情怀，归零心态

——谈归零的职业心态

 如果你陷入困境，那不是你父母的过错，所以不要抱怨错误，要从中汲取教训。
　　　　　　　　　　　　　　　　　　　　——比尔·盖茨

中职教育是以就业为导向的教育，是为社会输送大量具备过硬的技术专长、良好的职业道德、良好的心理素质、良好的社会适应能力的现代劳动者的教育。良好的心理素质包含的方面很多，良好的社会适应能力涵盖的内容也不少。在此，无需一一赘述，只谈谈养成良好的空杯心态与归零意识对良好心理素质和良好的社会适应能力养成的重要性。

一、空杯心态、归零意识

1. 空杯心态的来源

"空杯心态"是吴甘霖先生一本书的名字,也正是吴先生的这本书,空杯心态、归零意识得到了众人的认可。对于空杯心态,吴先生提到了大家熟知的一个禅宗故事:南隐是日本的一位禅师。一天,一位当地的名人特地来向他问禅,名人喋喋不休,南隐则默默无语,只是以茶相待。他将茶水注入这位来宾的杯子,满了也不停下来,而是继续往里面倒。眼睁睁看着茶水不停地溢出杯外,这位名人着急地说:"已经满出来了,不要再倒了!"南隐说:"你就像这只杯子一样,里面装满了自己的看法和想法。如果你不先把杯子空掉,叫我如何对你说禅呢?"名人恍然大悟。

吴甘霖先生解释道:"所谓空杯心态,就是要将心里的'杯子'倒空,将自己所重视、在乎的很多东西一起倒掉。""这是每一个想发展尤其想在职场发展的人所必须拥有的心态,也是最需要的心态之一。"

2. 归零意识来源

吴甘霖先生在《空杯心态》一书中写道:"我曾经问过联想控股集团人事部经理杨彤一个问题:'联想这些年发展那么快,与你们的团队建设密切相关。那么你们团队建设的核心密码是什么?'杨彤回答说:'核心密码谈不上。如果有什么深切的体会,那就是我们联想经常要求管理者和员工做到的一点——时刻归零。'也就是说:在联想,不管是谁,也不管是个人还是公司,永远不要把过去当回事,永远要从现在开始,进行全面的超越!"?

这是归零意识的最好案例和表述。"'归零',也是空杯的另一种表述,严格意义上说,它是空杯的'极致'体现,是让自己最完全、最彻底的空杯。"换句话说,归零的意识和做法就是空杯心态,但比空杯心态更胜一筹,达到了极致。

以上就是空杯心态的来源和解释。

二、空杯心态、归零意识给我们的启示

1. 初入职场应该把自己当成一张白纸,真正做到谦虚谨慎、有错必改

社会对我们中职学生是"残酷"的。为什么呢?因为大学生从读普高到开始就业(步入社会或者是从学校人转变为职业人)至少有"六年"的职业准备期,而中职同学们,只有"两年"的职业准备期(第三年的顶岗实习,对大多数同学来说其实就是就业),六年对两年!中职同学处于绝对的劣势。所以,在两年的职业准备期当中,同学们要学习的东西就比大学生要多,尤其是在良好的心理素质和良好的社会适应能力方面。

在这方面,我们的同学们一定要做到:初入职场时把自己当成一张白纸,让单位、公

司按照他们的要求在上面图画。说通俗点,就是完全按照单位的要求去做事,慢慢地适应公司、适应社会,最终达到真正适应社会,完成从学校人到职业人的转变。这就需要谦虚谨慎、有错必改的精神和行动。

2. 时时反省、思考自己,避免按部就班,才能有所创新

我们可能早就听说过"脱颖而出"的故事。为什么别人会通过不长时间的努力"脱颖而出"、"出类拔萃"？我们也在《职业道德与法律》教材中学过"从工地材料管理者,到一年之后的财物总管"的案例,还学过"换种方式、用心去工作"的案例等,这些案例和故事都在告诉同学们,进入职场之后,按部就班地工作将置我们于平庸！敢于打破常规,认真细致,善于思考和改变,才会使我们脱颖而出。避免按部就班,就需要我们勤于思考,善于反省,将过去的一切归零,让自己的心灵"空杯"。思考变化和创新,接纳新的想法和做法,才会使自己更进一步。

3. 成功也是失败之母,正确对待鲜花和掌声

我们常说:胜利会冲昏人的头脑,成功会使人在高兴的同时飘飘然。失败或遭受挫折的时候,保持清醒的头脑和坚强的意志力是难能可贵的,成功后能保持自我反思、头脑冷静更是难能可贵的。我们还常说:失败是成功之母,可成功以后不会反思反省÷保持低调和冷静的话,那么成功也会变成失败之母。如果我们在享受鲜花和掌声的成功喜悦之后,能及时反思、保持冷静,那么就会出现"成功是成功之母"的现象,即在成功的基础上在取得一次又一次的成功。这就类似于马太效应所反映的赢家通吃现象,即强者越强、弱者越弱。

4. 坚持不断地学习、时时地自我更新

不断地学习可能会被不少同学误解,以为就是书本知识的学习,就是学历、文凭的提高。其实不然,这里讲的学习和自我更新是指在职场上、在社会这所大学中的学习、更新。常言道:处处留心皆学问。在职场上同学们要做到时时留心身边的人和事,学习他们的长处,弥补自己的不足,以达到不断更新自己的目的。做到今天的"我"与昨天的"我"不一样,明天的"我"又与今天的"我"不一样。其实,这也就是时时空杯、时时归零、时时增添和容纳新的知识和技能。

三、案例简析

1. 被领导稍一批评就辞职的中职生

这是一个真实的事例,两年前一位旅游专业的毕业生,通过严格的面试,顺利地进入了某知名的海上游公司上班,刚开始的两天还不错,第三天就出问题了。该女生在上班的时候没有按照公司的规定,盘好、扎好头发,被经理发现后批评了她。批评的话语也不是难听话:"讲过多少次了,为什么还弄不好头发！"结果该女生向家长、老师哭诉:我被老板骂了！于是辞职不干了。就这样一份收入较高、工作强度又不大的工作就此

没了。据说现在她在一家小酒店上班,工作劳累、收入又低。

这一案例充分说明了不少中职生心理素质、受挫能力差,结合空杯理论,那就是心理早已满满,容不下任何外来的东西,包括一丁点的批评。所以,做不到谦虚谨慎、知错必改,也就只能甘心地为自己失误买单了。

2. 因为心情不好,耽误工作而被公司解雇的中职生

大概是三年前,一位旅游专业毕业的学生,在一著名的景区做景点解说员。有一次,因为自己心情不好,没带团,独自一人跑到海边玩手机,一玩就是一个上午。同事发现了她,叫她赶快去找团带,她根本就不理会。后来被督导员发现,将这一情况报告了公司,但公司没有马上找她。中午的时候,她拿着20元钱回公司,并告诉公司:这是她带团的团费。公司马上告诉她:公司最不能容忍的就是欺骗,你好好反省一下,反省不好的话你将被除名。后来,她被出名了。

这一案例结合空杯理论、归零意识来看,也是心理太满了。这个满不是被要认真工作这一心理意识填满,而是被工作之外的杂物填满,因而耽误了正事。在吴甘霖先生的《空杯心态》一书中曾提到一个案例:说的是希尔顿酒店的一名员工,遭受了父亲去世的打击,可在上班时间依然笑容满面,热情不减。下班时,在工作场所之外,大家才发现她悲痛流泪。试想,我们这位同学如果能暂时让自己的情绪空杯、归零,认真工作,会被除名吗?

3. 由写辞职书到改为检讨书的董事长

这是联想集团董事长杨庆元的故事。"杨元庆进入联想后,由于工作出色,很受柳传志器重,面对工作上的成就和领导的支持,杨元庆难免有些自以为是,当自己的看法和别人不一致时,不太懂得让步,结果与其他一些领导之间矛盾加剧,而他还并没有觉察到。有一次,柳传志在大庭广众之下狠狠批评了他一通。这可是从来没有过的,杨元庆很受不了,甚至当场就哭了。晚上回家后,他准备写辞职信。但最初的冲动过后,他冷静下来,认真反思了自己。最后他终于想通了,觉柳传志对自己的批评是对的,这不仅是为单位负责,也是为自己负责。于是,他撕掉了辞职书,而是改为写了一封检讨书。从辞职书到检讨书,杨元庆开始对自己提出了更高的要求,最终成为了联想的董事长。"

这就是一个懂得反省自我、更新自我,做到彻底空杯、彻底归零的生动案例。如果杨先生心里满满、沉溺于过去的荣誉和光环,那么他就不可能成为联想的董事长。

4. 从市场部总裁到普通员工再到执行总裁的毛江生

1996年,身为华为市场部总裁毛江生被裁下来了,他在华为近10年的奋斗一夜之间化为乌有。从领导岗位突然降为一般员工,他内心的痛苦和挣扎可想而知,更何况,下来后的他,还要面对自己以前的手下,甚至被他们领导。经过短暂的阵痛之后,不肯服输的毛江生调整了心态,他没有退缩,反而以此为动力,激发起新的斗志和豪情。他开始重新审视自己,认识到过去存在的不足,并冷静地分析了公司的发展形势。无论从思路还是工作方式上,他都做了很大的转变,不再凭热情和冲动做事,而是多了一份沉

稳和自信。经过长达4年的历练,终于,在2000年,已经脱胎换骨的毛江生被任命为华为执行副总裁。

这也是一个践行彻底空杯、彻底归零的案例,可谓是真正的"浴火重生、凤凰涅槃",这是有大作为者的境界。非常值得即将步入职场和已经步入职场的中职生学习和借鉴。

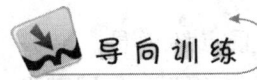

1. 请你认真阅读吴甘霖《空杯心态》一书。
2. 假如初入职场你就遇到挫折,如遭领导批评、顾客投诉、人际关系难处理等,你该怎么办?
3. 当你在职场发展得一帆风顺或者取得不错的成绩时,遭到领导或同事的"不公正待遇"你如何应对?
4. 在工作一段时间以后,你产生职业倦怠,你会如何改变?

第四节　满怀激情,永随我心

——谈做最好的自己

> 人生最宝贵的是生命,生命对于人只有一次。一个人的生命应当这样度过:当他回忆往事的时候,他不会因为虚度年华而悔恨,也不会因为碌碌无为而羞愧;在临死的时候,他能够说:"我的整个生命和全部精力,都已经献给了世界上最壮丽的事业——为人类的解放而斗争。"
> ——奥斯特洛夫斯基

年轻只有一次,每个人都希望自己的生活是精彩而有价值的。心理学家马斯洛提出的需求层次理论也指出人的终极追求目标是自我实现,即实现自己的人生价值,做最好的自己。那么究竟如何才能够做最好的自己呢?

一、认识自我

"我要在未来十年超过比尔·盖茨,成为世界上最富有的人。"
"您是否可以借给我10万块创业基金,我一定可以成功,到时候加倍还您。"
"我自己十分的有才华、有能力。但是我只是缺少一个机会,如果你能够让我做总监,我保证让业绩在半年内翻倍。"

如今"90后"的年轻人已经具有和上辈人完全不同的观点与价值观念,受社会文化环境的影响,他们充满自信甚至自负,许多人相信他们是世界上最优秀的人,能够取得卓越不凡的成就。有自信固然是一件好事,但是诸如过了一定的度则会蒙蔽住他们的双眼,让他们看不清真正的自己。世界上至今也只有一个"比尔·盖茨",刚毕业的学生创业大部分都会失败,没有工作能力、成绩与业绩不可能一步登天做高层。

相反,许多时候,对生活失去信心的最大原因就是期望太高。因此,无论制定任何目标,必须从实际出发,对自己有正确的定位和评价。现实的真实情况是每年的毕业生人数都在递增,就业形势日益严峻,无论是中职、高职、还是本科,甚至研究生的就业前景都不容乐观。社会需要的是能够实干、做出业绩的员工,而不是夸夸其谈、吹毛求疵的人。没有人刚走出校门就能找到轻松高薪的岗位,成功是需要沉淀和积累的。

孤高自大和妄自菲薄都是不好的,我们需要努力客观地看自己。只有真正给自己明确清晰的定位才是真正的认识了自我,也才有可能在人生道路上走得顺利。另外,真正自觉意识高的人还善于从别人的眼中看自己。许多时候,别人眼中的自己更为客观,才是真正存在的自己。所以,学会虚心地理解和接受别人的想法,在很多方面,都可以斟酌使用别人的反馈作为自己的最终目标。

二、肯定自我

一个人如果连自己都不相信,那么凭什么让别人相信你?肯定自我,是我们激发潜能的放大镜。

一个人所具备的真实能力和他在生活中所表现出的能力通常是不均衡的。有的人能够顺应时机,大显身手。而有的人稍稍遭遇挫折就开始不自信起来,他们把在学业和工作中遇到的挫折归因为自身潜质能力不足。其实即便再平庸的人身上也总是蕴含着巨大的、超出人想象的巨大潜能,只不过许多人自身没有意识到或者意识到了而不懂如何如何释放出来而已。

心理学家维纳提出了著名的归因理论,把人们对成败的归因总结为以下六个因素:能力、努力、任务难度、运气、身心状态和其他因素。维纳等人认为,人们对成功和失败的解释会对以后的行为产生重大的影响。例如,如果把考试失败归因为缺乏能力,那么以后的考试还会期望失败,如果把考试失败归因为运气不佳,那么以后的考试就不大可能期望失败。这两种不同的归因会对生活产生重大的影响。

自信不是一种知识,通过死记硬背就能够掌握,而是一种感觉,具有较高的自我效能感自我相信自我肯定的感觉,这种感觉可以通过练习来提升。

每天告诉自己一次:"我真的很不错!"每一次表现出色时,别忘了告诉自己:"我真的很不错!"每晚入睡前,不妨想一想今天发生了什么值得自豪的事情:得到了好成绩吗?帮助了别人吗?有什么事情超出了自己的期望值吗?有谁夸奖了自己吗?每个人每天都可以找到一件或几件成功的事情,像这样坚持下去,慢慢地你就会发现,这些"小成功"会变得越来越有意义。

除了用内部语言肯定自己外,也要让自己的外部语言充满自信。平时生活中你的一言一句、所作所为无不影响着你的自信心。想象一下,一个走路弯腰驼背,见人脸红低头,说话唯唯诺诺的人,他能有足够的自信吗?改变说话的习惯可以帮助你增强自信心,不要轻易否定自己,永远不对自己说"我不行"!

一般说来,一个有自信的人总会在表达和沟通时注意以下几点:

(1)多用有魄力的语词,如"我"、"我认为"、"我希望"、"我要求"、"我决定"等等。

(2)讲话清晰,声音中气十足,善于用语调、音量、停顿来强调话语里的重点信息。

(3)主动和对方目光接触,向对方传达"我对自己充满自信"的信息。

(4)坚持真理,不随意改变自己的看法,人云亦云。

(5)表述时不让他人随意打断,也不默许他人不理会自己的意见。

(6)对听众足够尊重,不担心听众不尊重自己。

(7)拒绝沉默,主动表达自己的想法。

(8)在表达和沟通之前做好充分的准备,如必要的演练等等。

三、战胜自我

人最大的对手是自己,有的人战胜了全世界却输了自己,有的人却能够直面自己,超越自己,战胜自己。战胜自我是对自我的一种超越和升华,是分隔开优秀的人和平庸的人的一道鸿沟。

在1968年的墨西哥城奥运会上,阿赫瓦里是一名来自坦桑尼亚的马拉松运动员。当时因为从非洲的平原一下子到了墨西哥的高原,不能够适应这种高原的反应,所以刚刚起跑,他就把脚给扭伤了,当时救护车已经开到了他的旁边,他完全可以上救护车退出比赛,但是他没有,他坚持要继续跑下去,他就是在最后…一个又一个选手超过他,他成为了最后一名,从早晨开始的比赛,下午的时候其他所有的运动员都跑到了终点,但是他还在跑。华灯初上,这个城市已经恢复了往日的交通和夜间的生活,只有他一个人还在跑,有一辆警车默默地跟随着他,这个时候大家开始注意到,说这个人怎么还没有跑到?哦!原来他受伤了,新闻媒体当时也在关注这件事情,在他前面的马拉松冠军已经获得金牌4个小时之后,他一步一趔趄地跑进了体育馆,最后一个冲过了终点,现场剩下的所有的观众,全都站立起来向他致意。

当记者问他,为什么你已经是最后一名还要完成比赛的时候,他说了一句话,成为了奥运史上的一句名言:"我的祖国把我送到7000英里之外,不是让我开始一场比赛,而是为了让我完成一场比赛。"

时隔多年,墨西哥奥运会马拉松冠军的名字已经被人们忘记了,但是阿赫瓦里的名字却永远被铭刻在了人们心中。他不是冠军,但是他战胜了自己,是奥林匹克历史上最闪耀的英雄。其实很多时候,我们只要能够战胜自己,外界的任何纷纷扰扰于我们都是浮云,跨过了自己也就跨过了世界上最困难的障碍。生活当中难免会遇到挫折和不顺利,有人选择缴械投降,自怨自艾,有人则相信人定胜天,跨过困难的同时也形塑了全新的自我。

零点乐队《战胜自己》的歌词写得尤其真实而有鼓舞力:多少人苦苦等待,熬成泪水却依然热爱。多少年痴心不改,历尽挫折却永不言败。让我们战胜自己,用坚强赢得胜利。我们要拼搏到底,坚持到最后决不放弃。我明白绿荫如海,从来都是英雄的舞台。我明白胜利之门,永远只为胜者敞开。

想成为一个成功的人,请为"最好的自己"加油吧!让积极打败消极,让高尚打败鄙陋,让真诚打败虚伪,让宽容打败狭隘,让快乐打败忧郁,让勤奋打败懒惰,让坚强打败脆弱,让伟大打败猥琐……只要你愿意,你完全可以一辈子都做最好的自己。因为,没有谁能够左右胜负,除了你。

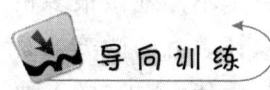

导向训练

1. 我是特别的:由老师提出10个问题,每个问题都要回答是或不是。答"是"的人站起来,答"不是"的人坐着。

(1)刚刚谁发现有没有人从头到尾跟自己的答案都是一样的?(2)为什么很多不一样?

2. 我的自画像:绘画可以按照自己的意愿,采取任何形式描绘自己。先想想自己是个怎样的人然后画自己,例如,可以具体,可以抽象,可以有标题,可以无标题……

你是否对自我感到模糊和不确定?

3. 积极赋义:你是否按心中的自我来描绘自己?

(1)分小组圈坐,对每个成员写下的不好的性格特征进行积极赋义。(2)小组讨论某些性格特征什么情况下具有积极作用,什么情况下具有消极作用,如何避免其消极作用。

4. 目光炯炯:(1)两人对坐,目光对视一分钟,轮流说出自己的优点,态度肯定,大声说三遍。(2)继续对视,轮流请求对方做某事或借东西。一分钟内以各种方式要求对方。对方则反复拒绝,清楚地说"不"。先清楚明确说不,然后说理由。说优点时每一遍的感觉有什么不同?一次一次地遭到拒绝,心情如何?拒绝别人时有何感受?今后的学习、工作中,你打算采取什么样的态度对待别人?

现代中职生职业心理**导向**

第五节 快乐工作,成就事业

——谈常存感恩的心态

 感恩是精神上的一种宝藏。 ——洛克

同学们,当我们告别学生时代,走上工作岗位,在实现人生价值的过程中,或许我们会遇到种种困境,或许有时会感到些许的浮躁和迷惘,甚至可能陷于莫名的焦虑紧张之中,此时,我们不妨以感恩的心态面对这一切,用感恩化解我们内心的不安,让感恩情怀成就我们的事业。

有这样一个故事,杰克是美国一家麦当劳的员工,每天的工作就是不停地做很多相同的汉堡,工作很单调,但是他仍然很快乐,几年来,他一直都是用满怀善意的微笑来面对他的顾客。他的这种真挚的快乐,感染了很多人。有人不禁问他,为什么对这样一种毫无变化的工作感到快乐?

杰克回答道,我每做出一个汉堡,就知道一定会有人因为它的美味而感到快乐,那我也就感到了我的作品带来的成功,这是多么美好的事情。我每天都会感谢上天给我这么好的一份工作。

由于杰克常存感恩之心,热情快乐工作,这家店的生意越来越好,名气也越来越大,也因此,杰克得到了总公司的一个重要职位。

由此可见,心中常存感恩之情,是一种十分可贵的积极的生活态度,也是成功的重要因素。学会感恩,我们会永远生活在幸福之中。常怀感恩之心,会让我们的生活充满阳光和快乐,在快乐中工作,在工作中享受成功,成就事业。

一、学会知恩图报,用感恩的心去看世界

俗话说,滴水之恩,当涌泉相报。人的一生离不开各种恩惠,父母养育之恩,老师教诲之恩,朋友相知之恩,领导知遇之恩,社会包容之恩,自然赐予之恩……面对种种恩惠,我们要怀着一颗感恩的心,努力去做好自己力所能及的事,成为一个能带给别人恩惠的人,一个能造福社会的人,一个情义高尚、受人尊敬的人。

山感恩大地,方成其高峻;海感恩溪流,方成其博大;天感恩飞鸟,方成其壮阔。学会用感恩的心感受世界,感受生活,我们的心胸将更加宽阔宏远,我们的人生也会因此变得更加精彩……

当我们拥有一份工作时,我们要时刻怀有一颗感恩之心,这样,我们会产生一种自我奉献的精神;我们要用一种感恩图报的心态去工作,这样,我们在工作中就会体会到更多的乐趣,工作效率也会大大提高。

我们要时时用感恩的心来看这个世界,这样就会觉得这个世界很可爱,工作很快乐,生活很美好,人生很精彩。有人说,一个不懂得感恩的人,即使家财万贯,他仍是个贫穷的人,懂得知恩报恩,才是天下最富有的人。因此,我们要学会感恩,以一颗感恩的心去看待世界,让感恩成为一种习惯。学会感恩,要为自己已有的而感恩,要感谢生活给你的赠予;学会感恩,在别人需要帮助时,伸出援助之手,而当别人帮助自己时,要知恩图报,以真诚的微笑表达感谢。

二、惜福、感恩,学会珍惜,化抱怨为感恩

珍惜才会拥有,感恩才能长久。只有在感恩中,我们才能不断成长;只有在珍惜里,我们才能一步步走向成功。做人要懂得珍惜,珍惜你拥有的一切,珍惜亲人、珍惜朋友、珍惜每一件值得珍惜的事。做人要学会感恩,懂得感恩,时时用一颗感恩的心来对待周遭的一切。

曾经有位老师告诫就要走上工作岗位的学生:"假如第一份工作就有很好的薪水,那算你的运气好,要努力工作以感恩惜福;万一薪水不理想,就要懂得在工作中磨炼自己。"

是的,怀着一颗感恩的心,懂得知足惜福,学会感恩知足,学会珍惜自己的工作,才能努力工作,才能永远保持一种主动的工作态度,为自己的行为负责,这样,即使是最平凡的工作也会变得意义非凡。反之,一味地抱怨,怨天尤人,等于自己给自己戴上了枷锁,便会使自己陷入一种糟糕的境地。

心态决定一切,感恩导致成功,抱怨导致失败。不管你做任何事情,都会带着自己的态度,如果你一直抱怨,那么你的心中就充满了挑剔和不满,而懂感恩的人,则能够看到人们的可爱和善良。

消除抱怨,关键是转变态度。细心观察你就会发现,那些沉得住气,抱怨少、能自我反省的人总是比其他人更能有效地解决问题、更能成就事业。所以,无论遭遇什么样的环境、面对什么样的问题,都应学会从自己身上寻找原因,而不做无谓的抱怨。

学会感恩,拒绝抱怨,不抱怨的人是最快乐的人,没有抱怨的世界是最美好的世界。常感恩,是幸福生活的最佳心灵处方,不抱怨,是成功人生的第一做人态度。常宽容、常分享、常知足,不批评、不责备、不抱怨,宽容感恩,终结抱怨,就能开启幸福之门。

三、勇于承担,学会感恩于心,责任于行

感恩,是一种心境,也是一种修养,更是一种生活态度。责任,是一种使命,也是一种荣誉,更是一个人对事业的忠诚。我们无论在学习、生活还是工作中,都应感恩于心,责任于行,做一个懂得感恩的人,用实际行动来履行自己的责任。

工作不仅是自己的谋生手段,更是一个人对社会的一份责任。一份工作就意味着一份责任,放弃在工作中的责任,就意味着放弃了工作,放弃了自己。当我们拥有一份稳定的工作,就要懂得珍惜,爱岗敬业,踏实工作,用平常的心境对待生活和工作;就要乐于付出,尽自己最大的能力去回报社会,以一种乐观的奉献精神,让更多人获得感恩。

感恩是一种阳光心态,一个懂得感恩的人一定是会主动做事,因为他知道自己工作的意义和责任,会以一种更积极的心态、更开阔的视野和更广阔的胸襟去面对一切。

感恩就意味着责任,无责任感的学生是不懂感恩的学生,同样没有责任感的员工是不懂感恩的员工。感恩让人的内心萌生责任意识,责任意识让每一个人表现得更加卓越。我们应心怀感恩地把工作看成是一种恩赐、一种馈赠,只有这样,我们才能发自内心地去履行这种责任,我们的人生才会因责任而充实、因责任而幸福。

我们要时刻怀着感恩的心态工作,把工作中生活中遇到的每一件事情,都作为对自己的挑战,一定会创造出好的业绩来。感恩是工作、生活中的最大的智慧。时常怀有感恩之情,我们便会时刻有奉献之心,我们的生活也会更加美好。我们要学会感恩、承担责任、学会奉献,时刻用感恩的心去快乐工作,成就事业。

四、学会带着感恩之心面对困境

"人生之路无坦途,走出困境天地宽"。人生经受挫折身处逆境不可避免。尤其在刚进入社会参加工作时,我们经常会遇到困境、逆境,总会有困惑与迷茫的时候。面对逆境与挫折,应学会感恩之心,存宽容之道。

在困境中感恩,是一种坦荡的胸襟,是一种超凡脱俗的气概,更是一种高瞻远瞩的大智慧。拥有感恩,即使是面对困难和挫折,依然可以发现生活的美好。

海伦·凯勒幼年时,便失去了视力和听力,一生都处于茫茫黑暗和无声无息的世界里。然而她并没有怨天尤人,而是心怀感恩。她在自传中写道:"我感谢大自然给予我温暖的阳光,我感谢父母给予我灵敏的嗅觉,我感谢老师给予我美妙的知识……"

从她的话中,我们丝毫看不到她对生活的抱怨,洋溢其间的,是一种乐观的精神和向上的激情。正因为海伦·凯勒能以感恩之心面对困境,终使她成为19世纪美国著名女作家、教育家、社会活动家。

"生活就是一面镜子,你笑,它也笑;你哭,它也哭。"只有面对挫折时,能心怀感恩,

微笑以对,在困境中学会了感谢,你才能挣脱人生的困境,走向光明未来。

面对困境时,我们要用感恩的态度来改变一切,"谢谢你","我很感激你",当你微笑而真诚地把这些话说出去的时候,你自己和别人的心里就已经埋下快乐的种子,当你带着感恩的心情工作时,你的态度无疑会是快乐而积极的,工作也会更出色,事业也会变得有所成就。

五、学会以感恩为动力,快乐工作,成就事业

感恩是一种积极的心态,更是一种向上的力量。当你以一种知恩图报的心情去工作时,你会工作得更愉快,更有效率。

当同学们面对激烈的市场竞争,面对紧张繁忙的工作,如何保持愉快的心情,快乐地工作呢?首先应该是以感恩的心态去从容面对,将压力看作是锻炼自己、增长才干的机会,让压力成为工作进步、事业发达的动力,这样,我们会因感恩而感到工作顺利,会因感恩而感到心情愉悦。

常怀一颗感恩的心,我们会更加忠诚敬业。正如余秋雨所说:"工作的追求,情感的冲撞,进取的热情,可以隐匿却不可以贫乏,可以超然而不可以清淡。"在工作中只有尽心尽力、积极进取,始终保持一种尽善尽美的工作态度,满怀希望和热情朝着自己的目标而努力,当我们把身心全部融入工作中,当敬业成为一种习惯时,我们的职业生活就会更加充实,事业就会更加有成就感。

学会感恩,享受生活。学会快乐的工作,就是学会发掘自己蕴藏着的内在活力、热情和巨大的创造力,就是学会享受每一天的幸福。

一位公司的优秀职员曾说:"是一种感恩的心情改变了我的人生,当我清楚地意识到我无权要求别人时,我对周围的点滴关怀都抱强烈的感恩之情。我竭力要回报他们,我竭力要让他们快乐。结果,我不仅工作得更加愉快,所获帮助也更多,工作更出色。我很快地获得了公司加薪升职的机会。"

是的,感恩是我们走向优秀的重要动力,只有以感恩为工作动力,努力工作,才能不断取得成绩,更好地发展自己,从而成就事业。因此,我们应时刻怀着一颗感恩之心,用感恩的心对待当下的生活,用感恩的心对待工作。

同学们,常存感恩心态,努力学习,快乐工作,在漫长的人生路上,精神可以不孤独,生活可以更充实,事业可以更成功。让我们带着感恩之心感悟今后的人生之路,在快乐工作中成就我们的事业吧。

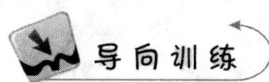

1. 列举15个关于"感恩"的名言警句。

2. 阅读三五篇关于"感恩"的故事。

3. 因为有爱,所以感动;因为感动,懂得了感恩。亲爱的同学,你在生活中曾有过这样的感动吗?如果你曾感动于一个微笑、一个眼神、一声祝福、一句劝勉,如果你曾感动于一缕阳光、一片绿叶、一颗露珠、一泓清泉,如果你曾感动于乳羊跪母、乌鸦反哺、落红护花、落叶归根……那么请拿起你的笔,去记录你的情感历程,用你的智慧,去品味多彩的生活,用一颗感恩的心,去感谢生活的美。请用"感恩"为话题写一篇不少于600字的作文,文体不限,题目自拟。

4. 每月参加一次"感恩社会、回报他人"的社会实践活动。

参考文献

1. 陈龙海、李忠霖主编:《职业心理训练》,北京师范大学出版社 2008 年版
2. 中国就业培训技术指导中心组织编:《职业道德——国家职业资格培训教程》,中央广播电视大学出版社 2007 年版
3. 劳动和社会保障部培训就业司、中国就业培训技术指导中心组织编:《职业意识训练指导》,中国劳动社会保障出版社 2004 年版
4. 张元主编:《中职职业指导理论与实践指南》,高等教育出版社 2012 年版
5. 熊文斌主编:《大学生学习与谋职指南》,中南大学出版社 2008 年版
6. 万建明主编:《大学生职业生涯规划与就业指导》,厦门大学出版社 2012 年版
7. 黄有霖、卢明忠主编:《大学生就业与创业指导》,厦门大学出版社 2012 年版
8. 谢守成主编:《大学生职业生涯发展与规划》,华中师范大学出版社 2009 年版
9. 肖铮、姚其煌主编:《大学生职业生涯与发展规划》,厦门大学出版社 2012 年版
10. 蒋乃平主编:《职业生涯规划》,高等教育出版社 2009 年版
11. 蒋乃平、杜爱玲主编:《职业生涯规划教学参考书》,高等教育出版社 2009 年版
12. 杜爱玲、蒋乃平主编:《职业生涯规划学习指导》,高等教育出版社 2009 年版
13. 朱力宇、张伟主编:《职业道德与法律》,高等教育出版社 2009 年版
14. 马建青主编:《高中生心理健康与辅导》,浙江大学出版社 2005 年版
15. 张红丽主编:《心理医生》杂志,2012 年第 11 期、第 12 期,2013 年第 1 期、第 2 期、第 3 期
16. 林志贤主编:《心理学一本通》,南海出版公司 2011 年版
17. 陈黎明:《就业指南针》,中国国际广播出版社 2000 年版
18. 邓曦东、吴立生:《大学生就业指导》,中国国际广播出版社 2002 年版
19. 孙曲曲:《这样求职最有效》,京华出版社 2005 年版
20. 陈凯元:《你在为谁工作》,机械工业出版社 2007 年版
21. 黄明涛:《忠诚重于能力》,中国华侨出版社 2010 年版
22. 王明哲:《调整员工心态改善工作态度》,中国言实出版社 2010 年版
23. 魏晋海:《中职生就业心理问题分析与对策》,《卫生职业教育》2012 年第 23 期
24. 郑云恒:《大学生就业心理问题分析及对策》,《教育与职业》2011 年第 2 期
25. 翟三琴:《中职生就业心理问题与对策》,《出国与就业:就业教育》2011 年第 1 期

26. 教育部等:《关于加强和改进中等职业学校学生思想道德教育的意见》,2009 年
27. 张良红:《家庭对大学生就业的影响分析》,《教育教学论坛》2010 年第 33 期
28. 黄渊明:《让员工远离职业倦怠》,《人力资源管理》2006 年第 7 期
29. 狄敏、刘慧:《职业自我效能感的应用》,《中国培训》2003 年第 5 期
30. 张文慧、雷晓鸣、王晓钧:《职业自我效能感研究综述》,《社会心理科学》2012 年第 3 期
31. 温盛男、张琦:《职业自我效能感综述》,《哈尔滨职业技术学院学报》2009 年第 5 期
33. 何辉、胡迪:《让职业倦怠远离你的员工》,《企业研究》2005 年第 9 期
34. 周矩:《员工职业倦怠与压力管理》,《企业文明》2008 年第 4 期

后 记

目前,国内专门针对中职生的职业心理指导的书籍较少,《现代中职生职业心理导向》正是为服务学生的成长、学习、工作及生活而编写的读本。本书的编写从中职生的实际出发,以科学的职业心理理论为指导,以真实的中职生职业发展案例为依据,聚焦于中职生职业选择、顶岗实习、职业适应和职业压力应对等过程中的心理准备和调节。本书重点面向广大中职学校学生,同时也可以用作教师指导学生职业发展的辅助书籍,帮助学生正确看待和应对在中职学习及求职就业期间可能遇到的问题,从心理角度进行解读,促进学生职业心理的健康发展,帮助中职生优质就业、快乐工作。

本书由任勇、陈平策划并拟定提纲,经过参编者多次研讨确定最终编写框架。各章节具体分工如下。第一章,廖保生、夏东风、杨永乐、陈平;第二章,毛泽政;第三章,陈平;第四章,谢文辉、毛泽政;第五章,陈银建、邓思群;第六章,辛峻青;第七章,李迎娣;第八章,许晓斌;第九章,廖荣辉、胡裕心、林庸、谢剑飞、李荣海。各章初稿完成后由任勇、陈平、李迎娣对全书各章节内容进行统稿、修改和调整。

本书在编写过程中参考、借鉴、引用了国内外专家、学者的相关研究和实践经验,在此特向他们表示衷心感谢。由于作者水平有限,加之目前国内还缺乏对中职生职业心理的系统研究,本书仅仅是对中职生职业心理研究和实践的一个阶段性探索成果。希望本书能起到抛砖引玉的作用,期待更多中职生职业心理指导的书籍问世,为中职生的就业及成才提供更多帮助。

本书的顺利出版得益于厦门市教育局任勇副局长,厦门市教育科学研究院教科室副主任、厦门市中小学心理健康教育指导委员会领导小组办公室副主任高思刚,厦门市中小学心理健康教育指导委员会领导小组办公室副主任胡胜利,厦门市海沧区职业中专学校廖保生校长的指导和帮助,以及厦门市海沧区职业中专学校德育教研组同人的辛勤编写,本书的出版得到了厦门大学出版社的领导及高健编辑的大力支持,在此一并感谢!

编 者
2013 年 12 月